中国书籍文库

China Books Library

中国书籍文库 | 汇集优秀原创学术论著
China Books Library | 推动科研成果转化交流

网络信息资源理论与实践研究

WangLuo XinXi ZiYuan LiLun Yu ShiJian YanJiu

梁　平　陈红勤　著

图书在版编目(CIP)数据

网络信息资源理论与实践研究/梁平,陈红勤著. —北京:
中国书籍出版社,2012.9

ISBN 978-7-5068-3154-3

Ⅰ.①网… Ⅱ.①梁… ②陈… Ⅲ.①计算机网络—信息资源—资源配置—研究 Ⅳ.①G250.73

中国版本图书馆CIP数据核字(2012)第211517号

责任编辑/ 李立云
责任印制/ 孙马飞 张智勇
封面设计/ 中联学林
出版发行/ 中国书籍出版社
地 址:北京市丰台区三路居路97号(邮编:100073)
电 话:(010)52257143(总编室) (010)52257153(发行部)
电子邮箱:chinabp@vip.sina.com
经 销/ 全国新华书店
印 刷/ 北京天正元印务有限公司
开 本/ 710毫米×1000毫米 1/16
印 张/ 16.5
字 数/ 297千字
版 次/ 2013年1月第1版 2013年1月第1次印刷
书 号/ ISBN 978-7-5068-3154-3
定 价/ 49.00元

前　言

随着以计算机技术与现代通信技术为代表的信息技术的快速发展，互联网已经成为人们获取信息的主要渠道。网络的互联互通特性使得信息资源突破了在地理区域上使用的难题，为网络环境下的信息资源开发、利用和全球信息资源共享带来了便利。但是，互联网的开放性、自由性和复杂性及其信息资源的无限无序、繁杂多变和优劣混杂的特点，给信息服务工作及其用户进行有效组织、管理和利用网络信息资源带来了困难。网络信息资源和网站由于在整体上缺乏统一的组织和管理，缺少组织管理上的统一标准和规范，使其得不到严格的质量监督和控制。一方面造成了互联网上大量有价值的信息资源不能得到合理地开发和利用；另一方面由于受用户自身的能力和条件的限制，许多信息检索需求无法得到满足。因此，本书旨在帮助广大用户充分认识、掌握和利用有价值的网络信息资源，同时为文献信息部门的工作人员学习和研究网络信息资源提供阅读参考，以及为高等学校文献信息管理有关专业提供教学参考。

全书内容共分为六章，分别是第一章网络信息资源概述（梁平撰写），第二章隐蔽网络及其资源（陈红勤、梁平合撰），第三章网络信息资源评价（梁平、陈红勤合撰），第四章网络信息资源检索（陈红勤、梁平合撰），第五章网络知识社区（陈红勤撰写），第六章网络信息资源配置（梁平撰写）。本书由梁平编写拟定大纲，并进行统稿、定稿和审稿。其内容材料主要来源于作者近年来关于网络信息资源组织、管理、开发和利用等方面的科研项目及其研究成果。

通过对网络信息资源特点和分布及其评价的研究，以及网络信息资源优化配置的研究，能够帮助用户了解和掌握互联网信息资源与各学科、专业、主题领域内的信息资源的分布情况及质量水平，确保所选信息资源具有较高的权威性、价值性和可靠性，为有关信息的取舍提供判断依据，在最短的时间内和以最快的速度选择获取具有针对性的、有价值的信息。通过对隐蔽网络及其资源以及网络信息资源的检索方法与策略的研究，能够指导网络环境下信息资源共享实践，引导和规范普通用户和教学科研人员的利用行为，揭开搜索引擎看不见的信息资源的面纱，寻找 Internet 隐藏的那部分资源，挖掘被埋葬的 Web 财宝，充分利用高质量的深层网络信息，提高信息资源组织、检索与利用的效率，为制定网络信息检索与利用战略提供理论依据和参考方案。通过对网络知识社区特征和平台构建以及运行机制的研究，能为开展网络知识服务和进行知识管理工作提供参考，为用户积极参与知识共享与创新活动、发挥群体智慧提供依据，也为全民教育和学习型社会的建设提供一个平台。本书所研究的内容对于开展优质的网络信息服务，对于用户充分认识、掌握和利用有价值的网络信息资源，以及对促进网络信息资源质量的提高等方面，都具有一定的理论意义、现实意义和参考价值。

如同神秘莫测的宇宙，网络也充满了暗物质。天文学家告诉我们，即使用最先进的望远镜，也只能看见宇宙中不到25%的物质。同样，即使用功能特别强大的搜索引擎，网络上大部分内容仍然会漏掉。基于网络信息资源具有数量巨大、浩繁复杂、增长迅速、内容丰富、形式多样、表达生动、变化频繁、分布广泛、传递迅速、时效性强、查检方便、不受时空限制等众多特点，本书研究了网络信息资源的特点与分布及其评价的原则、方法、指标体系和评价主体，并建立和制定了相对完整的网络信息资源评价指标体系；研究了隐蔽网络的概念、规模及其形成原因和类型，以及充分挖掘隐蔽网络的内容及其检索策略和查找隐蔽网络的途径、工具；研究了网络信息资源的检索工具、技术方法和检索技巧，以及网络信息检索教学平台的构建；研究了网络知识社区的特征、平台构建和运行机制及其绩效评价；研究了网络信息资源配置的研究现状、类型、原则和主要机制，以及网络信息资源配置的政策法规调控及其存在的问题与对策等。在这些研究中，本书注重基础理论与实践应用，内容紧扣网络信息资源开发利用主题，整体构思较为严谨，并具有一定的学术性。

本书内容侧重于网络信息资源的基础理论与实践研究，对分析和研究网络信息资源的组织与管理、开发与利用等方面有所帮助，可供网络用户学习参考，也可供文献信息部门人员研究参考，还可供高校信息管理有关专业教学参考。

本书在研究和撰写的过程中，参阅和引用了大量的国内外专家、学者的著作、论文、图表等文献资料。这些文献资料为本书提供了广泛的研究基础，并使本研究在国内外专家、学者的已有研究成果的基础上继续进行探索。在此，借本书出版的机会，向专家、学者们表示由衷的谢意！

梁 平

目　录
CONTENTS

第一章

网络信息资源概述

网络信息资源是一种特殊的资源，相对于印刷型书本式文献资源而言，这种存在于计算机网络中的信息资源被称为“虚拟资源”，它也常常被人们称作“电子信息资源”、“因特网信息资源”、“万维网信息资源”、“联机信息资源”或“虚拟信息资源”等等。随着全球信息化进程的快速发展，人们越来越深刻地认识到：网络信息作为一种资源，它与物质资源、人力资源和资金资源等资源一样具有同等重要的战略意义，是一种重要的资产和财富，也是最活跃的生产要素。网络不仅成为信息资源的主要存贮场所，而且越来越成为人类获取信息和利用信息的主要渠道。

第一节　网络信息资源的含义与特点

一、网络信息资源的含义

社会的信息化和信息的社会化，使整个信息空间变为一个巨大的社会共享信息资源库。网络环境下信息资源，不再只局限于传统的印刷型文献信息，而是借助现代信息技术从互联网上获得广泛分布在世界范围的各种社会共享信息。

传统的文献信息资源主要是文献信息中包括一般性图书及其书目、索引、文摘、辞典、百科全书、年鉴、手册、指南、名录、图表等各种检索工具书和参考工具书的总称，是以文字、图形、符号形式记录和以纸质为载体形态的印刷型文献。

随着信息社会的发展和现代信息技术的广泛应用，信息资源在各方面都发生了深刻的变化，许多印刷型检索参考工具书和价值较高的经典文献，经过数字化处理被转换为电子形式的光盘或光盘数据库，成为电子出版物。这些电子出版物一经互联网上相关网站在网上发布与传递，它便与分布于网络中不同主机上的网页及其各种联网数据库、书目信息、报刊信息、网络工具书、数字图书馆、搜索引擎等信息资源的集合，共同构成了广大用户信息利用的最重要的不可缺少的网络信息资源。

所谓网络信息资源，是指在以现代信息技术为基础和国际互联网为依托的条件下，用数字化的形式记录、多种媒体的形式表达和分布式存储在互联网中的不同主机上，通过计算机网络通讯的方式进行传递并在网络终端显现的各种信息资源的集合或总称。网络信息资源应包含以下几个主要要素：

1. 网络信息资源是经过数字化技术处理的文字、声音、图像、动画等多种形式的信息；

2. 网络信息资源分布和存储于国际互联网中的不同主机上；

3. 网络信息资源通过计算机通讯网络进行传输；

4. 网络信息资源以多种媒体的形式在网络终端显现；

5. 网络信息资源的生产、加工、存储、传递、检索和利用的过程是计算机技术、通讯技术、数据库技术、网络技术、多媒体技术等多种现代信息技术及其设备的综合运用。

二、网络信息资源的特点

网络信息资源与传统信息资源相比较，有许多方面都发生了深刻的变化，不仅有着明显的差异，而且呈现出许多新的和突出的特点。

（一）具有高密度和数字化存储的特点

网络信息资源的载体是互联网上计算机服务器主机上的磁盘，即一种具有高密度的数字化信息存储介质，其存储功能是传统的印刷型纸质载体不可比的。例如，由4张光盘组成的大百科全书光盘网络版，容纳了一套多达74卷的印刷型大百科全书。又如，藏书在百万册以上的图书馆，其藏书经过数字化处理后，便可存储在一个小型的服务器中。文字、图像、动画等各种大数量、多类型、多媒体和非规范的信息都融合在高密度数字化的形式上，网络信息资源就是以这种数字化的形式分布式存储在全球范围内的各种大小网络的主机上，并通过互联网广泛传播，被世界各地的信息用户所查检和利用。

（二）具有分布广泛、整体无序和局部有序的特点

国际互联网由世界范围内的无数网络和网站所组成，网络信息资源则呈全球化分布的状态，其广泛存储在不同国家、不同地区和不同地点的服务器上。网络具有非组织性的特点，任何国家、组织机构和个人都可以在网络上发布各种各样的信息。网络信息资源的这种固有的分布，决定了其在整体上缺乏组织管理上的统一标准和规范，必然处于分散和杂乱无章的混乱状态之中。但从局部来看，各网站却实现了站点信息资源组织的有序化管理。例如，网页设计具有新颖性、信息性、技术性和娱乐性的特点，搜索引擎有收录范围、分类目录、检索功能、查询结果等信息组织上的特色，各种联网数据库、数字图书馆等有内部的科学化、系统化和技术化的管理，这都表明了网络信息资源的局部组织管理的有序化。

（三）具有浩繁复杂、变化频繁和质量悬殊的特点

互联网上的信息资源来自世界各地，不同的国家和民族不可能达到统一的组织和管理，网上充满了形形色色的各种信息。这种浩繁的信息空间在为用户利用网络信息资源提供了更多机会的同时，也泛滥和掺杂着大量的“不良信息”、“垃圾信息”、“色情信息”和“恶劣信息”。网络信息资源不仅繁杂无序，而且其信息地址、信息链接和信息内容等处于经常性的变动之中。例如，网站地址更迭变动较为频繁，信息链接不够稳定，信息内容保存时间较短，时刻都有无数的新信息出现，而已有的信息随时可能

消失，新的网上服务不断出现而原有服务可能随时停止等。无疑上述变化所导致的网络信息资源更迭和消亡的变化，增加了用户查检和利用的难度。由于互联网上的信息发布具有很大的自由性和随意性，而且又缺乏必要的质量控制和管理机制，所以造成各种网络参考信息源的质量参差不齐和价值悬殊较大的状况。网络信息资源的这一劣势无疑不利于广大信息用户的查检和利用，应加以认真探讨和研究，从而制定出相应的对策。

（四）具有数量超大和增长迅速的特点

借助于互联网信息传递快捷的优势和受网络用户众多的驱使，许多国家、组织、机构乃至个人都相继建立自己的网站，充分利用网络发布或收集各种信息。网络信息资源不仅总量惊人，而且数量增长迅猛。Internet 作为当今世界最大的国际性计算机互联网，每天发布的新信息超过 14 万件，总量约 450MB，全网提供的信息总量约在 25TB 以上，不仅拥有全球 70 多个国家和地区的各类图书馆目录，而且还有各类网络工具书、书刊信息、政府机构指南、公司名录、大学指南和各类数据库等。

（五）具有内容丰富、形式多样和表达生动的特点

网络信息资源的内容极为丰富，覆盖了不同专业、不同学科、不同行业、不同领域、不同地域和不同语言等的各个方面。同时，网络信息资源是以超媒体界面相连接的多媒体信息，其信息形态除保留了传统的文字、图表、公式、符号等形式，更是增加了图像、动画等多媒体信息。网络信息资源堪称多类型、多语种和多媒体信息的集合体，图文并茂和有声有色的形式，具有印刷型文献无法比拟的直观性和生动性。不仅使信息用户的感官得到全方位的享受，而且更具有吸引力。

（六）具有检索性能优良和查检灵活方便的特点

互联网的网络环境为信息用户利用网络信息资源提供了各种功能强大、灵活方便和实用性强的检索工具和检索方法。例如，《中国学术期刊》设置了尽可能多的检索入口，包括篇名、作者、关键词、机构、中文摘

要、引文、基金、全文、中文刊名、年期等。又如，一个商业经济类的数据库，其检索点可包括产品名称、企业名称、供应商名称、销售额、产量、负责人、经营范围、注册地址、工业代码、商标名称等。主要是由于网络信息资源克服了传统信息资源的内部知识顺序和线性排列的缺陷，而将所有信息按照其知识本身的逻辑关系组织成相互联系、直接的和非线性的网状结构。网络信息资源检索的优势可从以下几个方面来看：①在检索功能上，可随用户的检索式而不断进行动态的逻辑组配，检索功能强大；②在检索工具上，具有较强的互补性和易用性；③在检索途径上，各种数据都提供了多个检索点；④在检索速度和效率上，具有高效、快捷、响应时间短和省力的优点；⑤具有较强的交互性和广泛的专业范畴；⑥在检索质量上，具有很高的查全率。

（七）具有传递速度快、传输范围大和不受时空限制的特点

网络信息资源通过先进的计算机通讯网络传输，查检迅速，接收及时，信息用户可在极短的时间内获取和发送信息内容。例如，无论在国内的任何地方，数 10K 的信息资料，在正常网速下几秒钟的时间即可将其发送给用户。网络信息资源不仅传递如此快捷，而且其通过互联网可进行超远距离的大范围同步传输，用户可以同时使用全球范围内的多个主机甚至所有主机上的同一种信息资源。同时，网络信息资源这种大范围的快速传递是随时随地的，不受时空的限制。在某处任何一天的 24 小时中，信息用户都可通过互联网查询、检索、阅读、下载、复制、编辑和利用分布于国内外任何地点主机上的各种信息资源，也可把自己的信息随时随地传递到世界的任何地方。

（八）具有更新速度快和时效性强的特点

网络信息资源从本质上改变了文献信息的创造、传播和获取的方式，不受传统出版概念的约束，其生产、加工、存储、传递、检索和利用的过程几乎都是在网上进行，省略了传统印刷型出版物制版、装订、发行、投递和图书馆加工、流通等许多环节。互联网上的大多数网站及其数据库都

是定期更新内容，许多搜索引擎的更新速度更快，几乎每时每刻都在更新。目前，互联网已经成为广大用户进行信息交流的主要媒体，专家、学者和研究者之间可不受时间和地域的限制即时交流，许多最新的研究成果和新闻等重要信息都会在网上第一时间发布。不仅使内容更加新颖和及时，而且也保证了网络参考信息源具有更强的时效性。

（九）具有开放性和交互性强的特点

互联网是一个开放的系统，其为全社会每个上网的用户创造了一个开放的平等交流信息的环境和工具，任何人都可以在互联网上上传和下载信息。网络资源的共享性促进了互联网上信息资源的数据结构逐渐向标准化建设靠拢，各种网络信息资源同类之间的开放性和兼容性越来越强。网络信息资源是虚拟的数字化信息，具有强大的交互功能。信息用户可以通过互联网对网上大数量、多类型、多媒体、非规范的信息源进行交互式描述和处理，也可以通过电子论坛、讨论组、网络会议、电子公告、QQ 群、邮件列表等多种方式在网上直接进行交流和讨论。一方面，网络信息资源的搜索工具大都采用交互式的前端界面，具有交互式作业的特点，用户可进行人机对话，查检信息遇到问题时能获得帮助和指导，以便用户及时调整检索策略。另一方面，许多网络信息资源在建设过程中，通过网络可以使用户更多地参与其中，也可对有关网络信息资源的建设提出建议和意见，使网络信息资源在建设中调整和在调整中建设，逐步改进、优化和完善其功能。

（十）具有共享性和资源免费的特点

网络信息资源是全球的互联网用户共享的信息资源，其较好地实现了“资源共享”的目的，可以说共享性是网络信息资源的本质属性之一。同时，许多网络信息资源都是免费的，信息用户可以很方便地在互联网上浏览、检索、编辑、下载、粘贴、保存、复制、拷贝、打印和传递所需要的信息资源。

第二节　网络信息资源的分布分析

一、网络信息资源的分布规律

网络信息资源的分布就是已经形成的网络信息资源的空间结构形式，是以往各个阶段网络信息资源配置计划或规划实施的结果，也是未来新的网络信息资源配置包括网络信息资源分布调整的依据和出发点之一。合理的网络信息资源分布是实现信息资源共享的必要前提，信息资源分布的状况对物质文明建设和精神文明建设都具有重要的影响。

（一）网络信息资源的分布规律

网络信息资源的分布状况取决于影响网络信息资源分布的因素。一般地讲，影响网络信息资源分布的因素主要包括政治因素、经济因素、社会因素、文化教育因素、科学技术因素和信息交流因素等，其中起支配作用的是这些因素共同决定的信息资源生产者和消费者的数量、聚合程度及其变化。网络信息资源分布经常是不平衡的，信息资源生产者和消费者集中的地方信息资源相应地就会出现富集现象，反之就会出现贫集的现象。

信息资源分布的不均衡是网络信息资源分布的一般规律，不均衡的表现形式就是信息资源的“聚集效应”和“扩散效应”。具体到特定历史时期或特定的国家、地区、行业、部门，网络信息资源的聚集和扩散的表现形式又有不同。总的来说，中国网络信息资源分布逐步呈现出以下发展态势：①有利于全国城乡居民文化素质的普遍提高；②有利于全国各地自然资源、社会经济资源合理有效的开发利用；③有利于发挥全国各地区在经济建设方面的潜力和优势；④有利于逐步消除革命老区、各少数民族地区、边远地区和穷困地区在历史上形成的政治经济文化的落后性，促进各民族之间的团结和各类地区之间的合作；⑤有利于提高国家的战略防御能力和国防的巩固。当然，这种网络信息资源分布态势还尚未成形，理想的网络信息资源分布格局还有待于未来信息资源配置的创新。

网络信息资源分布是一个动态的概念，作为一种复杂的社会经济文化现象，网络信息资源分布状况是有继承性的。从发展的角度考察，当前的网络信息资源配置既意味着对信息资源分布的调整，同时又决定着未来的信息资源分布，因而探究网络信息资源配置必须首先明确网络信息资源的分布及其规律性。

（二）网络信息资源的非均衡分布

网络信息资源的分布（包括网络信息资源的种类、数量与内容深度）既是一个自然状态，又是一个人为状态，它一方面是指网络信息资源在地理空间上的分布，另一方面是指在国家政治经济活动中网络信息资源在不同使用方向上的分配。后者可从两个层次来理解，一是网络信息资源如何分配于不同地区、不同行业和不同部门，也就是宏观层面的网络信息资源分布，其合理性表现在网络信息资源有效配置在适宜的使用方向上；二是指在网络信息资源分配既定的条件下，一个地区、一个部门和一个部门内部如何组织并使用信息资源，即中观、微观层面的网络信息资源分布，其合理性反映在网络信息资源配置效率的最优化上。

由于网络信息资源的配置受众多因素的影响，网络信息资源在不同地区、不同行业、不同部门以及不同人群之间公平均衡的分布只能是一种理想状态，现实社会中网络信息资源的分布以不均衡状态的形式呈现出来，即网络信息资源在不同社会主体间的分布具有差异性。网络信息资源的非均衡分布主要表现在以下几个方面。

1. 不完全分布。由于人们的认知和信息获取能力的差异以及客观环境条件的限制，同样的信息内容对于不同的人群、不同的部门来说，其理解和运用程度也各不相同，人们难以掌握和充分利用完备的网络信息资源。一方面，人类对事物的认识只能处于相对真理状态，不可能达到绝对真理境界。要将个别信息转化为对全社会有用的网络信息资源是有一定距离的，需要有信息能力与专业能力的有机结合。另一方面，即便存在着完全充分的网络信息资源，但受社会信息流通渠道、信息公开程度以及个人获取能力的制约，用户也难以掌握完全的网络信息。网络信息资源分布的不完全程度越高，用户获取信息的要求就越迫切，越需要有正当的信息渠道来疏通引导。

2. 不对称分布。这里主要是指网络信息资源在不同信息主体之间的分布差距，主要包括三种情况：一是网络信息资源拥有者与广大用户之间的网络信息资源分布的不对称，其中信息公开程度决定了不对称的程度。二是不同信息管理部门之间的网络信息资源分布不对称，如决策部门与执行部门之间的信息不对称，不同系统之间的信息不对称等，主要受制于部门间信息共享程度。三是不同阶层、不同群体用户之间网络信息资源分布的不对称，主要表现在用户职业之间、年龄之间、性别之间以及兴趣和受教育程度不同而在网络信息需求上的差异，受社会信息服务状况的影响。

从表象上看，网络信息资源的非均衡性分布是由用户认知及信息获取能力差异导致的，而隐藏在其后的深层次问题则涉及信息资源管理制度的设计与实施效果，要维护社会信息公平，实现网络信息资源的均衡配置，就必须从网络信息资源管理制度，如信息产权制度、信息公开制度、信息开发制度等的调整着手。

二、网络信息资源的分布状况

目前，中国的社会化共享网络信息资源主要包括九大网络体系，即中国教育和科研计算机网、中国科技网、中国共用计算机互联网、中国联通互联网、中国网通公用联网、中国国际经济贸易互联网、中国移动互联网、中国长城互联网和中国卫星集团互联网等。九大网络的信息资源涉及生产、生活、娱乐以及其他社会活动的各个方面，按信息资源的内容可划分为新闻、科技、政治与法律、商业与经济、文化教育、保健等多种类型。九大网络的信息资源在内容结构、行业结构、地域分布上各不相同，各有特色。通过对中国九大网络信息资源结构的分析，可以明确中国网络信息资源的分布状况。

（一）网络信息资源的地区分布

中国幅员辽阔，经济发展极不均衡，因而网络信息资源存在着地区分布的不平衡性。一个区域的网站数量代表了该区域网络信息资源的拥有量。从网站的数量上可以看出一个地区占有网络信息资源、利用网络信息资源和传播信息资源的能力。根据中国互联网信息中心的调查，不包括港、澳、台在内的我国网络信息资源，最丰富的地区有北京、广东、浙江、上海，分别占18.6%，16.6%，9.7%，8.6%；网络信息资源比较丰富的地区有江苏、福建、山东，分别占7.8%，5.3%，4.1%；网络信息资源最贫乏的地区包括青海、宁夏、西藏、甘肃、海南、新疆、贵州、内蒙古、吉林、云南、山西，分别占0.1%，0.2%，0.4%，0.4%，0.4%，0.4%，0.4%，0.5%，0.7%，0.7%，0.8%。这说明，中国网络信息资源分布呈现集中与分散分布的特征，进一步表明北京、广东、浙江、上海为网络信息资源的集中区，集中了53.5%的资源；江苏、福建、山东等地拥有17.2%的资源，为网络信息资源的重要分布地区；除贫乏区的5%资源分布以外，其余区域的网络信息资源拥有量为24.3%，见表1。

表1　按地区划分的网站数量与比例

地区	数量	百分比	地区	数量	百分比
北京	128 963	18.6%	天津	7 272	1.0%
广东	115 111	16.6%	黑龙江	6 978	1.0%
浙江	67 206	9.7%	陕西	6 728	1.0%
上海	59 837	8.6%	山西	5 288	0.8%
江苏	53 829	7.8%	云南	5 102	0.7%
福建	36 787	5.3%	吉林	4 800	0.7%
山东	28 548	4.1%	内蒙古	3 250	0.5%
辽宁	22 665	3.3%	贵州	3 052	0.4%
河北	17 360	2.5%	新疆	2 851	0.4%
湖北	15 586	2.2%	海南	2 726	0.4%

续表

地区	数量	百分比	地区	数量	百分比
四川	14 769	2.1%	甘肃	2 579	0.4%
河南	14 109	2.0%	西藏	2 459	0.4%
安徽	12 034	1.7%	宁夏	1 550	0.2%
湖南	9 401	1.4%	青海	686	0.1%
广西	8 355	1.2%	海外	18 277	2.6%
重庆	8 169	1.2%	合计	694 200	100%
江西	7 873	1.1%			

注：①区域发布按域名注册单位所在地来划分；②海外是指通过海外域名注册服务机构注册的 CN 域名下的网站；③分省数据中不含 EDU. CN 数据。

在从东、中、西部地区的网站来看，西部地区的信息网站数量偏少，而且质量也较差。因此，从总体上说，网络信息资源的地区分布呈集中与分散分布规律。

（二）网络信息资源的内容分布

网络信息资源分布与不同网络和网站上的某一领域或学科的专业信息同样呈现出集中与分散分布规律，其信息来源既相对集中又相对分散。原因在于：

1. 专业领域或学科的网络信息就其来源而言，与非数字化的网络信息无关。因知识信息产生不仅是科学生产力的反映，而且也是一种重要的生产产品。根据洛特卡（A. J. Lotka）公式：

$$f(n) = C/n^2$$

其中，$f(n)$ 为发表 n 篇文献作者占总数的比例，n 为其发表文数，C 为常数（与知识领域和学科性质有关）。由此可知，知识资源生产的计划总量与分散决定了信息在网上发布的集中性与分散性。

2. 科学研究中网络信息资源的组织和网站形成，在很大范围内是以传统信息的数字化和网络化为组织基础的，其传统文献信息的集中与分散决定了数字化网络信息资源的分布。

（三）信息网络中的网站分布

在信息网络中，域名是网站的标志，网站是收集、整理和传播信息的基地，网站数量在很大程度上体现了网络信息资源的分布状况。根据中国互联网的统计调查，目前中国网络机构和个人拥有的网站比例，如表2所示。

表2 网络机构和个人拥有网站机构

网站类型	占所有网站的比例（%）	网站类型	占所有网站的比例（%）
企业网站	77.8	个人网站	3.0
政府网站	8.6	非盈利网站	1.6
商业网站	5.4	其他	0.3
教育科研网站	3.3		

从表中可以看出，企业网站有了绝对的优势，而政府机构、商业网站和教育科研机构网站比例较小，由此决定了网络信息资源的来源机构。随着社会的不断发展，其来源机构在变化中仍会保持集中分布的特点，这无疑决定了网络信息资源组织的集中化管理策略。

三、网络信息资源分布的均衡分析

网络信息资源分布的理想状态是均衡分布，从公平的角度分析均衡分布，则网络信息资源分布应趋向人均信息资源占有量的平衡；从效率的角度分析，则网络信息资源分布应围绕知识工作者集中的区域高度聚集。由此看来，任何一个社会都不可能过分偏重于公平或效率，网络信息资源的均衡分布应是充分贯彻公平和效益原则的结果。

1. 从公平原则上来分析，网络信息资源的均衡分布应与人口分布相匹配。从上述相关统计数据中不难看出，中国信息资源的分布是极不均衡的：一是信息资源高度集中于东南沿海地区，广大的中西部地区缺乏足够的信息资源积累；二是信息资源高度集中于大城市，占我国人口70%的广大农村居民基本上生活在“信息资源贫困线”之下；三是信息资源高度集中在高端的文化、科技和高等教育等系统，面向中小学生和城市普通居民的信息资源相对不足。公平是社会主义制度的主要准则之一，网络信息资源分布及其调整必须体现这一准则。网络信息资源的公平原则主要表现在要逐步为所有的中国居民利用网络信息资源提供平台、手段和培训，而不是网络信息资源在地理分布方面的“面面俱到”。

2. 从效率原则上来分析，网络信息资源的均衡分布应与重点信息用户的分布相匹配。在宏观层面上，从业人口中具有大专以上学历的人口无疑属于重点信息用户。根据相关的数据，中国信息资源分布与从业人口中大专以上人口的分布大致是相对应的，虽然也存在着过度积聚而导致重复配置和效率低下的问题，但还是可以通过建立信息网络、互补余缺和实现信息资源共享等途径和方法加以解决。效率原则的实现也可以从区分有效需求入手寻求解决途径，有效需求是指信息部门以自己的信息资源积累能够充分而高效地满足的需求，是其他信息部门不能够完全满足的信息需求。信息部门信息资源的均衡分布是与有效信息需求分布相匹配的一种状态。

3. 网络信息资源的均衡分布还意味着与国家战略的同态对应。新中国成立以来，尽管中国文献信息界一直在努力适应国家战略的发展，但由于多种原因而信息资源分布状况仍然远远不能满足国家战略的调整和发展。例如，为了促进中国东部、中部和西部地区的均衡发展，国家政府已决定21世纪的国家战略是“西部大开发”，然而中西部地区信息资源的稀缺无法有力地支持这一战略的实施。只有及时预测和掌握国家战略的方向和内容，网络信息资源分布才能最终实现与国家战略的同态对应，才能在更高的层次实现均衡分布。

网络信息资源的均衡分布是一种理想状态，由于决定信息资源均衡分布的变量因子总是处于不断地变化之中，暂时的均衡状态随时会被打破，因而对均衡分布的追求是无止境的。

第二章

隐蔽网络及其资源

万维网有表面网和深层网络之分，它犹如神秘莫测的宇宙充满了暗物质。即使用功能特别强大的搜索引擎，网络上大部分内容仍然会漏掉，这些被漏掉的就是“隐形网络”及其信息资源。Chris Sherman 和 Gary Price 认为，用常规搜索引擎搜索出来的表面网络资源大约只占网络信息资源的 16%，其余的 84% 属于深层网络信息，或叫隐蔽网络信息。据闪亮星球（Bright Planet）公司研究表明，互联网上至少有 5500 亿份文件，隐形内容大约有 5000 亿个文档，是有形内容的 400 倍到 550 倍，即使排除因数据类型和格式不同所造成的差异，隐形内容也至少是有形内容的 50 倍。

隐形网络资源不仅数量庞大，增长速度也远非“有形网络内容”所能比拟的。重要的是“隐形网络”的信息质量高，常规搜索引擎却难以获得。尤其是学术隐蔽网络，更是受到国内外学者、研究人员、高校教师和学生的青睐。因此，如何有效检索和利用隐蔽网络信息资源，已成为一个值得研究的重要问题。

第一节 隐蔽网络概述

一、隐蔽网络的定义

Invisible Web 一词，由 Dr. Jill Ellsworth 于 1994 年首次在互联网领域使用，意指那些对于常规搜索引擎难以发现的信息内容。自 1999 年开始，国外针对 Invisible Web 的研究相当热烈，成果众多。从对 OCLC First Search 数据库系统的检索结果来看，目前在这个研究领域已有数本英文著作，相关论文的数量则达几百篇。与此形成对照的是，我国国内对隐蔽网的研究起步较晚，2003 年才有人发表此方面文章，数量也不多，目前国内所发表的有关隐蔽网的文章约 50 篇左右。Invisible Web 资源无论在质量还是数量上，与可见网络相比，均占优势，具有重要的应用价值。

Invisible Web 在国外又有 Deep Web、Dark Net 或 Dark Matter 等说法，中文可译成“隐蔽网络”、“看不见的网络”、“深层网络”、“深网”或“黑色资源”等。美国的互联网专家、图书馆员和信息学者 Sherman 和 Price 把“隐蔽网络”定义为：虽然通过互联网可以获取，但普通搜索引擎由于技术限制而不能，或者经审慎考虑后而不作索引的那些文本页、文件或其他通常是高质量、权威的信息。

二、隐蔽网络的规模

Bright Planet 公司研究结果显示：深网（即隐蔽网络）的容量有 7500TB，而表面网只有 19TB；深网有近 5500 亿个独立文件，而表面网只有 10 亿；深网中的公共信息数量是表面网的 400~550 倍，即使排除因数据类型和格式不同所造成的差异，隐形内容也至少是有形内容的 50 倍。隐蔽网络是 Internet 上增长最快的新信息类型，在内容上深网网站比传统的表面网站要更专、更深，深网内容的全部质量价值是表面网的 1000~2000 倍，深网的信息内容与所有的信息需求、市场和领域高度相关，一半以上的深网内容存贮在专题数据库中，95% 的深网信息可以公共获取而无需付费或订阅。可以肯定地说：隐蔽网络的规模远远大于表面网，并且将持续性地高速增长。

三、隐蔽网络的类型与内容

Sherman 和 Price 把隐蔽网络划分为不透明网络、私人网络、专有网络和真正的隐蔽网络四种类型。隐蔽网络的形成有技术原因，也有出于商业考虑的经济原因，还有些知识产权方面的因素。根据其形成的不同原因，其内容可分为：①未被链接的网页；②动态生成的网页；③网上可检索的数据库；④实时数据；⑤部分非 HTML 格式文件；⑥需要密码或注册的网站；⑦其他难以搜索的内容等七种。数据库里的信息内容构成隐蔽网络的核心，见表 3。95% 的深网信息可以公共获取而无需付费或订阅，而且隐蔽网络的规模远远大于表面网，并且将持续性地高速增长。

表 3 隐蔽网络的类型和内容

隐蔽网络类型	形成原因	隐蔽网络内容（形成因素）
不透明网络（The Opaque Web）	经济原因	①搜索深度限制；②搜索频率限制；③可显示结果的最大值限制；
	技术原因	④未被链接的网页。
私人网络（The Private Web）	版权等原因	①设置口令；②使用 robot. txt 文件；③在页面设置 no index 标签，以拒绝搜索引擎的索引。
专有网络（The Proprietary Web）	技术原因	①需要用户注册的；②装有防火墙的企业网站；③付费的专用网站，如电子图书馆，Northern Light 特殊收藏。
真正的隐蔽网络（The Truly Invisible Web）	经济原因	①非文本数据，如文件格式为 PDF、PostScript、ShockWave、Flash、执行文件（程序）、压缩文件等；②动态产生的网页和实时数据；
	技术原因 知识产权原因	③关系数据库。

第二节　学术隐蔽网络及其资源

一、学术隐蔽网络的定义与类型

隐蔽网络是搜索引擎没有加到它们索引中的那部分资源，产生的原因主要受存储空间和索引某种内容能力的限制。根据这个定义，垃圾信息是隐蔽网络，因为搜索引擎选择不索引它们，但显然垃圾信息不是学术隐蔽网络。德国杜塞尔多夫大学的 Dirk Lewandowski 给学术隐蔽网络（Academic Invisible Web，AIW）下的定义是：包含所有数据库和相关学术收藏，但不被普通搜索引擎所检索的那部分资源。

事实上，从内容类型上看，一半以上的隐蔽网络是主题数据库，图 1 显示了隐蔽网络类型的分布。主题数据库、内部网络与出版物构成了隐蔽网络的将近 80% 的资源，黄页/白页、图书馆、门户网站、职业和计算资源共占 10% 。Bergman 对主要隐蔽网络进行重叠分析，认为大约有 10 万个

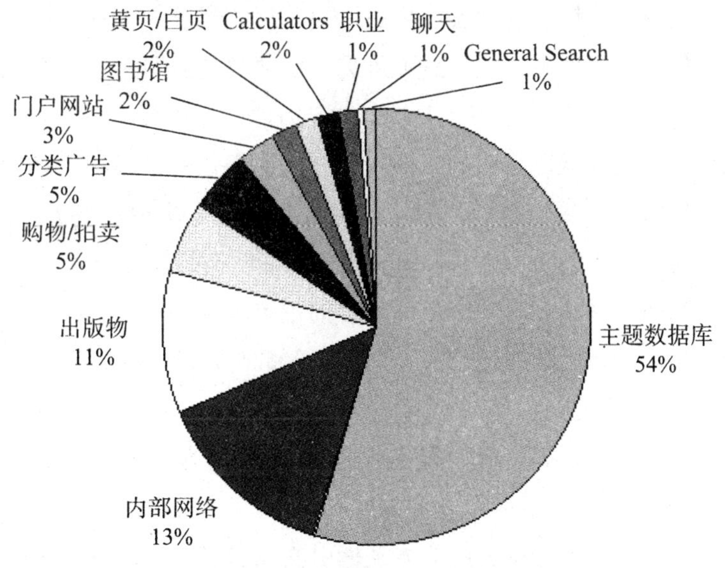

图 1　隐蔽网络内容类型的分布

隐蔽网络数据库。90%的隐蔽网络被认作是学术内容，但要去掉只包括原始数据的数据库，学术内容的比例就缩小到4%。这是因为隐蔽网络的主要部分是原始数据（raw data），大多为图片，如地球卫星图片等，这些数据的记录远远比那些文本数据库大得多。

二、学术隐蔽网络的内容

AIW对学者、图书馆员、信息工作者和所有其他学术搜索者是非常有价值的，能提供相关科学过程的学术信息资源，包括文献（如论文、学位论文、报告、图书等）、数据（如调查数据）和纯网络内容（如开放存取文档）。

Sherman和Price定义了四种隐蔽网络的类型，从用途上讲，专有网络和免费内容的区分最为重要，与学术相关的很大一部分网络是专有网络，主要来自出版商数据库的内容。从图书馆的角度上讲，学术隐蔽网络主要包括文本文件（以不同格式出现的，如PDF，PPT，DOC等），这种文档类型如今能被主要的搜索引擎阅读。

更多的技术问题，如动态产生的网页和文档类型，现在已被解决。被压缩的文档对搜索引擎来说仍然不可见，但通过能索引它们的搜索引擎可以解决这个问题。Flash和Shockwave内容仍是一个问题，因为对索引它们的搜索引擎来说，缺乏足够的文本。实时数据仍是一个问题，因为搜索引擎不能紧跟快速增长的网址的速率。由于数据库是搜索引擎无能为力的，这部分内容是真正的学术隐蔽网络，也是隐蔽网络的核心。

与学术隐蔽网络相对应，AIW内容的主要机构提供者包括：①数据库销售商：生产书目元数据记录和文献传递等的附加服务；②图书馆：通过联机公共访问系统提供馆藏目录检索（OPAC查询）和其他附加服务；③商业出版商：主要提供全文内容；④其他社团、协会机构，如美国计算机学会ACM等；⑤开放存取仓储，如Citebase，OpenROAR等。

这些不同的机构各用自己的体系标引文献信息，从而导致了各个收藏之间的异构现象和复杂环境，也导致了更多的学术内容成为隐蔽网络资源。图书馆藏书和成千上万的数据库文件对普通搜索引擎用户来说是看不见的，而且正在进行的数字计划也更加促使了隐蔽网站的继续增长。现存的技术标准如 Z39.50 或开放存取计划——元数据收割协议（Protocol for Metadata Harvesting，OAI-PMH）并不能经常被完全利用。因此，有价值的可以公共获取的资源，尤其是来自图书馆的资源仍保持不可见，这对读者来说需要跨库检索。

三、学术搜索引擎

一方面，传统的搜索引擎无法整合上述以深层网页形式存在的资源；另一方面，用户希望在同构的环境下使用这些资源，希望通过一次点击就可以获得资源的全文，而无需考虑其来源（网上免费资源、信息提供商的付费资源或图书馆的馆藏资源）。

学术搜索引擎正是为增强 AIW 的存取而出现的，它以学术资源为索引对象，一般涵盖互联网上的免费学术资源和以隐蔽网页形式存在的学术资源，通过对这类资源的爬行、抓取和索引，以统一的接口向用户提供服务。学术搜索引擎有不同的种类，按照覆盖范围有综合性和专业性两类，前者面向各种类型的学术资源，后者则专门针对某类学术资源。这里介绍 Google Scholar、Scirus、BASE 和 Vascoda 四种免费综合性学术搜索引擎。

1. Google 学术搜索（http：//scholar. google. com）。Google Scholar 是 Google 于 2004 年底推出的专门面向学术资源的免费搜索工具，能够帮助用户查找包括期刊论文、学位论文、书籍、预印本、文摘和技术报告在内的学术文献，资料来源于学术著作出版商、专业性社团、各大学及其他学术组织的经同行评论的文章，涵盖数百万隐蔽网络文件。Google Scholar 的搜索结果可以过滤掉普通搜索结果中的大量垃圾信息，排列出文章的不同版本以及被其他文章所引用的次数。2006 年 1 月 11 日，Google 公司宣布将 Google 学术搜索扩展至中文学术文献领域，信息来源包括万方数据资源系统、和维普资讯，以及主要大学发表的学术期刊、公开的学术期刊、中国大学的论文和网上可以搜索到的各类文章，这对于学生、学者以及其他需要经常查阅学术文章的人来说是非常实用的。

2. Scirus 科学搜索引擎（http：//www. scirus. com）。它是目前互联网上最全面、综合性最强的科技文献搜索引擎之一，由 Elsevier 科学出版社开发。Scirus 是表面网内容和学术隐蔽网内容的有效结合，表面网内容大约 2.5 亿，AIW 包括 Elsevier 自己的信息数据库，如 ScienceDirect、BioMedNet 和 Chemweb 等和其他科学信息公司数据库以及开放存取资源，Scirus 是迄今为止采用 FAST 技术创建的最大的科学搜索引擎。

3. BASE（Bielefeld Academic Search Engine，比勒费尔德学术搜索引擎）。BASE（http：//www. base-search. net）是德国比勒费尔德（Bielefeld）大学图书馆开发的一个多学科的学术搜索引擎，采用挪威公司的 FAST 搜索和传递技术，提供对全球异构学术资源的集成检索服务。目前，BASE 已经注册成为 OAI 服务提供者，整合了德国比勒费尔德大学图书馆的图书馆目录和大约 160 个开放资源（超过 200 万个文档）的数据。

4. Vascoda（http：//www. vascoda. de/）。它是一个交叉学科门户网站的原型，集成了图书馆的收藏、文献数据库和附加的学术内容，Vascoda 更注重特定主题的聚类，是消除 AIW 鸿沟的一种可供选择的模式。

以上四个系统有一个共同点就是都关注隐蔽网络学术信息，但它们提供的方法和内容有很大的不同。Google Scholar 和 Scirus 创始于商业公司计划，它们内容的核心以出版商的知识库加上可公共获取的资料为基础。而 BASE 和 Vascoda 是图书馆和信息机构开放其收藏的学术计划，主要是学术参考数据库、图书馆目录以及免费的优质文件。这些典型的学术搜索引擎索引 AIW 需要联盟合作，任何一种单独的方法都有自己所特有的优势和缺陷，或者带有商业偏见，或者缺乏全文信息。

现有的免费综合性学术搜索引擎并不限于以上几种，还有 OJOSE（http//www. ojose. com/）、sciseek（http//www. sciseek. com/）、INFOMINE（http//infomine. ucr. edu/）、CiteSeer 等，但这些搜索引擎在规模、功能等方面与上述四种相比相对较弱。

第三节　隐蔽网络应对策略

隐蔽网络的出现揭示了网络信息资源走向失控的现实，越来越多的资源出现在网上，却无法得到充分的利用，因而信息资源的有效组织和控制是必要的。笔者认为应从微观和宏观两方面应对，更好地组织、控制深层网络资源，使它们从信息海洋深处被挖掘出来，更好地为检索用户服务。

一、隐蔽网络信息资源的微观控制

隐蔽网络自身的难获取性，使得开发隐蔽网络的难度很大，单单依靠某一种力量来解决隐蔽网络问题是不现实的，它需要信息提供者、信息服务商、图书馆和信息检索者各方的努力共同来完成。

（一）信息提供者应对策略

信息提供者是信息提供活动的主体，在整个信息活动过程中占主导地位。为了保证所提供内容能够比较容易被搜索引擎索引，信息提供者应该优化网站，避免网站进入隐蔽网络。

1. 结构平面化策略。搜索引擎由于商业原因，对搜索深度进行限制，四级或更深层次的页面往往深埋于隐蔽网络，不为人知。因此，网站信息提供者要采用结构平面化策略，尽量不要把自己的网络做得太大。如果所提供的内容实在太多，可以考虑采取分布式的方式，创建“姐妹站点”来容纳资源。

2. 文本化策略。隐形网络形成的原因之一，是网络信息资源的非文本化。目前，尽管很多搜索引擎开始支持多媒体检索，如 Google 支持 . pdf、. doc、. ppt 等文件格式和图像检索，但目前多媒体技术还很不成熟。要避免网站的资源成为隐形网络，目前最好的方法是将非文本资源文本化。其中包括：a. 在非文本元素（如图片、动画等）的代码中，运用 Alt 属性标签进行说明，标签中要包含关键词；b. 避免纯图像网页；c. 少用 Flash；d. 对一些非文本元素的链接，可以在 URL 中列出其文本描述。

3. 链接策略。搜索引擎搜集和评价网页都是利用网页的链接，要想让搜索引擎更容易找到你的网站，尽可能地扩大链接的广泛度，让其他跟你主题相关的网站与你的网站链接，特别是那些重要网站的链接，同时设置好自己的站内链接，达到页页有链接，避免出现孤岛网页。此外，还要避免过深链接，多采用横向和浅层链接。

4. 付费索引策略。目前很多搜索引擎公司开展了一项付费服务，只要网站向搜索引擎公司交纳一定的年费，并且提供的内容不具有危害性，该项目就允许网站管理员指定一些特定网页让蜘蛛搜集，搜索引擎能够确保这些页面被索引。

5. 静态化策略。针对动态化的网页难以检索的特点，网站中重要的网页应尽量使用静态化网页。另外，还可以在一个静态页面（如网站地图）建立一个链接指向该动态页面，或者修改这个动态页面的 URL。通常来说，蜘蛛判断动态网页的依据是动态网页的地址中是否含有一些特殊符号，如“?”、“=”、“&”，或字符串“cgi”或“cgi-bin”等，蜘蛛遇到这些符号就判断此网页为动态网页，便停止索引。现在出现了一些专门的软件包可以改写 URL 地址，用其他符号来替换这些特殊符号，如 ASP 蜘蛛诱饵和 Apache 网络服务器专用的“重写”模块。

6. 通用的网络数据库协议（OAI）策略。以上五个策略主要是针对一般网页，而网络数据库是组成隐蔽网络资源的最重要组成部分。对这部分资源的网络信息提供者来说，若想使自己的资源出现在搜索引擎中，可以用统一的框架、协议规范数据库。在众多网络数据库协议中，OAI（Open Archives Initiative for Metadata Harvesting）框架协议是应用较广的一个，该协议是 1999 年美国数字图书馆联盟（DLF）、网络信息联盟（CNF）等组织提出的一个应用框架。最初是为了解决电子期刊预印本的互操作和元数据收割问题。2001 年，OAI 协议的应用扩大到数字图书馆领域，目的是实现分散的、不同系统平台之间的元数据交换和共享，提高系统的互操作能力。2003 年，ALCTS（Association for Library Collections &Technical Services

Programs）的年度会议项目（ALCTS Annual Conference Programs）为：Metadata Harvesting：Using the Open Archives Initiative Protocol to Expose the Deep Web。该项目旨在利用OAI协议，把元数据思想应用到的Deep Web研究中，以便获得更好的检索效果。如果所有的深层网络资源数据库都采用这种协议，再利用专门针对这种框架的网关接口，那么深层网络资源就可以展现出来了。

（二）信息服务者应对策略

所谓信息服务者是指搜索引擎公司、网站目录制作者、搜集各种资料并提供检索的机构或个人。他们是专业的信息组织者，其任务就是使各种资源得到有效的利用。就目前情况来看，信息服务者可从以下几个方面努力来探索隐蔽网络信息资源。

1. 优化现有搜索引擎的工作模式。通用搜索引擎本身的搜索能力存在着局限性，导致了隐蔽网络的出现，而搜索局限性主要来自技术原因和经济原因。因此，要克服隐蔽网络问题，从搜索引擎方面来说，就要从这两个因素着眼。

（1）技术因素。一方面，构建面向隐形Web资源的网络爬虫，制造更智能化的蜘蛛。对蜘蛛来说，现在遇到的最大障碍是各种表单。大量的隐蔽网络资源都是因为蜘蛛不会填写表单而出现的。我们可以通过构建更灵活的网络爬行器，突破目前蜘蛛搜索中遇到的障碍，力图尽可能多地、更有效地发掘隐蔽网络中的信息。目前，几个旨在创造更智能化搜索引擎蜘蛛的计划正在实施中，这种蜘蛛能够自动填表和检索信息。该蜘蛛采用两种最基本的办法，一是采用事先设置好的代理程序与特定数据库的表单进行交互；二是利用人工智能技术猜测表单所需内容，使蜘蛛能够透过表单进入数据库内部检索信息。这些技术若能够被搜索引擎广泛使用，则会大大改善现状。其中，南洋理工大学几个研究者已经研制成功一套能够自动填写表单的隐蔽网络查询系统DEQUE（Deep WEb QUery SystEm），他们建立了表单数据模型，并设计了一套DEQUEL查询语言，能够利用复杂多变的客户端脚本程序。

另一方面，采用元搜索技术，实现分布式检索。改进搜索技术，优化现有专业搜索引擎的工作模式和工作机制，注重协作策略的运用，使之能搜索更多格式的文件。据此，King-Ip Lin 等设计了一个多元专业搜索系统，集合互联网上的多个专业搜索引擎，自动查找和标引隐蔽网络资源。目前，搜索引擎对很多网络数据库无能为力，采用分布式检索技术的 Proprietary Software 看起来更有发展潜力。分布式检索隐蔽网络可以分为如下两步：第一步，用户的检索请求被同时推送到多个网络数据库；第二步，各个数据库的检索结果经过一定处理返回给用户。这种技术目前存在着一些障碍，分布式技术现在还很不成熟。

（2）经济因素。很多资源之所以落入隐蔽网络之中，经济因素是一个不可忽视的原因。搜索引擎公司是商业机构，获取利益是他们的最终目标。若索引某些资源需要很高的成本，在效用与成本之间他们往往要仔细权衡，最终可能只索引一部分这样的资源。我们不能责怪搜索引擎公司的利益顾虑，这方面的障碍是很难处理的。最好的解决办法就是技术上的突破，带来成本的下降。

2. 建立隐蔽网络的专门目录。隐蔽网络目录是针对搜索隐蔽网络资源的专门检索工具，目前已经存在一些这样的工具。例如：

（1）Librarians' Index to the Internet（http：//lii. org/），一个可以信赖的经过图书馆员筛选的含有 14000 多个网站的有评注的主题目录，该网站包括可见资源和隐形网络资源。

（2）The Invisible Web Directory（http：//www. invisible-web. net/），《看不见的网站》的作者 Chris Sherman 和 Gary Price 创办的专门用于指导检索 Invisible Web 资源的网站，该网站资源广博、价值高。

（3）Dircct Scarch（http：//www. freepint. com/gary/direct. htm），最具权威的用于检索“看不见的网页”的网站，拥有数量庞大的 Invisible Web 资源链接。

（4）Academicinfo（http：//www. academicinfo. net/），学术资源主题指南，提供一个适合教授教学计划和大学生研究论文的素材。

（5）CompletePlanet（http：//www. completeplanet. com）Bright Planet 致

力于公共的、文本内容，不包括防火墙后的私人数据、e-mail，非 HTML 文档、图像、音乐和视频信息，可检索 100 000 个深网网站。此外，FindLaw，Profusion，InfoMine 等都是搜索“Invisible Web”的指南。

（三）图书馆应对策略

作为信息时代网络资源的组织与导航者，以及资源提供者与利用者的图书馆，是否已经意识到隐形网络的巨大潜力和价值？笔者认为，图书馆应用和开发隐形网络，应从以下几个方面考虑：

1. 建立隐蔽网站的导航或学科信息资源指引库。高校图书馆可以根据本校的专业设置和重点学科，组织学科馆员多途径、多角度进行搜集，对分散的某一学科的大量学术隐蔽网络资源进行筛选、过滤和重组，建立隐蔽网络导航或相应的学科信息资源指引库，置于图书馆主页，力图就某一个学科比已有的隐蔽网络门户网站做得更专业、更具特色。

2. 将“隐形网络”作为信息素质教育的一项内容。此举不仅能提高用户网络信息搜索能力，更能激发他们探索网络奥秘的好奇心。较有代表性的是加州大学伯克利分校的隐形网络教程；再如，美国兰格地亚社区学院图书馆馆员在其“图书馆研究指南”的讲座中，把隐形网络作为开场白，很好地吸引了学生的注意力。用户培训的方式可多种多样，既可在文检课教学中加入此项内容，也可结合“一小时讲座”、“因特网导航”等培训课程，指导用户进行实际操作，讲解检索技巧。对于科研人员，则更需强调对其进行特定主题、多种形式的培训。可结合学科馆员的工作灵活开展，如在学术活动、报告会之余进行单主题、短时间的小型讲座；采用电子邮件推送、网页留言板的形式，主动向科研人员介绍隐形网络的有关知识。

3. 通过元搜索引擎、组织统一检索平台等方式，提高图书馆电子资源的可见度。具体方法有：a. OPAC 系统与电子资源的整合。b. 通过 OPAC 系统检索其他图书馆的馆藏信息。美国 Texas 大学就通过引入 Z39. 50 协议使该馆的 OPAC 与该州 60 所公共图书馆和 25 所高校图书馆联结在了一起。

（四）信息检索者应对策略

信息检索者是整个信息活动的终结者。一方面，信息检索者可以充分享用上述三者的劳动成果；另一方面，信息检索者绝不是完全被动的，而是主动地获取隐蔽网络资源。

1. 培养信息意识。检索者要意识到隐蔽网络占据了整个网络资源的很大一部分，而且价值高、数量大，所以检索不能局限于普通的搜索引擎。

2. 改善用户个人搜索策略。隐蔽网络资源是通用搜索引擎不能索引的资源，这里所说的不能索引是不能索引其内部资源，而不是说搜索引擎找不到隐蔽网站的入口。我们可以利用普通搜索引擎间接查找“隐蔽网络”，如在 Google 中输入“关键词 + filetype：pdf”便可找出 PDF 文档，输入“pediatrics database”就能查到儿科学方面的数据库，然后要做的就是进入数据库内部，利用数据库所提供的检索工具进行查找。用户也可以直接查找专门的隐蔽网络搜索工具，如前面提到的 LII，The Invisible Web Directory 和 FindLaw 等。

3. 利用个人信息管理软件。在利用网络进行检索时，应该培养一种良好的检索习惯，把检索过程中发现的有用资源及时添加到收藏夹保存起来并定期整理，建立自己的个人查询目录。我们可以使用网上免费的个人信息管理软件来管理自己的文件和资料，此类软件有 DailyPIM，EssentialPIM，UU Point Endnote 等。利用这些工具能够合理有效地搜集知识，保存知识和对知识进行分类，是组织和利用网络等资源的好工具。

二、隐蔽网络信息资源的宏观控制

隐蔽网络的出现使我们认识到，网络信息资源组织中存在问题，但需要各方的共同努力才能使这个问题得到缓解。有效的网络信息资源控制是全面的，仅仅依靠技术等微观办法不能从根本上解决隐蔽网络问题，网络信息资源的宏观控制必不可少。

网络信息资源组织与控制是一种事业，而不是商业。政府有义务让公众充分利用网络信息资源，这是社会文明进步的标志。任何商业机构，出于其自身利益的考虑，会放弃对社会有益但无利可图的服务，而选择和提供有利可图的项目。从人类整体利益来看，网络信息资源管理应和图书馆事业一样，实行“终身制”，而只有政府才能把这样的事业长久地维持下去。互联网信息资源的组织与控制不是某个或某些国家的责任。目前，人们缺乏网络检索技能，一般用户只会利用少数几个搜索引擎，通过出版隐蔽网络使用指南，可以普及网络检索知识，从而大大改善这种状况。

基于以上情况，我们提出网络信息资源宏观控制的设想：①建立一个国际互联网信息资源控制中心组织（UIIRCO），负责组织、协调各国在网络信息资源控制与管理方面的工作；②各国政府应对其管辖范围内的网络信息组织管理工作负有责任，并设立专门机构履行该职责；③制订统一的网络信息资源组织标准，使用统一的搜索工具，共建网络信息资源索引数据库，实现跨库检索；④定期出版国际互联网信息资源有关刊物和使用指南等资料。

第四节　隐蔽网络研究文献计量学分析

Dr. Jill Ellsworth 于 1994 年首次在互联网领域使用了 Invisible Web 一词，意指那些对于常规搜索引擎难以发现的信息内容。自 1999 年开始，国外针对 Invisible Web 的研究相当热烈，以美国一些互联网专家、图书馆员、信息学者为主的研究人员对隐蔽网络进行了深入的探讨，并将研究结果以论文、学术著作和学术报告的形式发表出来。从对 OCLC First Search 数据库系统的检索结果来看，目前在这个研究领域已有数本英文著作，比较权威的专著有 Chris Sherman 和 Gary Price 合著的《The Invisible Web：Uncovering Sources Search Engines Can't See》（2001）等，相关论文的数量则达几百篇。

与国外众多的成果形成对照的是，我国国内对隐蔽网的研究起步较晚，2002 年才有人发表此方面文章（以“隐性信息”为关键词），数量也不多，目前国内所发表的有关隐蔽网的文章只有约 50 篇。Invisible Web 资源无论在质量还是数量上，与可见网络相比，均占优势，具有重要的应用价值。在这里分析我国隐蔽网络论文的发表情况，希望能对我国隐蔽网络研究的开展提供参考。

一、数据来源和分析方法

笔者选取《中国期刊网》、《中文维普科技全文数据库》和《万方数据资源系统》的中国数字化期刊群作为检索工具，统计文献从 1989～2007 年底为止。分别采用关键词、题名、主题和基金四种检索途径，以“隐蔽网络、看不见的网络、深层网络、深网、隐形网络、Invisible Web 和 Deep Web”作为检索词；检索过程中发现 2002 年始有“隐性信息”方面的文章实际上也是“隐蔽网络”的内容，故增加检索词“隐性信息”。

通过 Access 的 SQL 语言或 Excel 的排序功能去掉重复的和不相关主题内容的论文，最后共得出 2002 年以来我国有关隐蔽网络研究的论文 50 篇；并利用文献计量学的方法，对论文总量的变化趋势、期刊分布、主题分布、作者机构分布等方面进行了统计分析。

二、论文统计分析

（一）论文发表年代分布

表 4　隐蔽网络研究论文的时间分布

类别＼年份	2002	2003	2004	2005	2006	2007	总计
篇数	1	2	8	7	15	17	50
比例（%）	2%	4%	16%	14%	30%	34%	100%

从表 4 可知，2002 年我国才出现“隐性信息”的一篇文章，2003 年始有关键词为“看不见的网站”和“隐性信息”各 1 篇论文。2004 年达到 8 篇，是上一年的 4 倍，增长幅度较大；随后几年，国内关于隐蔽网络的研究总体上逐年稳步增长，这符合普赖斯文献指数增长规律以及文献逻

辑增长规律。但总的来说，近几年我国隐蔽网络的研究并不热烈，成果寥寥，说明我国并没有给予太多重视。

（二）论文主题分布

隐蔽网络研究的论文所涉及的主题内容非常广泛。从微观角度出发，该主题论文大致分为：隐蔽网络及检索策略研究，deep web 查询、分类、聚类与系统实现，隐蔽网络资源的采集与整合、提取与集成，隐蔽网络宏观控制、技术上应对策略，高校图书馆隐蔽网络资源开发利用，介绍美国深网实践工作和比较分析等七个方面（见表5）。

表5　主题内容分类

主题	隐蔽网络及检索策略	深网查询分类、聚类	资源采集与整合	宏观和技术控制	图书馆开发利用	深网实践工作	比较分析
数量（篇）	26	12	4	3	2	2	1
百分比（%）	52%	24%	8%	6%	4%	4%	2%

1. 隐蔽网络及检索策略研究。从表5中可以看出，关于隐蔽网络及检索策略的研究文章数量最多，占了总文献的52%。主要阐述隐蔽网络的概念和规模，分析其形成原因，介绍隐蔽网络的检索策略。Sherman 和 Price 把“隐蔽网络”定义为：虽然通过互联网可以获取，但普通搜索引擎由于技术限制而不能，或者经审慎考虑后而不作索引的那些文本页、文件或其他通常是高质量、权威的信息。

Bright Planet 公司研究结果显示：隐蔽网络的容量有7500TB，而表面网只有19TB，隐蔽网络有近5500亿个独立文件，而表面网只有10亿，隐蔽网络中的公共信息数量是表面网的400～550倍；而质量价值是表面网的1000～2000倍；一半以上的隐蔽网络内容存贮在专题数据库中；95%的隐蔽网络信息可以公共获取而无需付费或订阅。可以肯定：隐蔽网络的规模远远大于表面网，并且将持续性地高速增长。

Sherman 和 Price 把隐蔽网络划分为不透明网络、私人网络、专有网络和真正的隐蔽网络四种类型。隐蔽网络的形成有技术原因，也有出于商业考虑的经济原因，还有些知识产权方面的因素。根据其形成的不同原因，其内容可分为：a. 未被链接的网页；b. 动态生成的网页；c. 网上可检索的数据库；d. 实时数据；e. 部分非 HTML 格式文件；f. 需要密码或注册的网站；g. 其他难以搜索的内容等七种，数据库里的信息内容构成隐蔽网络的核心。

隐蔽网络检索策略包括：利用普通搜索引擎间接查找“隐形网络”；利用专门搜索“Invisible Web”的检索工具等。

2. deep web 查询、分类、聚类以及系统设计与实现。此类文章也较多，12 篇，占总文献量的 12%，主要介绍 Deep Web 查询接口的各种类型，研究基于查询接口特征的数据源聚类方法和基于聚类结果的数据源分类方法，讨论从基于规则与线性文档分类器中抽取查询探测集的规则抽取算法和 Web 文档数据库分类的查询探测算法。该主题是计算机技术类，撰写该主题的作者也大多是计算机、信息工程与自动化院系的教师。

3. 隐蔽网络资源的采集与整合、提取与集成。该类文章有 4 篇，主要论述采用人工采集、自动化采集、人机结合采集隐蔽网络资源的收集方法，采用对资源的规范与标引及建立跨库检索平台等方法对资源加以整合。介绍隐蔽网络信息集成的模型，分析目前界面提取、模板匹配、结果组合技术的特点和不足，并提出相应的改进方法。

4. 隐蔽网络宏观控制、技术上应对策略。隐蔽网络的出现说明，网络信息资源组织中存在问题，需要各方的共同努力才能使这个问题得到缓解，有效的网络信息资源控制是全面的，政府支持的宏观控制和技术改进的微观办法缺一不可，同等重要。但我国研究此类主题的文章不多，目前仅 3 篇。

5. 高校图书馆隐蔽网络资源开发利用。隐蔽网络资源学术价值高，受到国内外学者、研究人员、高校教师和学生的青睐。但高校图书馆如何开发利用这部分资源，目前国内研究并不深入。而隐蔽网络资源的采集与整合与此有交叉之处，介绍了高校图书馆网络导航采集隐蔽网络资源的收集方法，实为高校图书馆应对隐蔽网络资源之策略。

6. 介绍美国深网实践工作。该类文章有 2 篇，专门介绍美国的深网实践工作。如 BrightPlanet 公司的 BrightPlanet（r）-Home 项目和 Yahoo 公司的 Content Acquisition Program 项目。美国 BrightPlanet 公司是一家专门从事数据整合和企业信息分析的公司，开发了深网检索平台工具 DQM（Deep Query Manager）。2004 年 3 月，雅虎公司推出了 Content Acquisition Program 服务，这项服务的主旨是将公众数据库重的数以亿计的文件编入索引之中。为此，Yahoo 与国会图书馆、几所大学进行了合作，该项目能接触到 100～1000 亿个深网。

7. 比较分析。隐蔽网络与其他概念的比较研究只有 1 篇，马费成和张婷所撰写的“看不见”的网站与学科信息门户的比较分析，在隐蔽网络研究上有所突破；该文指出，在结构设计上、信息用户提供的功能、在学科专业研究方面所起的作用三方面，隐蔽网络与学科信息门户存在很大不同。但二者也存在着很深的联系，它们都运用了数据库技术对信息进行存储与加工，一般都可进行浏览和检索，有着比较复杂的检索机制。虽然所存储信息的深度不同，但是都对专业研究作用巨大。

笔者发现，隐蔽网络与开放存取也有一定关系，开放存取资源有相当一部分是隐蔽网络资源。而且，隐蔽网络实质上是网络信息组织问题。这两者的关系也值得探讨。

从以上论文分析，我国对隐蔽网络的研究一直偏向于理论介绍，一半以上是阐述隐蔽网络概念、分析其特点和形成原因，提出检索策略。在技术措施方面，图书情报学界很少涉猎，主要是计算机届参与。相对所有主题，隐蔽网络教育的研究、图书馆开发利用研究以及比较分析研究涉入少。

（三）论文发表的期刊源统计

1. 期刊类型分布。据统计，50 篇论文分布于 30 种期刊中，其期刊种类分布如表 6。

表6 具体期刊分布情况

期刊类别	期刊种数（种）	载文数量（篇）	比例（%）
图书情报信息类	18	37	74%
计算机技术类	8	9	18%
学院学报类	4	4	8%
合计	30	50	100%

由表6可知，图书情报类期刊为隐蔽网络主题的研究提供了学术探讨空间，共载文37篇，占总数的74%，论文期刊分布符合布拉德福的文献集中与分散定律；其他分散在非专业期刊中，主要有计算机技术类和学院学报类。学报类4篇，主要是deep web查询方面的论文，计算机技术类9篇，探讨deep web查询、分类、聚类以及系统设计与实现，反映出学科研究的交叉渗透。

2. 高载文量期刊分布。如果将发文3篇以上期刊视作高载文期刊，它们的具体信息如表7所示。

表7 载文期刊统计

发文篇数	期刊名称
3	农业图书情报学刊，情报理论与实践，情报探索，图书馆学刊，图书馆杂志，图书情报工作，中国信息导报
2	计算机技术与发展，科技情报开发与经济，情报科学，情报杂志，图书馆论坛，微电子学与计算机，新世纪图书馆，现代情报

从表7可知，在2002~2007年6年间，关于隐蔽网络研究载文最多的7种期刊均是图书情报信息类期刊，其中核心期刊3种；发文2篇的期刊有两种属于计算机技术类的，4种图书情报类的核心期刊；说明图书情报界是隐蔽网络研究的主要领域。

（四）论文著者的统计分析

在所统计的50篇论文中，共有作者66人，其中以第一著者身份发表的有45位。

1. 论文合著分析（见表8）

表8　隐蔽网络论文合著统计

类别	独著	2人合著	3人合著	4人合著	总数
发文篇数	26	14	9	1	50
比例（%）	52%	28%	18%	2%	100%

表8的数据表明：a. 参与隐蔽网络研究的著者较多，但著者的平均发文量少；b. 以独著为主，占所有著作方式的52%。笔者查阅得知，3人合著、4人合著多为近两年现象，说明在此课题研究中，虽然以独著为主，但是开始注重合作研究。

2. 发表论文篇数的著者统计（见表9）

表9　发表论文篇数的著者统计

发文量	1篇	2篇	3篇	4篇	6篇	合计
著者人数	52	9	2	2	1	66
比例（%）	78.9%	13.6%	3%	3%	1.5%	100%

从图表9中我们可以看出，绝大多数的作者只发表了1篇论文，占作者总数的78.9%。发表2篇论文的作者占作者总数的13.6%，发表3篇以上论文的作者占作者总数的6%。根据检索结果，界定发表论文在3篇以上的作者为核心作者，如表10所示。

表 10 核心作者表

核心作者	发文数量	第一作者篇数	独立作者篇数
崔志明	6	0	0
赵朋朋	4	2	0
黄青松	4	0	0
苏晓珂	3	2	0

在这 4 名作者中，崔志明是发文最多的，发文 6 篇；赵朋朋和黄青松发文数量位居第二，均发表论文 4 篇，但崔志明和黄青松这两人都不是以第一作者的身份发表论文。从数据中可以看出，赵朋朋所发的 4 篇文章中均有崔志明参加，表明这两位作者之间有比较紧密的合作关系，并在隐蔽网络研究领域内取得了优秀的成果。

苏晓珂发表了 3 篇文章，其中 2 篇以第一作者身份发表，且苏晓珂发表的 3 篇论文中均有黄青松参加，说明这两位作者之间有比较紧密的合作关系，并在隐蔽网络研究领域内取得了优秀的成果。赵朋朋和苏晓珂是博硕士研究生，崔志明和黄青松是研究生导师。这四位核心作者主要从事智能信息系统、智能化信息处理方面的研究。

马费成、张婷分别以第一、第二作者身份发表了 2 篇论文，另外马费成等翻译了 Sherman 和 Price 的著作《看不见的网站：Internet 专业信息检索指南》，该译著于 2003 年出版。由此可知，马费成、张婷两位作者在隐蔽网络研究领域内做出了突出的贡献。

（五）著者机构统计

1. 著者所在省份分布（见表 11）。

表 11 著者所在省份前 8 位分布表

省份	江苏	湖北	广州	云南	北京	上海	浙江	湖南
发文篇数	11	7	6	4	3	3	3	3
比例（%）	22%	14%	12%	8%	6%	6%	6%	6%

从统计结果看，论文著者遍及全国14个省2个直辖市，江苏省和湖北省发文数最多，分别占总数的22%和14%。发文数最多的江苏省有11篇论文，而最少的省只有1篇；由此可见该课题研究作者分布范围较广，地区间不均衡，没有形成规模的集中研究区域。

2. 著者机构分类统计。按机构性质不同将论文著者的机构分为高校院系、图书馆、研究院和企业进行统计，如表12所示。表12表明，高校院系的发文量是最多的，达29篇，占58%，此数据包括高校的管理院系、研究所和计算机工程与自动化系；图书馆发文次之，均为高校图书馆，达19篇，可见高校是隐蔽网络研究的主体。高校的计算机工程、自动化院系的研究主要是技术上的，但其他单位的研究大多集中在理论层面上，缺少实践经验。

表12　著者机构分类统计

<table>
<tr><th>序号</th><th colspan="2">机构</th><th>机构数</th><th>发文量</th><th>合计发文量</th></tr>
<tr><td rowspan="3">1</td><td rowspan="3">高校院系、研究所</td><td>管理院系</td><td>7</td><td>15</td><td rowspan="3">29</td></tr>
<tr><td>计算机工程、自动化系</td><td>5</td><td>8</td></tr>
<tr><td>研究所</td><td>2</td><td>6</td></tr>
<tr><td>2</td><td colspan="2">图书馆</td><td>16</td><td>19</td><td>19</td></tr>
<tr><td>3</td><td colspan="2">研究院</td><td>1</td><td>1</td><td>1</td></tr>
<tr><td>4</td><td colspan="2">企 业</td><td>1</td><td>1</td><td>1</td></tr>
</table>

表13　核心机构统计

名次	机 构 名 称	发文数量
1	苏州大学智能信息处理及应用研究所	6
2	武汉大学信息管理学院	5
3	中山大学信息管理系	4
4	昆明理工大学信息工程与自动化学院	4

发文量前四位的作者机构，如表13所示。可见，隐蔽网络领域已形成

一些研究机构的雏形，且主要集中在高校的信息管理系和信息工程与信息处理研究所，如苏州大学智能信息处理及应用研究所、武汉大学信息管理学院、中山大学信息管理系和昆明理工大学信息工程与自动化学院。

（六）基金论文分布（见图表14）

表14 基金论文分布

基金名称	论文数量及年代分布	占总论文数百分比	占基金论文数百分比
2005年度教育部科研重点项目；教育部高校博士学科点科研基金；江苏省高技术研究计划项目	6 （2006年3篇；2007年3篇）	12%	75%［包括国家基金项目（60673092）资助的25%］
国家自然科学基金项目（60673092）	1 （2007）		
国家自然科学基金“网络计算环境下信息资源共享的效率研究”	2 （2004）	4%	25%

表14的数据表明：自2004年以来，隐蔽网络研究论文得到5项省部级基金支持。因国家自然科学基金项目（60673092）资助的1篇论文同时受到教育部科研重点项目、教育部高校博士学科点科研基金和江苏省高技术研究计划项目的资助，故基金资助项目实际上为8篇论文。从发文量看，得到基金资助的机构发文量多，其中教育部科研重点项目、教育部高校博士学科点科研基金和江苏省高技术研究计划项目资助的苏州大学智能信息处理及应用研究所的研究论文最多，共6篇，占基金论文数的75%。

以上表数据说明隐蔽网络已经成为网络信息资源检索的一个新的研究领域，吸引了越来越多的研究者，并得到了从国家到高校各级各类研究部门的重视和支持。

（七）引文文献的统计分析

笔者对50篇关于隐蔽网络研究论文的参考文献进行统计，国内研究目前并不很热烈，故引用外文资料的较多，引用最多的外文是Sherman和Price的“The Invisible Web：Uncovering Sources Search Engines Can't See”以及Exploring the Invisible Web；Bergman的“The Deep Web：Surfacing Hidden Value”等。中文论文被引率较高的有马费成、张婷的“获取看不见的网络信息资源的有效途径”，黄晓冬的“Invisible Web研究综述”，吴志强、严贝尼的“从隐蔽网络到国际互联网信息资源控制计划”、陈红勤的“埋藏的web财宝——隐形网络的搜索利用”等。

总之，自“隐蔽网络”的概念引进以来，我国隐蔽网络研究吸引了越来越多的研究者，各年度的文献量呈直线上升趋势，高校教师在重要作者群中占有很大比例，图书情报界仍然是我国隐蔽网络研究的主要力量。但还应该清醒地认识到：隐蔽网络研究的力度和深度还不够，论文数量增长缓慢，作者人均发文量不高，没有形成核心作者群，图书馆应对隐蔽网络的研究还很欠缺，隐蔽网络教育的研究也明显不足。不过随着国内外网络信息资源组织的完善和搜索引擎功能的不断提高，接下来的几年里，隐蔽网络研究将会得到更快、更深和更广的发展和应用。

第三章

网络信息资源评价

Internet 的建设是一个动态的、不断发展的过程，网络资源的质量直接而长期地影响着数以亿计的网民或用户。网络不仅具有开放性、自由性和复杂性及其信息资源的无限无序、繁杂多变和优劣混杂的特点，而且网络信息资源和网站在整体上由于缺乏统一的组织和管理，缺少组织管理上的统一标准和规范，使其得不到必要的质量监督和控制。这不仅给用户进行有效组织、管理和利用网络信息资源带来了困难，而且也不利于网络信息资源的优化配置。因此，分析和研究互联网上的各种信息资源，建立一整套科学和合理的网络信息资源评价方法和指标体系是一项重要的工作。

第一节　网络信息资源评价的原则与方法

一、网络信息资源的评价原则

网络信息资源评价就是要按照评价原则，在评价指标体系的基础上，运用一定的科学评价方法，对网络信息资源进行全方位的综合分析，从而判别其优劣，达到网络信息资源评价的目的。分析和研究互联网上的各种信息资源，制定网络信息资源评价原则，建立科学和合理的网络信息资源评价方法，对于全面、科学和准确地评价网络信息资源及优化网络信息资源配置都具有极其重要的意义。由于互联网和网络信息资源的特殊性，决定了网络信息资源评价工作是一项复杂的系统工程。因此，要全面、科学和客观地评价网络信息资源，就必须在评价工作中以及确定评价指标体系和评价方法时遵循以下几项原则。

（一）科学性原则

科学性要求网络信息资源评价工作中的评价者，必须具有科学的评价手段、严谨的评价指标体系和有科学依据的评价方法。一方面，在指标体系中，其评价指标的选择、分值和权值的确定、数据的选取与计算都必须以公认的科学理论为依据。另一方面，必须全面、准确地分析和描述网络信息资源，综合考虑网络信息资源的特征、内容、功能、设计等诸多方面，使指标体系充分满足和适合网络信息资源的各项要求。

（二）整体性原则

整体性要求对网络信息资源进行总体的和全面的评价，各方面的指标不是孤立和分散使用的，而是要成为一个系统化的完整体系。

（三）代表性原则

代表性要求网络信息资源评价的各项指标要具有广泛的代表意义，要与传统的信息资源评价指标区别开来，并能够典型地和准确地反映出网络信息资源的类型特点。

（四）发展性原则

发展性要求在网络信息资源评价工作中坚持发展的观点，评价指标和指标体系要具有较好的预见性，能适应网络信息资源的发展需要。一方面，由于网络信息具有强烈的动态性和易变性，因而评价指标和指标体系也必须是动态和发展的。只有当评价指标体系能随网络信息资源的变化而调整时，其才可能具有更强的适应性。另一方面，网络信息资源的发展必须在评价指标的分值和权重上予以反映，以体现其导向作用，从而引起广泛重视，促进网络信息资源的发展。

（五）客观性原则

客观性要求评价指标客观可信和符合实际，力求准确反映评价的真实水平。一方面，评价指标要有明确的含义，统计数据要准确。另一方面，建立和制定的评价指标体系，不仅要考虑当前网络信息资源的总体状况和水平，而且要反映出不同个体间的差异。

（六）可比性原则

可比性要求指标体系中的确定指标、指标定义、数据单位和选择指标等，在得出最终数据和结果时彼此间能进行比较分析。

（七）合理性原则

合理性要求指标体系中的各项评价指标要具有相对的独立性，可从不同的角度和侧面对网络信息资源进行评价。而且要求在指标体系中不能出现等价指标，也不能出现相互矛盾的指标，否则造成指标意义混淆、重复评分等不合理现象。

（八）可行性原则

可行性要求指标体系应比较简洁，避免过于烦琐，而且要综合考虑指标体系所涉及评价指标的量化和数据获取的难易程度与可靠性。同时，要防止评价流于形式，注意选择能反映网络信息资源发展状况和具有代表性的评价指标。

二、网络信息资源的评价方法

评价方法是进行网络信息资源评价研究和评价工作中不可缺少的重要组成部分，也是评价过程中的关键环节。如何运用科学的评价方法，直接关系到网络信息资源评价工作的水平和质量。网络信息资源的评价方法主要有以下几种：

(一) 定性评价方法

定性评价是目前网络信息资源评价实践中普遍采用的一种评价方法。它是按照一定的评价指标和指标体系，从主观角度对网络信息资源所进行优选和评价的方法。由于其方法采用的评价指标体系主要由定性指标组成，故称之为定性评价方法。定性评价方法是根据网络信息资源评价目的和用户需求，依据一定的评价原则和要求，确定相关的评价指标，建立指标体系和各赋值标准，再通过评价者或用户等打分或评定，得出网络信息资源评价的结果。其评价结果的形式包括等级制、百分制和其他能表示质量优劣的指示等。定性评价方法所选择、采用的评价指标和指标体系，因受到专业领域、学术水平和课题需求等多方面因素的影响，而出现较大的差异。主要有两种：

1. 以网络信息资源表现形式为导向的指标体系，如商业性的网络资源评价网站和机构就注重表现形式，其评价指标体系侧重于网络信息资源的设计和直观感受等。

2. 以网络信息资源内容为导向的指标体系，如图书情报机构的网络资源评价服务就侧重于信息内容，以信息质量为评价准则。

由于定性评价方法主要基于评判者的主观判断，尽管在评价过程中可以尽量做到客观、全面和公正，也可对网络信息资源的内容进行深入分析，但不可避免地会受到主观认识的影响，其评价结果还会受到网络环境、评价指标体系、评判者水平等条件的制约。

(二) 定量评价方法

所谓定量评价方法，是指按照一定的数量分析方法，从客观量化角度对网络信息资源进行优选和评价的方法。利用网络技术实现的访问量统计、链接情况统计等相关的数量统计，是目前网络参考信息源进行定量评价的主要方式。一般说来，被用户访问的次数和链接的数量情况，可反映网络信息资源的重要程度。将相关网络信息资源的访问次数、下载情况、链接数量等统计数据进行分析整理和排序，则可以对其影响力、提供信息的水平和信息源的质量等方面进行评判。

定量评价方法在一定程度上克服了定性评价方法的主观性和价值偏向性，具有方便、及时和快捷的特点，其评价结果明显、客观和公平。但定量评价标准过于简单和表面，统计方法本身存在技术问题，统计数据可能会受到广告、附加免费服务、默认设置等相关因素的影响，所得结果也难免出现偏差。

（三）综合评价方法

综合评价是定性和定量相结合的评价方法。它在分析和研究网络信息资源评价及建立评价指标体系时，既要有定性指标，也要有定量指标；既要全面考虑其外部特征，也要深入探究其内部特征，即信息内部属性，从而从定性和定量两个角度对网络信息资源进行优选和评价。理想的综合评价方法应该是定性评价方法和定量评价方法的有机结合和相辅相成，以定性评价方法的全面性和成熟性来弥补定量评价方法的不稳定性，以定量评价方法的科学性和客观性来弥补定性评价方法的主观性，从而达到综合、全面和科学评价网络信息资源的目的。目前，综合评价方法尚未形成比较成熟的理论，正在探讨和研究中的综合评价方法主要有如下几种。

1. 层次分析法。层次分析法是美国运筹学家、匹兹堡大学教授托马斯·萨蒂（T. L. Saaty）于20世纪70年代中期提出的一种定性与定量分析相结合的系统分析方法。这种方法充分利用人的分析、判断和综合能力建立判断矩阵，通过判断矩阵计算各层次的相对于系统总目标的合成权重，并进行层次总排序。目前，将层次分析法运用于网络信息资源评价的具体方法是：构建网络信息资源评价的层次结构和评价指标体系，确定各指标的权重，对各指标进行单一评分和综合评分，从而用确定各指标的重要性来进行网络信息资源的优选和评价。

层次分析法是一种综合人的主观判断来分析复杂的定性问题的拟定量方法，运用层次分析法进行网络信息资源的评价，具有高度的有效性、可靠性、简明性和广泛的适用性。其局限性主要表现在分析过程比较复杂，主观判断对于评价结果有较大的影响。

2. 链接分析法。所谓链接分析法，是指通过选择合适的搜索工具，从不同的角度统计链接关系，并计算出 Web 影响因子（WIF），分析站外链接的类型、特征等多方面的因素，对网络信息资源进行优选和评价的方法。链接是网络空间信息组织的基本方法，它类似于印刷型文献中的引文，可通过计算其相关的数量指标来计算网站的相对质量，因而在一定程度上反映网络信息资源的质量。而且站外链接关系反映的是被链网页被利用和被推荐的总体情况，与被链网页质量存在着正向或肯定的关系。

通过对链接数量、链接类型、链接特征和被核心网站链接的比较分析研究，可以深入地判断被链网站（网页）的优势和不足。如通过站外链接的数量，可分析网站的流行程度；通过被不同机构链接的情况，可分析了解网站的影响范围；通过被不同国家和地区链接的情况，可了解其国际影响力；通过网站链接点特征的分析研究，可掌握其被链接的质量层次；可从国家、语种、施链网站类型等多方面进行网站之间的比较研究；通过一定时间网站被链接的变化的情况，可分析和判断网站的发展趋势，等等。

链接分析法依据网络信息资源的自身特征和规律，在一定程度上克服了主观性和价值偏向性，评价覆盖面广和速度快，数据客观、可重复验证和针对性强。但链接分析法一般是通过搜索引擎的链接功能获取有关数据，其大多数不可能将全部网页都加以索引，收录范围也不同，而且变动较大，缺乏稳定性，因而数据准确性难以保证。

（四）其他评价方法

1. 评价性元数据法。元数据是用于描述数据的数据，是对资源内容形式的全方位揭示，也是网络信息资源管理的重要工具。元数据方法是评价网络信息资源的一种新模式。元数据包括描述性元数据和评价性元数据两种类型，描述性元数据主要用于网络资源的描述和定位，而评价性元数据则用于网络资源的发现和评价。

评价性元数据法主要是利用因特网内容选择平台（PICS），它是一种将网络信息资源与元数据相结合的基础平台。这种方法的基本原理：是在 PICS 中的网络信息资源被加入关于内容描述和评价分级的元数据，用户计算机过滤软件在后台进行处理，根据评价性元数据过滤掉用户不需要的资源。在实际评价中，它则是根据评价的目的和价值观确定评价体系，对网络信息资源进行评价和分级，并将评价和分级的结果纳入网络信息资源的元数据中，利用浏览器并根据需要过滤掉不符合要求的信息资源。

利用评价性元数据法对网络信息资源进行的评价，实质上是对网络信息资源进行认证的一个过程。在很大程度上依赖于信息提供者能否主动参与认证，以及用户对认证机构、评价标准和认证结果的信赖程度。也就是说，元数据是由评价机构或网站提供的，评价结果的可信度不是很高。

2. 第三方评价法。所谓第三方评价法，是指由第三方根据特定的信息需求和目的，建立网络信息资源评价指标体系，按照一定的评价程序或步骤，对网络信息资源进行优选和评价的方法。目前，这种评价方法主要有两种形式：其一，网络资源评价网站进行的评价。这种评价注重访问量、网页设计效果等外部形式，专业指导性不强，因而其评价范围多侧重于综合性的网络信息资源。其二，学术性信息服务机构进行的评价。这种评价注重网络信息资源的内容，主要是针对学术信息的评价，具有专业性，适用于专业研究人员。

第三方评价法所具有的主观性在很大程度上影响了评价的客观性，因而作为一种最常用的网络信息资源评价方法，其核心在于选择合理的和科学的评价指标和指标体系，这决定了评价的客观性、公正性、合理性和科学性。

3. 用户评价法。所谓用户评价法，是指有关网络资源评价的专业机构，给用户提供相关的评价指标体系和方法，用户则根据自己的特定信息需求，从中选择符合需求的评价指标和方法，对网络信息资源进行评价和优选的方法。这种方法由用户来决定网络信息资源的优劣，有助于用户收集符合自身特定需要的网络信息资源，提高网络信息资源过滤的质量。[60]但由于用户评价法需要用户依照评价指标和评价方法，对每一个网络信息资源的实体进行鉴别和评价，需要一些时间和精力，给用户造成了一定负担，而且网络信息资源收集的全面性也受到一定程度的影响。

采用何种评价方法进行网络信息资源评价较为适合，目前在其认识上还尚未达到统一。同时，对评价方法的分析研究不够深入具体，缺乏实际操作性和指导性。对国外评价方法的探讨缺乏深度，对其案例研究包括整体的评价过程和过程中的评价方法分析甚少。就评价方法本身而言，存在的主要问题是：其一，定性评价方法虽然其评价指标越来越细化，逐渐符合主题和学科领域的差异及用户的特定要求，显示了其成熟的一面。但定性评价方法中介入了过多的人为因素，带有很大程度上的主观色彩，往往会得出差别较大的结果，导致评价结论说服力不大和可靠性不强。其二，定量评价方法虽然有效地克服了定性评价方法的主观性，可使评价结果更为科学和客观。但定量评价方法仍处于实验和探索中，许多基础性问题尚未解决，不确定因素较多，单纯使用定量方法评价网络信息资源也缺乏说服力。其三，综合评价方法目前正在进行一些尝试，其评价指标体系还不够健全，而且定性评价方法和定量评价方法之间尚未很好地结合，存在的断裂很容易造成偏差，其评价结果仍取决于定性评价指标。

另外，其他评价方法可以说是上述方法的补充，其科学性和合理性需要在网络信息资源评价实践中进一步探讨和验证。

第二节　网络信息资源评价的内容与指标

一、网络信息资源的评价内容

对网络信息资源的优劣进行评价，是一项细致而复杂的工作，需要制定一个兼顾各个方面的统一的评价指标体系。这个指标体系所有给出的指标，应是网络信息资源选择和评价的明确定性或定量的综合性参考指标。无论采用何种方法和方式进行网络信息资源的评价，其评价指标体系中的内容应包括和涉及以下数方面的因素。

（一）权威性因素

权威性主要是指网络信息资源和来源网站及其主办者、发布者、责任者（著作者）等的权威性、知名度和影响程度，它是保证网络信息资源在质量、可信度和可靠性等方面的重要评价因素。例如，政府机构、研究机构和高等学校的网站，所发布的网络信息资源一般都要进行审查和筛选，使其了具有较强的权威性。权威性因素包括三个方面的内容：

1. 网络信息资源的权威性。主要包括网络信息资源是否有较强的背景，是否固定可靠，其对应信息资源的著作权是否有明确的标识，学术性的是否有知名专家和学者的支持，以及信息资源是否可以验证出处或给出引用文献的来源等。

2. 网站的权威性。不仅要考察网络信息资源所在网站的情况，若是转载和转发的还需要考察其来源网站。包括网站提供的有关办站的宗旨、指导思想、发展方向、发展动态等背景信息，通过网站的“FAQ”、“About Us”、“Mission”等链接内容得到的其组织者、所属机构、服务对象、目的等信息，网站提供拥有权威专家的情况、联系方法、版权信息、获得荣誉、外部评价等信息，以及评价机构对网站作出的评价等。

3. 主办者、发布者、责任者（著作者）的权威性。主要包括网络信息资源和网站的主办者、发布者、责任者是机构、团体或个人，是否提供有效的联系方式，以及其在本领域的学术地位、组织方式和运行机制等。

（二）目的性因素

一个较高质量的信息在产生之初就应确定其存在的目的及其潜在用户，其目的性决定着它能否为用户提供一系列有针对性的信息。每一个信息都要有各自不同的目标用户，其信息资源才能满足特定用户的需求。目的性因素首先要考察信息资源是否有明确的目的和特定的用户对象。其次是考察其是学术性的还是商业性的，是研究性的还是普及性的，面向的用户是专家或学者还是大众或爱好者。同时，还要考察其是否实现了目标，面向了哪些用户，能否满足不同层次的用户需要等。

（三）新颖性与独特性因素

新颖性与独特性主要是指提供的信息内容所涉及的主题、表达的思想观点和运用的观点是否新颖独特，以及其信息在学科范围、形式、手段等方面是否有独到和创新之处，它反映了其信息资源的新颖程度和独有特征。新颖性与独特性因素包括：信息资源是否有出色的创新方案及内容，与其他同类相比是否有新颖与独特之处，是否能最先提供最新的信息，其内容是否有自己的特色，能否给用户以鲜明的印象，是否具有从其他信息资源中无法获得的信息等。

（四）准确性因素

准确性是网络信息资源评价标准中一个不可缺少的最基本的因素。主要包括信息资源所覆盖的学科及信息资源类型是否符合专业要求，信息资源的内容是否准确，是否存在文字、语法等方面的错误，词语含义是否有模糊不清的现象，统计表格、图表是否清晰明了，是否以客观、公正的态度进行资料分析，是否含有明显的政治、宗教等意识形态或其他倾向，是否带有广告色彩等。

（五）实用性与适用性因素

实用性与适用性主要是指网络信息资源是否与用户的实际需要相符合，它是保证用户使用的前提。用户不仅希望能用较短的时间和点击较少的链接查到所需信息，而且更希望所提供的是最需要和最有用的信息。因此，实用性与适用性因素应包括：信息资源对于用户对象其收录范围是否全面、广泛或是否有遗漏，是否提供多种类型的信息，信息的深度和写作风格是否符合特定用户的需求，其用户的满意程度是多少等。

（六）全面性因素

高质量的网络信息资源应具有能够全面地表达主题观点的特性，其内容应具有相当的广度和深度。全面性因素主要包括：所收录的主题范围是否涵盖更多的方面，其是否集中在更宽的领域，是否包括相关的主题，是否包括多种语言，学术性的是否给出引用文献来源，提供的信息资源是否具体到更深的层次等。

（七）正确性与可靠性因素

正确性与可靠性主要是指信息内容的真实、有效、准确和可信的程度，它也是传统信息资源评价的指标之一。在网络信息资源的正确性与可靠性方面，不仅要考察其来源或提供者，而且还要考察其信息内容。包括信息资源是否是公开的和合法的，其提供者或责任者是否是具有权威性的知名专家、学者、名人或专门的组织、机构，是否能最大限度地保证其信息内容的真实性，其信息资源是否被核实过，是否具有相关联的信息资源，其是否被其他权威网站或媒体所链接、推荐、介绍和评价等。

（八）组织性与易用性因素

优秀的网站在其组织上应表现为非常严谨和十分周密的状态，在这种状态下用户才会感觉到更容易使用。组织性与易用性因素主要包含有以下四个方面的内容：

1. 网页设计。网络信息资源和网站应充分利用多媒体功能，将文本、图像、声频、视频信息合理地和有机地集成一体。使其页面既图、文、声并茂，又简练、直观和自然，同时可更方便用户使用。网页设计主要包括：网页框架结构是否层次清晰，构图设计是否简洁美观，平面效果与整体风格是否统一，文字、图像等布局是否合理和重点是否突出，网页的设计与信息资源的内容是否相适应，网页设计是否能刺激用户的思维和创造力，能否增加信息资源的视觉、听觉效果并使其更有吸引力，采用的视觉效果是增强还是分散了信息内容，图形档的格式是否便于浏览、传输和保存等。

2. 用户界面。网络信息资源和网站具有友好的用户界面，不仅易于用户接近也更助于用户利用。它主要包括信息资源是否便于用户使用并具有用户服务支持系统，是否以专业化的形式呈现，站点内的信息资源是否以同一风格显示，是否显示有帮助性的出错信息，网页的各个组成部分是否都能运行，网页之间的切换是否简单、方便和快捷，是否有用户满意的和直观的搜索引擎，每一个网页是否都有直接返回资源起始页或主页的功能，信息资源是否能以多种格式打印和下载等。

3. 信息组织。主要包括信息组织的形式是否多样，信息资源的分类系统是否完善，是否按学科、主题、形式、读者对象等分别组织并可浏览，信息资源的主题标引是否正确，各部分信息组织是否适中等。

4. 导航系统。导航功能的强弱是衡量网络信息资源和网站质量优劣的一个重要指标。导航系统是查找信息资源的指示性工具，它反映网络信息资源和网站是如何组织和分类信息的。它主要包括信息资源分类是否科学准确，类目设置是否简明合理，索引菜单系统是否完善，是否有用户查找帮助信息功能，搜索引擎是否对其整个信息资源作以索引，搜索结果是否能够符合用户的提问要求等。

（九）链接性因素

链接性主要是指网络信息资源、网站、网页之间的链接关系，反映其链接的质量。链接性因素包括：内部链接是否充分有效，外部链接组织是否合理，链接的信息资源是否保持新颖并与主题、学科相关，被链接者是否权威、实用和有效，所有链接是否灵活稳定，是否存在空链、错链和死链，链接是否有利于用户的研究需要等。

（十）时效性因素

时效性主要是指信息内容的更新周期和速度。时效性越强其信息资源就越新颖，同时对用户的吸引力就越强。时效性因素主要包括：网络信息资源是否标注写作日期、上网日期和修改日期，是否注明其信息资源更新的频率，是否按声明的日期进行更新，是否标明最近一次更新的日期，过时无用信息和死链等无效部分是否及时处理等。

（十一）交互性因素

主要是指网络信息资源的责任者与其用户之间的沟通和联系程度。通过多种形式的沟通与联系，既可使网络信息资源用户在遇到问题时获得更多帮助和指导，也可使网络信息资源的建设获得更多更好的建议和意见，从而保证其信息资源得到更大的开发和利用。交互性因素包括网络信息资源是否提供多种交互界面和联系方式，是否及时解答和解决用户提出的问题与遇到的疑难，是否经常主动与用户联系并征求意见，是否能积极采纳用户的合理化建议并努力改进其不足等。

（十二）稳定性因素

互联网上的信息资源处于变动频繁的状况之中，网络信息资源的存在状态是评价的一个重要指标。长期存在并各项性能和指标均较为稳定的网络信息资源，可使用户从中获得较为系统和全面的信息。稳定性因素包括网络信息资源所在地址是否经常变动，信息的链接是否稳定，有效信息资源是否长期保存，特殊情况需要变动时是否通过多种方式及时告知用户，是否不间断的提供网络信息服务，信息资源是否可被稳定地使用等。

（十三）检索性因素

检索性主要是指网络信息资源所具有的能够提供各种功能强大、灵活方便和实用性强的检索工具和检索方法的状况。主要包括网络信息资源是否有检索功能，是否提供高级查询方式，是否可随用户的检索式而不断进行动态逻辑组配，检索界面是否多样，检索途径是否齐全并提供多个检索点，是否能提供高效、快捷和响应时间短的检索，检索结果是否全面和准确等。

（十四）获得性因素

获得性主要是反映网络信息资源的信息受访问限制和获取限制的程度与状况。它包括网络信息资源是否有访问限制，是否要有必需的软硬件配备，是否需要注册后才可访问，申请注册的用户是否有身份限制，是否有语种的限制，信息资源的服务器是否可靠地被连接，用户获取信息是否受费用的限制，获取信息等待的时间是否过长，当地的镜像站点能否连通，是否经常因过分拥挤而提供不了服务等。

（十五）安全性因素

安全性是指网络信息资源对病毒侵袭、黑客攻击和信息篡改等不安全因素的防范状况。主要包括网络信息资源是否具有防病毒和抗病毒的能力，特殊信息是否使用了专用网络服务器，是否采用了防黑客攻击和防病毒感染的技术，是否安装有防火墙和其他防病毒软件，是否使用了安全加密防范措施等。

（十六）免费性因素

免费性是指用户使用网络信息资源的信息是否支付费用的情况。主要包括网络信息资源的使用是否免费，收费的其费用是否合理，是按一定时间包库使用收费还是直接按使用数量收费或是按一次性付清长期使用收费，费用是否可以在线支付等。

（十七）定量因素

对网络信息资源的评价除要涉及上述16种定性因素外，还必须考虑相关的定量因素，这些定量因素是评价标准体系中不可缺少的重要指标。其主要包括网络信息资源被多少搜索引擎所收录，被用户点击访问的次数，被链接的次数，所收主题的信息资源占整个网络中该主题信息资源的比例，网络资源评价网站对其进行评价的等级、评分和排名等。

二、网络信息资源的评价指标

根据评价内容和涉及的因素，可形成以下三级评价指标：

（一）形式指标（一级指标）

1. 网页设计（二级指标）

网页设计包括的下属指标（三级指标）：①网页框架结构层次清晰程度；②构图设计简洁美观程度；③平面效果与整体风格统一程度；④文字

图像布局合理及重点突出程度；⑤网页设计与信息内容适应程度；⑥网页信息资源视觉听觉效果及吸引力；⑦视觉效果增强信息内容程度；⑧网页设计刺激用户思维程度；⑨图形文档格式浏览、传输和保存状况。

2. 用户界面（二级指标）

用户界面包括的下属指标（三级指标）：①信息资源便于用户使用程度；②用户服务支持系统状况；③专业化形式呈现程度；④站内信息资源以同一风格显示程度；⑤显示帮助性出错信息状况；⑥网页各组成部分运行状况；⑦网页之间切换状况；⑧搜索引擎状况；⑨每个网页返回主页状况；⑩信息资源打印下载状况。

3. 导航系统（二级指标）

导航系统包括的下属指标（三级指标）：①信息资源分类科学准确程度；②类目设置简明合理程度；③索引菜单系统完善程度；④用户查找帮助信息状况；⑤搜索引擎对整个资源作以索引状况；⑥搜索结果符合用户提问要求程度。

4. 信息组织（二级指标）

信息组织包括的下属指标（三级指标）：①信息组织形式多样化程度；②信息资源分类系统完善程度；③按学科、主题、形式、读者对象等组织状况；④信息资源主题标引正确程度；⑤各部分信息组织适中程度。

（二）内容指标（一级指标）

1. 目的性（二级指标）

目的性包括的下属指标（三级指标）：①明确目的及特定用户对象状况；②学术性、商业性、普及性状况；③面向专家学者、大众爱好者状况；④实现目标程度；⑤满足不同层次用户需求程度。

2. 权威性（二级指标）

权威性包括的下属指标（三级指标）：①网站背景及固定可靠程度；②著作权明确标识状况；③知名专家学者支持状况；④信息资源验证出处状况；⑤提供办站宗旨、指导思想、发展方向、发展动态等背景信息状况；⑥提供拥有权威专家情况、联系方式等状况；⑦权威评价机构对网站作出评价状况；⑧机构、团体、个人责任者及有效联系方式状况。

3. 全面性（二级指标）

全面性包括的下属指标（三级指标）：①信息收录主题涵盖程度；②信息资源集中在更宽领域程度；③信息资源包括相关主题状况；④多种语言状况；⑤给出引文来源状况；⑥提供深层次信息资源程度。

4. 正确可靠性（二级指标）

正确可靠性包括的下属指标（三级指标）：①网站公开合法状况；②责任者是权威性知名专家、学者、名人及专门组织、机构状况；③信息内容真实性程度；④信息资源被核实状况；⑤相关联信息资源状况；⑥被其他权威性网站媒体链接、推荐、介绍、评价状况。

5. 新颖独特性（二级指标）

新颖独特性包括的下属指标（三级指标）：①出色创新方案及内容状况；②新颖与独特程度；③提供最新信息状况；④信息内容具有特色性程度；⑤给用户印象鲜明性程度；⑥获得其他网站无法获得信息状况。

6. 实用适用性（二级指标）

实用适用性包括的下属指标（三级指标）：①对于用户对象收录范围全面广泛程度；②提供多种类型信息状况；③信息深度及写作风格符合特定用户需求程度；④用户满意程度。

7. 准确性（二级指标）

准确性包括的下属指标（三级指标）：①信息资源类型及覆盖学科符合专业要求程度；②信息内容准确程度；③文字、语法等错误状况；④词语含义模糊不清状况；⑤统计表格、图表清晰明了程度；⑥资料分析客观公正程度；⑦含有明显政治宗教意识形态倾向状况；⑧带有广告色彩状况。

8. 稳定性（二级指标）

稳定性包括的下属指标（三级指标）：①网站地址变动状况；②信息链接稳定程度；③有效信息资源保存状况；④告知用户变动情况及时程度；⑤不间断提供网络信息服务状况；⑥信息资源可被稳定使用程度。

9. 时效性（二级指标）

时效性包括的下属指标（三级指标）：①标注写作日期、上网日期、修改日期状况；②注明信息资源更新频率状况；③按声明日期进行更新状况；④标明最近一次更新日期状况；⑤过期无用信息、错链等无效部分处理及时程度。

（三）功能指标（一级指标）

1. 检索性（二级指标）

检索性包括的下属指标（三级指标）：①检索功能状况；②提供高级查询方式状况；③可随用户检索方式不断进行动态逻辑组配状况；④检索界面多样化程度；⑤检索途径齐全及提供多个检索点状况；⑥提供高效、快捷检索状况；⑦检索结果全面准确程度。

2. 链接性（二级指标）

链接性包括的下属指标（三级指标）：①内部链接充分有效程度；②外部链接组织合理程度；③链接信息新颖及与学科主题相关程度；④被链者权威、实用、有效程度；⑤所有链接灵活稳定程度；⑥存在空链、错链状况；⑦链接符合用户研究需求程度。

3. 交互性（二级指标）

交互性包括的下属指标（三级指标）：①交互界面及联系方式状况；②解答用户疑难问题及时程度；③主动与用户联系及征求意见状况；④采纳用户合理化建议及努力改进状况。

4. 获得性（二级指标）

获得性包括的下属指标（三级指标）：①访问限制状况；②注册访问状况；③申请注册用户身份限制状况；④信息资源服务器被可靠链接程度；⑤语种限制状况；⑥获得信息受费用限制状况；⑦获得信息等待时间状况；⑧当地镜像站点连通状况；⑨过分拥挤不能提供服务状况。

（四）其他指标（一级指标）

1. 安全性（二级指标）

安全性包括的下属指标（三级指标）：①防病毒及抗病毒能力程度；②特殊信息使用专用网络服务器状况；③采用防黑客攻击及防病毒感染技

术状况；④安装防火墙及防病毒软件状况；⑤使用安全加密防范措施状况。

2. 免费性（二级指标）

免费性包括的下属指标（三级指标）：①使用免费状况；②收费费用合理程度；③包库使用、直接使用、一次性付清使用收费状况；④在线支付费用状况。

（五）定量指标（一级指标）

1. 核心定量（二级指标）

核心定量包括的下属指标（三级指标）：①被访问次数；②被链接数量；③信息资源增长率；④专业或主题信息比例；⑤被下载或引用次数；⑥更新频率。

2. 参考定量（二级指标）

参考定量包括的下属指标（三级指标）：①响应速度；②信息资源组织层次；③空链、错链数量（或比例）；④被收录搜索引擎数量；⑤注册用户数量；⑥费用数量；⑦权威评分、等级或排名。

第三节　网络信息资源评价指标体系的构建

从国内外现有的研究和实践来看，还尚未形成一套公认的比较完善的评价指标体系用于网络信息资源的评价，评价指标体系仍处于探索和研究阶段。如何构建一个科学、合理和实用的评价指标体系，是进行网络信息资源评价工作所必须解决的重要问题。在这里，拟就网络信息资源评价指标体系的构建问题进行一些探讨。

一、网络信息资源评价指标体系的构建原则

互联网和网络信息资源的特殊性，决定了网络信息资源评价工作是一

项复杂的系统工程。因此，要全面、科学和客观地评价网络信息资源，就必须在构建指标体系时遵循以下几项原则。

（一）客观性与合理性统一原则

客观性要求评价指标客观可信和符合实际，力求准确反映评价的真实水平。一方面，评价指标要有明确的含义，统计数据要准确。另一方面，构建的评价指标体系，不仅要考虑当前网络信息资源的总体状况和水平，而且要反映出不同个体间的差异。而合理性要求指标体系中的各项评价指标要具有相对的独立性，可从不同的角度和侧面对网络信息资源进行评价。同时要求在指标体系中不能出现等价指标，也不能出现相互矛盾的指标，否则造成指标意义混淆、重复评分等不合理现象。因此，在构建网络信息资源评价指标体系中，其各项评价指标应充分体现客观性与合理性的统一。

（二）内容与形式兼顾原则

唯物辩证法认为，任何事物都是内容与形式的统一。内容与形式兼顾原则要求在构建网络信息资源评价指标体系时，既要注重对网络信息资源内容质量的评价，又不能忽视对网络信息资源形式质量的评价。一方面，内容质量反映的是网络信息资源本质特征的状况，是选择评价指标和构建指标体系最重要的核心因素。另一方面，形式质量所反映的是网络信息资源的外部特征及其他特征的状况，是为内容质量服务的，也是不可缺少的评价因素。在构建网络信息资源评价指标体系时，应以内容指标为重点，辅以形式指标，既要分清主次又要适当兼顾。

（三）科学性与可行性统一原则

科学性要求网络信息资源评价工作中的评价，必须具有科学的评价手段、严谨的评价指标体系和有科学依据的评价方法。一方面，在指标体系中，其评价指标的选择、分值和权值的确定、数据的选取与计算都必须以公认的科学理论为依据。另一方面，必须全面、准确地分析和描述网络信息资源，综合考虑网络信息资源的特征、内容、功能、设计等诸多方面，使指标体系充分满足和适合网络信息资源的各项要求。在注重评价指标科学性的前提下，还必须重视评价指标的可行性。可行性要求指标体系应比较简洁，避免过于烦琐，而且要综合考虑指标体系所涉及评价指标的量化和数据获取的难易程度与可靠性。

（四）预见性与发展性结合原则

预见性与发展性结合原则要求在网络信息资源评价工作中坚持发展的观点，评价指标和指标体系要具有较好的预见性，能体现未来网络信息资源的发展趋势。一方面，由于网络信息具有强烈的动态性和易变性，因而评价指标和指标体系也必须是动态和发展的。只有当评价指标体系能随网络信息资源的变化而调整时，其才可能具有更强的适应性。另一方面，网络信息资源的发展必须在评价指标的分值和权重上予以反映，以体现其导向作用，从而引起广泛重视，促进网络信息资源的发展。

（五）综合性和整体性结合原则

综合性和整体性结合原则要求评价指标的选取，必须综合反映网络信息资源的发展水平，各项指标之间具有较强的逻辑关联。同时，要求对网络信息资源进行总体的和全面的评价，各方面的指标不是孤立和分散使用的，而是要成为一个系统化的完整体系。

（六）定性与定量并重原则

定性评价与定量评价是进行网络信息资源评价的两种方法，二者各有所长，利弊分明。在分析和研究网络信息资源评价及构建评价指标体系时，既要全面考虑定性指标，又要充分选择定量指标，从定性与定量两个角度对网络信息资源进行选择和评价。定性评价与定量评价相结合，定性指标与定量指标兼顾并重，优势互补，保证评价结果更加全面、客观、公正和合理。

(七) 代表性与可比性协调原则

代表性要求网络信息资源评价的各项指标要具有广泛的代表意义，要与传统的信息资源评价指标区别开来，并能够典型地和准确地反映出网络信息资源的类型特点。同时，可比性要求指标体系中的确定指标、指标定义、数据单位和选择指标等，在得出最终数据和结果时彼此间能进行比较分析。

二、网络信息资源评价指标体系的整体构建

(一) 评价指标的选取与确定

评价指标的筛选和分类归属是网络信息资源评价指标体系构建的基础，将直接影响评价结果的准确性和正确性。一方面，选取指标的数量必须适中，数量过多可引起信息的繁冗和指标内容含义的交叉重复，数量太少可使指标缺乏足够的代表性和造成片面性。另一方面，指标分类归属要相对合理，否则就会造成评价结果的误差，不合理的因素越多，其结果的误差就越大。

通过对国内外专家学者研究成果的分析研究，根据网络信息资源的类型特点，同时结合 Internet 网络信息资源的实践，采取定性评价与定量评价相结合的综合方法，确立了以内容指标为主、形式指标为的辅的 2 级指标体系。其中一级指标确定为内容指标、形式指标、功能指标、辅助指标和定量指标 5 个；在一级指标的基础上进行聚类分析和分类归属，再确定和细分出二级指标，包括目的性、权威性、全面性、可靠性、新颖独特性、实用适用性、准确性、稳定性、时效性、网页设计、用户界面、导航系统、信息组织、检索性、链接性、交互性、可及获得性、安全性、免费性、被访问次数、被链接数量、信息资源增长率、专业或主题信息比例、被下载或引用次数、更新频率、响应速度、信息资源组织层次、空链错链数率、注册用户数量、权威评分或排名等 30 个，其中定量指标 11 个。

（二）指标体系标准的编制与确定

编制指标体系的标准主要是用来界定评价指标的等级要求，表示某一网络信息资源在各个指标范围内所能达到的优劣程度。在本指标体系中编制了比较简易的评价标准方法，即划分“很好”、“较好”、“一般”、“较差”、“很差”五个等级标准，并对其分别进行标度的确定，其分值分别设定为“4”、“3”、“2”、“1”、“0”。

（三）指标权重的分配与确定

评价指标权重是指每一指标在整体评价中的相对重要程度，根据各指标的这种重要程度赋予一定的权值。本评价指标体系由两级指标构成，自重加权和加重加权这两种方式并用。

1. 一级指标采用自重加权。即将满分100分分为5个大小不同的权值，分配给5个重要程度不同的一级指标。

2. 二级指标在一级指标的基础上采用加重加权。在分配二级指标权值时，视其所属一级指标为一个整体，按其在本级的重要程度分配相应的权值。同时，设立加权重数，并与等级标准分值一起共同完成二级指标的得分，即为“等级标准分值与加权重数的乘积”，得分越高则表示其质量越高。

（四）评价指标体系的建立

评价指标体系是由反映评价对象本质的评价指标、指标权重、评价标准等主要因素构成的一个有机集合体。本文建立的网络信息资源评价指标体系（见表1）由以下五个部分构成：

1. 指标项。包括内容指标、形式指标、功能指标、辅助指标和定量指标5个一级指标和由其细分出的30个二级指标。

2. 指标内容说明项（此项由于内容较多在总表中省略，见3.2.5）。主要是用来补充说明二级指标所包含的具体内容，使评价者进一步掌握指标的含义。

3. 等级标准项。包括很好、较好、一般、较差、很差 5 个等级标准，以及分别确定的分值。

4. 权重项。主要是按 100 分制对一级指标、二级指标分别进行自重加权和加重加权，并设立加权重数。

5. 结果项。包括二级指标得分、一级指标得分和评价总得分。

按照上述五个部分建立网络信息资源评价指标体系总表（见表 15）。

表 15　网络信息资源评价指标体系总表

一级指标	权重	二级指标	权重	指标内容说明（省略）	等级标准分值					权重	二级指标得分	一级指标得分	评价结果（总得分）
					很好	较好	一般	较差	很差				
					4	3	2	1	0				
内容指标	45	目的性	4							1.00			
		权威性	5							1.25			
		全面性	5							1.25			
		可靠性	6							1.50			
		新颖独特性	5							1.25			
		实用适用性	5							1.25			
		准确性	6							1.50			
		稳定性	5							1.25			
		时效性	4							1.00			
形式指标	10	网页设计	2							0.50			
		用户界面	2							0.50			
		导航系统	3							0.75			
		信息组织	3							0.75			
功能指标	10	检索性	3							0.75			
		链接性	3							0.75			
		交互性	2							0.50			
		获得性	2							0.50			

续表

一级指标	权重	二级指标	权重	指标内容说明（省略）	等级标准分值					权重	二级指标得分	一级指标得分	评价结果（总得分）
					很好 4	较好 3	一般 2	较差 1	很差 0				
辅助指标	5	安全性	3							0.75			
		免费性	2							0.50			
定量指标	30	被访问次数	3							0.75			
		被链接数量	3							0.75			
		信息资源增长率	3							0.75			
		专业或主题信息比例	4							1.00			
		被下载或引用次数	3							0.75			
		更新频率	4							1.00			
		响应速度	3							0.75			
		信息资源组织层次	3							0.75			
		空链错链数率	1							0.25			
		注册用户数量	2							0.50			
		权威评分或排名	1							0.25			
合计	100	30	100							25			

（五）指标内容说明项的内容

在评价指标体系总表中，由于指标内容说明项的具体内容较多，无法编列于其中。现将相关二级指标所包含的详细内容概括如下：

●目的性的内容包括：①明确目的及特定用户对象状况；②学术性、商业性、普及性状况；③面向专家学者、大众爱好者状况；④实现目标程度；⑤满足不同层次用户需求程度。

●权威性的内容包括：①网站背景及固定可靠程度；②著作权明确标识状况；③知名专家学者支持状况；④信息资源验证出处状况；⑤提供办站宗旨、指导思想、发展方向、发展动态等背景信息状况；⑥提供拥有权威专家情况、联系方式等状况；⑦权威评价机构对网站作出评价状况；⑧机构、团体、个人责任者及有效联系方式状况。

●全面性的内容包括：①信息收录主题涵盖程度；②信息资源集中在更宽领域程度；③信息资源包括相关主题状况；④多种语言状况；⑤给出引文来源状况；⑥提供深层次信息资源程度。

●可靠性的内容包括：①网站公开合法状况；②责任者是权威性知名专家、学者、名人及专门组织、机构状况；③信息内容真实性程度；④信息资源被核实状况；⑤相关联信息资源状况；⑥被其他权威性网站媒体链接、推荐、介绍、评价状况。

●新颖独特性的内容包括：①出色创新方案及内容状况；②新颖与独特程度；③提供最新信息状况；④信息内容具有特色性程度；⑤给用户印象鲜明性程度；⑥获得其他网站无法获得信息状况。

●实用适用性的内容包括：①对于用户对象收录范围全面广泛程度；②提供多种类型信息状况；③信息深度及写作风格符合特定用户需求程度；④用户满意程度。

●准确性的内容包括：①信息资源类型及覆盖学科符合专业要求程度；②信息内容准确程度；③文字、语法等错误状况；④词语含义模糊不清状况；⑤统计表格、图表清晰明了程度；⑥资料分析客观公正程度；⑦含有明显政治宗教意识形态倾向状况；⑧带有广告色彩状况。

●稳定性的内容包括：①网站地址变动状况；②信息链接稳定程度；③有效信息资源保存状况；④告知用户变动情况及时程度；⑤不间断提供网络信息服务状况；⑥信息资源可被稳定使用程度。

●时效性的内容包括：①标注写作日期、上网日期、修改日期状况；②注明信息资源更新频率状况；③按声明日期进行更新状况；④标明最近一次更新日期状况；⑤过期无用信息、错链等无效部分处理及时程度。

●网页设计的内容包括：①网页框架结构层次清晰程度；②构图设计简洁美观程度；③平面效果与整体风格统一程度；④文字图像布局合理及重点突出程度；⑤网页设计与信息内容适应程度；⑥网页信息资源视觉听觉效果及吸引力；⑦视觉效果增强信息内容程度；⑧网页设计刺激用户思维程度；⑨图形文档格式浏览、传输和保存状况。

●用户界面的内容包括：①信息资源便于用户使用程度；②用户服务支持系统状况；③专业化形式呈现程度；④站内信息资源以同一风格显示程度；⑤显示帮助性出错信息状况；⑥网页各组成部分运行状况；⑦网页之间切换状况；⑧搜索引擎状况；⑨每个网页返回主页状况；⑩信息资源打印下载状况。

●导航系统的内容包括：①信息资源分类科学准确程度；②类目设置简明合理程度；③索引菜单系统完善程度；④用户查找帮助信息状况；⑤搜索引擎对整个资源作以索引状况；⑥搜索结果符合用户提问要求程度。

●信息组织的内容包括：①信息组织形式多样化程度；②信息资源分类系统完善程度；③按学科、主题、形式、读者对象等组织状况；④信息资源主题标引正确程度；⑤各部分信息组织适中程度。

●检索性的内容包括：①检索功能状况；②提供高级查询方式状况；③可随用户检索方式不断进行动态逻辑组配状况；④检索界面多样化程度；⑤检索途径齐全及提供多个检索点状况；⑥提供高效、快捷检索状况；⑦检索结果全面准确程度。

●链接性的内容包括：①内部链接充分有效程度；②外部链接组织合理程度；③链接信息新颖及与学科主题相关程度；④被链者权威、实用、有效程度；⑤所有链接灵活稳定程度；⑥链接符合用户研究需求程度。

●交互性的内容包括：①交互界面及联系方式状况；②解答用户疑难问题及时程度；③主动与用户联系及征求意见状况；④采纳用户合理化建

议及努力改进状况。

●获得性的内容包括：①访问限制状况；②注册访问状况；③申请注册用户身份限制状况；④信息资源服务器被可靠链接程度；⑤语种限制状况；⑥获得信息受费用限制状况；⑦获得信息等待时间状况；⑧当地镜像站点连通状况；⑨过分拥挤不能提供服务状况。

●安全性的内容包括：①防病毒及抗病毒能力程度；②特殊信息使用专用网络服务器状况；③采用防黑客攻击及防病毒感染技术状况；④安装防火墙及防病毒软件状况；⑤使用安全加密防范措施状况。

●免费性的内容包括：①使用免费状况；②收费费用合理程度；③包库使用、直接使用、一次性付清使用收费状况；④在线支付费用状况。

网络信息资源评价质量的优劣在很大程度上取决于评价指标体系的科学性和合理性，建立一套完善的评价指标体系是保证网络信息资源评价工作顺利开展的重要前提。

第四节　网络信息资源的评价主体

一、网络信息资源评价主体的意义

从20世纪90年代开始，互联网信息资源评价的可行性研究在国外展开。经过国内外研究者们近二十年的多方探索和大量实践尝试，在理论研究以及具体指标体系的建立和评价方法的确定等方面都取得了一定进展。目前，网络信息资源评价已成为国内外的热门研究领域，许多组织机构和研究人员从不同角度提出了若干指标体系和评价方法，但还尚未形成一套公认的、权威的评价指标体系和评价方法。其原因是高水平、高质量地评价网络资源具有相当的难度，主要表现在：

1. 网络信息资源的质量与用户的需求紧密联系，进行网络信息资源评价时，必须考虑用户因认知能力、受教育水平、职业、习惯、年龄等各方面的不同而导致对信息需求的内容、层次等多方面的差异，在一定程度上评价仍带有主观价值判断，而且其质量指标难以满足用户的个性化与特殊化信息需求；

2. 网络信息资源的发布处于一种开放自由的状态，其类型广泛，涵盖了学术、娱乐、商业、教育等各个不同的领域，不同的信息面向不同的用户群体，而大部分网络资源并不包含对评价有益的描述性或评价性的元信息成分，甚至其会提供一些虚假的元信息成分以误导用户；

3. 网络信息资源的繁杂无序，造成了评价的对象往往是不完整的，在一定程度上降低了评价的准确性和正确性；

4. 网络信息的易变性和动态性，致使网络信息资源的评价工作显得被动和滞后。

互联网的开放性、自由性和复杂性以及其信息资源无限无序、繁杂多变和优劣混杂的特点，给用户进行有效组织、管理和利用网络参考信息源带来了困难。这就需要评价主体能够深入分析和研究互联网上各种信息资源，全面、科学和准确地评价网络信息资源，这对于帮助用户充分认识利用有价值的网络信息资源，促进网络信息资源质量的提高具有极其重要的现实意义。

从用户的角度看，其希望以最小的努力获取最有价值的信息，希望得到最直观的评价结果，而且评价指标的可获取性甚难，也决定了用户自己进行评价的不可行性。因此，网络信息资源的高质量评价必须由评价主体来完成。所谓网络信息资源评价主体，主要是指能够对评价对象的质量作出判定的评价者，即可以承担完成对网络信息资源进行评价的个人、机构和组织的总称。严格地说，一个正式的网络信息资源评价主体，必须具备以下几项基本条件：①评价主体应是经过政府有关主管部门审批的、专业性的评价机构、组织和个人，或是被公认的、权威的专业评价机构、组织和个人，或是权威部门指定的专门从事评价工作的机构、组织和个人；②具备从事高质量信息服务的良好信誉和形象；③具有丰富的专业信息服务知识与技能；④具备较为稳定的成本优势和资金来源。

此外，正式的评价主体与非正式的评价主体会因其特质与评价目的的差异，对评价项目有轻重之别。如正式的评价主体在描述评价政策和标准时较为谨慎，要用大量篇幅详细列出评价指标和解释内容，重视评价质量；而非正式的评价主体更注意从实用主义出发，列举大致方向，更为重视评价结果，等等。

由于网络信息资源和网站在整体上缺乏统一的组织和管理，缺少组织管理上的统一标准和规范，使其得不到必要的质量监督和控制。一方面造成了互联网上大量有价值的信息资源不能得到合理地开发和利用；另一方面由于受用户自身的能力和条件的限制，许多信息检索需求无法得到满足。只有具备了上述条件的评价主体，才有可能通过正确地评价了解和掌握互联网上的信息资源与各学科、专业、主题领域内的信息资源的分布情况及质量水平，确保所选信息资源具有较高的权威性、价值性和可靠性，为有关信息的取舍提供判断依据，帮助用户在最短的时间内和以最快的速度选择或直接为其提供具有针对性和有价值的信息。也就是说，互联网和网络信息资源的特殊性，决定了网络信息资源评价工作是一项复杂的系统工程。具备了上述条件的评价主体，才有能力按照网络信息资源评价原则，在评价指标体系的基础上，运用一定的科学评价方法，对网络信息资源进行全方位的综合分析，从而判定其优劣，达到网络信息资源评价的目的，最终高质量地完成其所承担的网络信息资源评价工作。

二、网络信息资源评价主体的类型分析

网络信息资源评价是实践性和应用性很强的工作，近年来受到了国内外研究者和实践者的一定重视。国外对网站的研究提出了网络信息资源的实践参照标准，国内 CSDL、NSTL 也建立了多个学科门户以及特色门户网站，对网络资源的评价和筛选也有严格的规定。

目前，国内已有一批优秀的发展成熟的综合性网站、学科专业门户网站以及大学图书情报部门等评价主体，其对网络信息资源评价和选择的结果已得到用户的认可。同时，一些专门的商业机构、非营利组织和个人等评价主体也纷纷涌现出来，一些原来的媒体也加入到了网络媒体的评价行列，这些评价主体以各种方式与方法开展了网络信息资源评价的研究和实

践工作。

（一）政府评价主体

政府作为网络信息资源的评价主体是评价主体中的一个特例，因其不直接承担和参与任何具体的评价研究和实践工作。但是政府则要根据本国的社会制度和国情提供一个宏观的信息资源环境，提供一个信息资源评价的大背景与大框架（framework），同时在一些相关的政策、人员和资金等方面给予一定的支持，政府评价主体具有绝对的权威性。

政府建立具有意识形态含义的检查制度（censorship），以及对色情、暴力等恶劣信息的过滤（filter）。利用网络防火墙技术对不良的垃圾信息进行有效控制，对于一个主权国家而言无可非议。现代国家主权概念的新变化，即信息主权意识也是主权的重要组成部分。政府制定的一些关于网络信息资源建设和发展的相关政策及法律法规，对于网络信息资源评价工作具有重要的指导意义和参考作用。

网络信息资源评价是一项长期而经常性的工作，目前无论是评价理论研究还是评价具体实践，都需要有相对充足、稳定的政策、人员和资金支持。例如，美国国家基金（NSF）提供了对许多评价项目的资助。在我国开展网络信息资源评价研究和服务中最重要的主体，如图书情报部门、教育和科研机构等等，基本上都是依靠国家财政支持建设和发展的。随着网络信息资源评价越来越受关注和重视，在这一领域的研究人员、科研立项和资金投入将会逐渐增加。

（二）非营利性组织或机构评价主体

非营利性组织或机构评价主体主要是指不以营利为目的的包括综合性或专业性的各种联合会、协会、学会、研究中心、大学等评价者。这一类型的评价主体上至联合国的组织机构，下至某一个专业研究所，往往都是以团体的方式进行网络信息资源评价的研究和实践工作。一般来说，非营利性组织或机构评价主体所公布或发布的关于网络信息资源评价的信息及其相关的评价研究结果，都是经过精心细致地调查、分析和研究得出来的，具有很高的真实性、可靠性和权威性。

1. 国外非营利性组织或机构评价主体

（1）联合国（UN）——公共经济与公共管理局和美国公共管理学会。2002 年 5 月，二者联合对联合国 190 个成员国的电子政务建设情况进行了调查研究与分析比较，并发表了一份联合报告。报告从“政府网站建设现状”、“信息基础建设”和“人力资源素质”等三个方面提出了衡量一个国家电子政务发展水平的“电子政务指数”，并以此对 133 个成员国进行了评估。其中每项指标的具体数字都来自于评价主体对有关国家网站的调查分析，其优点是所用来评价的指标都能从公开的出版物中找到数据。

（2）美国图书馆协会（ALA）——参考馆员与用户服务协会参考部（Machine Assisted Reference Section，简称 MARS）。自 1999 年起 MARS 开始对因特网信息资源进行审核和评价，评价和评选网站的主要标准是权威性、有用性、易用性、参考性、独特性、创造力、用户服务、有效性等。鉴别和评价新技术及资源是 MARS 最重要的目标之一，其发布的优秀免费参考网站、大量的项目和讨论题等就是例证。MARS 每年都将筛选的最佳优秀免费参考网站予以公布，并对其进行简单的介绍，以便广大网络用户更好地掌握与使用。

（3）美国电子法律信息获取委员会（The Access to Electronic Legal Information Committee，简称 AELIC）。AELIC 长期从事美国政府网站的评价和实践工作，其共有 5 套评价指标体系，一套是针对所有提供法规和政府信息网站的总体评价，另四套是专门针对司法、立法、行政机关和地方政府网站的评价。AELIC 评价指标体系的特点是：紧密围绕评价对象展开，覆盖面广泛，指标量化特征显著，细致全面。例如：以其三级指标“考核网站提供政府机构颁布的法规信息类型”为例，就有多达 56 项评分细则。而且，AELIC 的指标体系中考察的一个重点就是是否便民，即是否以公民为中心，其主要体现在法律法规要求全面、相关文献之间要有链接等指标上。

（4）韩国 Sungkyunkwan 大学和美国 Jersey-Newark 大学。2003 年 12 月二者联合发布了其在全球 98 个国家中选取 84 个政府网站进行了评估报告，主要测评安全与隐私、可用性、网站内容、在线服务、公众参与等五大部分，各指标采用相同的权重，通过调查问卷设计一系列问题，最后对每个网站基本问题进行打分。通过评价结果，可以从总体上了解和掌握发达国家和非发达国家的政府网站情况。

此外，国外还有很多非营利组织或机构评价主体开展了网络信息资源的评价和研究工作。例如：澳大利亚国立大学，从 1994 年起，每年对一些学术网站进行一次评价，从网站的内容质量、组织机构、外观设计等方面展开。美国费城科学信息研究所，在其网页上写道："选择最好的、最有用的学术信息是我们永恒的使命。"其评价选择网络信息资源的指标主要包括权威性、用户层次和写作质量等。世界市场研究中心与美国布朗大学，2001 年对全世界 196 个国家和地区的 2288 个政府网站进行了整体评估，主要评价联系信息、出版物、数据库、门户网站和网上公共服务质量等 5 个方面，并具体细化为 22 项指标，等等。

2. 国内非营利性组织或机构评价主体

（1）中国互联网络信息中心（CNNIC）。CNNIC 是 1997 年 6 月成立的非营利性的信息资源管理与服务机构，主要承担 6 个方面的职责，其中"互联网调查与相关信息服务"具有很大的影响，其每半年实施一次中国互联网发展状况统计调查，并发布统一调查报告。CNNIC 通过统计各网站用户的访问量，根据对网络用户的调查统计对网站进行排名，采用网上联机调查和问卷调查等方法列出"用户推荐优秀站点排行榜"。

（2）中国电子信息产业发展研究院和中国信息化效绩评估中心。受国务院信息化工作办公室委托，二者已经连续 5 年对全国政府网站进行调查和评估，评估对象包括国家各部委、省市自治区、地市州、县级等四类政府网站。在其撰写的报告中提出了政府网站评估指标体系构成，一级指标为公共服务、政务公开、客户意识和其他指标 4 项，二级指标 26 项，三级指标 20 项。其主要特点：一是在设计指标体系权重时，根据部委和地方政府职责的不同，做了适当的区分；二是有实证调查，调查数据充分说明了政府网站建设的现状；三是有数据分析，在实际调查的基础上建立指标体系，用大量数据对网站各个方面进行分析说明。

（三）图书情报部门评价主体

图书情报部门是社会信息服务最主要和最重要的组成部分，作为网络信息资源评价的主体具有得天独厚的条件。图书馆在长达数千年的文献信息服务工作中，积累了丰富的信息服务知识和经验。自19世纪公共图书馆运动以来，图书馆界一直保持着一种良好的信息服务传统。特别是科学、专业和大学图书情报部门，更有针对专业学科和专业人员进行信息服务的经验与传统，这些知识、经验和传统是目前网络信息服务非常缺乏的。

正是经过数年来的探索、研究和实践，西方国家建立在传统评价经验、政策、标准之上的网络参考信息源评价体系正逐步完善。1995年，在美国由图书馆员组成了网络资源评论队伍，通过名为“信息过滤计划”，对网络信息参考信息源进行系统的评价。目前，专门用来评估商学院网站的目录型指南 Marr/Kirkword Official Guide to Business School Web，也是由图书馆员进行维护的。由于图书情报部门既拥有评价传统信息资源的专长，又致力于信息资源的研究，而且还排除了商业性的干扰，因而其评价质量比较有保证。

图书情报部门从协调整个网络资源角度出发，评价选择相关的网络信息资源，并将其按学科分类，提供其他网络站点和网络数据库的入口，以及其他各类大型图书馆 OPAC 及其虚拟馆藏的链接点等。图书情报部门所评价选择的网络信息资源也会因其类型不同而有所差异，如公共图书馆比较多的关注普及性、综合性和地区性的网络信息资源，其评价和选择适合广大的普通用户；而科学、专业和大学的图书情报部门则更加注重学术性、专业性的网络信息资源，其评价和选择也就更适合于专业技术研究人员，但二者在其评价指标的选择上都大同小异。例如：

1. 美国俄亥俄州公共图书馆信息网络有12项针对免费信息采集评价的指标，包括目的性、权威性、商务性、适用性、真实性、准确性、传播面、覆盖面、独特性、稳定性、可用性和形式状况等。

2. 复旦大学图书馆针对网络数据库的评价指标体系中，一级指标有出版商评价、内容评价、用户评价和试用评价等4个方面，二级指标包括出版商性质、定价方式、权威性、学术性、稳定性、资源比较、用户需求比较、资源链接情况、系统易用性、系统统计功能等10项，其下还细分了三级指标25项。

3. 美国约翰霍普金斯大学图书馆提供的网络信息资源的评价指标，主要是资源的权威性、公正性、可信度、时效性等几个方面。

4. Purdue大学图书馆在评价网络信息资源时列出了9项指标，分别是权威性、准确性、客观性、用户对象、信息水平、出版时间、范围、出版质量和易用性等。

5. 俄亥俄州州立大学图书馆用来评价网站的6项指标：目的、创作者、内容、覆盖面、新颖性、知名度等。

（四）商业性机构评价主体

商业性机构评价主体所进行的网络信息资源评价，一般来说主要是出于商业利益和目的方面考虑。为了获得有实用价值的信息，并为其经营或赢利性活动所利用和服务，一些诸如××咨询公司、××信息公司、××网络服务公司等之类的商业性机构，开展了一定的网络参考信息源评价工作。国内外各种各样的商业性机构评价主体，是具有相当效率的评价者，也是其他评价主体的有力竞争者。但由于缺乏系统性和积累，其评价政策和标准的建立与统一具有相当的困难。

1. 国外商业性机构评价主体

（1）埃森哲咨询公司（Accenture）。这家世界知名的企业从2000年开始，就用其特有的评分系统对发达国家的电子政务进行评分，并发布年度报告。该公司2003年对有代表性的22个国家或地区进行量化测评，将201项政府网络在线服务项目作为评价指标，提出了一套有关电子政务评价的指标体系。Accenture的评分系统侧重于测量被调查者电子政务的总体成熟度，总体成熟度又分为公共服务成熟度和客户关系管理两个指标。Accenture的评分系统引入CRM的概念评测电子政务，并给予30%的权重，这一点反映了西方发达国家电子政务的新趋势，即越来越注重改善用户体验，以用户为中心提供政府服务。

（2）NUA 因特网调查公司（NUA Internet Surveys）。该公司成立于 1996 年，其提供关于因特网统计和趋势的权威信息，建立了专门的信息数据库。“在线数量知多少”（How Many Online?）是 NUA 的一个特色工作，建立在全球广泛的调查统计基础上，提供全球因特网用户数量信息。全球 140 多个国家的逾 20 万人每周利用它报道和分析报告。联合国、美国商务部和美国因特网委员会等都非常重视 NUA 信息和出版物。

（3）Gartner 咨询公司。该公司主要从公共服务水平、运作效益和政治收益三个方面评价电子政务，其电子政务评价体系是对某国特定电子政务项目的有效性进行评估。每个大类又包含一系列具体参数，其评价指标是比较量化的一套评价体系。

2. 国内商业性机构评价主体

（1）北京国脉互联信息顾问有限公司。该公司提供了信息公开、网上办事、信息互动和网站设计等 4 项政府网站评价的一级指标。在每项一级指标下列有二级指标，包括政务信息、数据信息、信息整合、公共服务、办事指南、办事事项、办事要素、表格下载、在线办理、办事问答、网上投诉、政务信箱、其他互动方式、页面展示、信息检索、网站导航、呈现形式、标识规范和网站维护等 19 项。

（2）广州时代财富科技公司。在该公司于 2002 年 5 月发布的《中国电子政务研究报告》中指出，中国的电子政务度为 22.6%。这项指标是在对 196 个政府网站的内容、功能及问题进行评价分析的基础上，根据评价电子政务水平的指标体系得到的。这个指标体系是一个较为全面的评价体系，包含政府机关的基本信息、政府网站的信息内容和用户服务项目、网上政务的主要功能以及电子政务的推广应用四个方面，共计 30 项评价指标。

（3）北京时代计世咨询公司。该公司从 2002 年开始，针对 67 个国务院组成部门、31 个省级政府、32 个省会城市及直辖市政府、201 个地级市和 129 个县级政府的网站，从网站的内容服务、功能服务和建设质量三个方面共 10 大指标对中国政务的状况进行评价。在其评价指标体系中，三个方面下列的 10 项指标包括：政务公开、本地概览、特色内容、网上办公、网上监督、公众反馈、特色功能、设计特征、信息特征和网络特征等。

（五）个人（专家）评价主体

所谓个人（专家）评价主体，主要是指以一个人或几个人的名义开展并完成网络信息资源评价研究和实践工作的评价者。由于网络信息资源的评价工作不是随便哪个人都能完成的，只能由从事网络信息资源评价研究和实践的专家学者（含专业人员）或具有一定影响力的某一学术领域的专家来承担，因而个人评价主体也称专家评价主体。

长期从事网络信息资源评价研究和实践的专家学者所进行的评价具有较高的质量，或是以个人站点（网页）的形式进行网络信息资源的评价，或是提出网络信息资源评价的指标体系和评价方法，或是列出有关资源评价的研究、指导教程以及工具的链接等。

某一学术领域的专家由于对本专业知识的掌握和熟知本专业的研究方向，以及对网络参考信息源的了解，其主要考虑的是网络信息资源的权威性、准确性尤其是学术价值，因而提出的本专业范围内的网络信息资源评价也有较高价值，具有相当的权威性。例如：Robert Harris 是一名作家和有 25 年大学教育经验的教育家，他提出了著名的 CARS（Credibility，Accuracy，Reasonableness，Support）指标体系，即可信性、准确性、合理性和支持度。通常学科专家也会通过推荐和发表评论，以此来介绍和评价学科专业领域中的优秀信息资源。

目前，个人（专家）评价主体对网络信息资源的评价研究远大于其评价实践，国内外专家学者正在为能有一套更加全面、科学、合理、实用、权威的网络信息资源评价指标体系和评价方法而潜心探索。网络环境下的信息资源评价是信息服务面临的全新工作，尚无任何直接经验可借鉴，亦无权威的标准可以利用，一切必须靠自己摸索并不断吸收他人的研究成果，产生出更新更接近成熟的成果。

1. 国外个人（专家）评价主体

目前，西方发达国家在网络信息资源评价方面的研究和实践已经取得了很大的成绩，特别是个人（专家）评价主体对评价指标体系与评价方法的探索和实践正在逐步走向成熟。从国外对网络信息资源评价的研究和实践来看，美国的专家学者在这方面尤为突出，其探索和研究是在实践与学术领域同时进行，并取得了一定的进展。例如：

（1）美国乔治大学 Gamer L. Wilkinson 教授等专家在《评价标准和质量指示列表》中，对不同学者发表的评价指标进行了汇总，并在研究和分析网站信息特点的基础上，提出了网络信息资源评价的 11 大类 125 个质量指标。这 11 大类分别为可检索性和可用性、信息的识别和验证、作者身份鉴别、权威性、信息结果和设计、相关性和范围、正确性、准确性和公正性、导航系统、链接质量、美观和效果等。

（2）美国南加州大学教授 Robert Harris 具体提供了评价网络信息资源的 8 项标准，即有无质量控制的证据、用户对象和目的、时间性、合理性、有无令人怀疑的迹象、客观性、引证或书目等。

此外，新西兰维多利亚大学的 Alastair G. Smith 对网络信息资源评价的研究文献作了较为全面的总结和述评，并在此基础上提供了一个可供图书馆工作人员和读者使用的评价指标体系，主要包括收录范围（广度、深度、时间与格式）、内容（准确性、权威性、新颖性、独特性、链接、写作质量）、图形与多媒体设计、目的与使用对象、相关评论、可操作性（界面友好性、功能、交互性、浏览与组织、响应速度等）、成本等 7 项指标。还有 Dadd Stocker 和 Alison Cooke 为网络信息资源评价提供了 8 条标准，即权威性、信息来源、范围与论述、文本格式、信息组织方式、技术因素、价格或可获取性、用户支持系统等。

2. 国内个人（专家）评价主体

相对于国外的研究和实践来看，国内专家学者在网络信息资源评价方面的研究显然起步较晚。但在总结和吸收国外学者研究经验的基础上，也进行了不少的探索和实践，取得了一定的成果。例如：

（1）董小英提供的 9 项评价标准为当时国内在研究网络信息资源评价指标体系方面填补了空白，也为国内以后的研究和实践奠定了基础。这 9 项标准是准确性、权威性、广度和深度、链接是否可靠和有效、设计质量、时效性、读者对象、独特性、可操作性等。

（2）李培和刘淑华将网络信息资源评价指标归纳为“10C”原则和“CARS”检验体系两种，其中“10C”原则为：内容、置信度、批判性思考、版权、引文、连贯性、审查制度、可连续性、可比性和范围等，“CARS”检验体系包括置信度、准确性、合理性和支持度等4项。

（3）陆宝益在研究了国内外一些评价标准和方法后，提供了一个定性指标和定量指标相结合的二层次的评价指标体系，共计定性指标19项和定量指标8项。同时，根据“调查求重”的方法，即在统计和分析调查结果的基础上计算出具体指标的权重系数。这些将网络信息资源评价的研究带入了一个新的方向，也让更多人认识到网络资源评价的实际意义。

（六）网站或搜索引擎评价主体

网站或搜索引擎作为网络信息资源的一种类型，其既是被评价的对象又是评价主体。如许多网络站点推出的“站点精选”、“相关链接”、“最佳站点”、“信息资源荟萃”、“网络资源评论”、“Cool Links”等栏目，尤其是一些流行搜索引擎大多设有互联网信息资源评价指南等项目，其通过对一些数据的统计来评价网站，也都具有网络信息资源评价的功能。同时，互联网上还有一些专门的网络信息资源评价网站，如The Clearinghouse（http：//www. clearinghouse. net）等。

1. 综合性网站或搜索引擎评价主体

综合性网站或搜索引擎作为评价主体进行的网络信息资源评价，一般出于吸引用户和投资商的目的，并不作为主要的服务内容。其常设有网络信息评论、指南等项目，往往将网站的被访频次及网站的吸引力、酷等作为主要标准，且利用计算机根据被访问频率自动进行选排。在搜索引擎中，有些把网页搜索软件发往每一个站点，记录下每一页的所有文本内容，并统计检索词出现的频率，如excite（http：//www. excite. com）；有些可以测定站点的链接数量，如google（http：//www. google. com）；还有些可以自动统计网站的点击率，如megaspider（http：//www. megaspider. com）。

一般来说，网站被用户访问的次数越多，说明该网站上的信息资源越有价值，而一个网站被链接的次数越多，也可以断定该网站的内容比较重要。某一特定主题的词汇在一个网站出现的频率高低，则可以反映该网站的专业化程度。但其评价有时也可能会因广告、网站免费服务、浏览器设置等因素而受到影响，而且输出的结果一般只以检索词的相关性大小排序，并不按照信息资源的相关质量标准排序，因而所得结果难免偏颇。

2. 专门性或学术性网站评价主体

专门性或学术性网站评价主体对网络信息资源的评价，相对前者来说则更注重评价选择对象的质量，同时也更具有客观性和准确性。这类评价主体所推荐的网站和信息资源是运用了一定的技术，分析了网页的重要性和用户使用情况，并且加上人工干预和有专人维护，根据一定的标准作出的判定。特别是那些学术性的学科信息门户网站，其本身已经是按一定的标准对信息资源经筛选评价后，为用户提供导航服务的。基于“网络核心资源”的现象，再次按照一定标准将门户中这些资源的“核心”部分再次精选出来，作为向用户重点推荐的信息源，为用户提供了通往“核心信息”的快速通道。例如：

（1）BIOME（http：//biome. ac. uk）网站系统划分为六大门户，覆盖了生命科学、健康科学和医学等学科领域。门户提供的资源都是经过人工选择，并且通过质量评估。BIOME 网站上公布了对于网络信息资源的评价方法及步骤，主要针对网络资源的内容质量、组织结构、外观设计等进行评价。其评价指标包括内容的权威性、准确性、清晰程度、独特性、信息发布方的可靠性、更新频率、获取的难易程度等。

（2）Britannica Internet Guide（http：//www. eblast. com）是一家因其高质量而闻名的自科知识网站，其列出了 5 种“最好”的考评标准，主要包括信息的准确度、深度和宽度、版面设计、图表和多媒体效果、导航系统的简明易用性、内容更新速度等。

（3）天然药物信息门户网站（http：//nmip. cnmedline. com）是国家科学数字图书馆建立的学科门户网站，搜集国内外天然药物相关信息，建立学科分类体系。其参照国外互联网资源信息评价研究，建立了核心资源评价选取体系，从门户搜集的信息资源中评价选取出“核心数据集”，为用户重点推荐。同时开发了整合检索接口，提供核心资源一站式检索功能，提高用户获取信息的效率。

（4）Magellan Internet Guide 网站是一个描述、评估、评论因特网信息资源的联机指南，内容涵盖英文、法文及德文资源。其评论的主要标准有内容的完整性、资源组织、信息的新颖新性、易用性等。

（七）用户评价主体

用户作为网络信息资源的评价主体，不是直接主持和负责评价的研究和实践工作，而是参与其他评价主体主持的具体评价工作中的某一过程，最终以其的选择和判定为评价的结果。用户评价主体的评价行为是被动的，受其他评价主体所掌控，因而不能说是严格意义上的评价主体。

一般来说，首先是由其他评价主体给用户提供相关的评价指标体系和方法，然后用户则根据自己的特定信息需求和主观判断，对网络信息资源进行评价和优选。这种评价有助于用户收集符合自身特定需求的网络信息资源，提高其过滤的质量。用户评价主体对网络信息资源的评价主要通过两种方法进行：

1. 用户可通过回答其他评价主体提供的各项指标的多个具体问题，来确定某个网络信息资源的好坏优劣，其适合于用户个人选择网站及其信息资源。

2. 其他评价主体提供的各项指标的多个具体问题，由用户选择“是”、“非”或等级、打分等，“是”越多或等级、分值越高的网络信息资源，其评价值越高。例如，有些评价主体以推荐站点为目的，通常会定期通过问卷的方式，组织网络用户投票评选“用户推荐优秀站点排行榜”等，这些排行榜在一定程度上反映了一些网站在用户中的影响力。

（八）出版物评价主体

所谓出版物评价主体，是指根据一定用户的需求，由出版商出版的、具有网络信息资源评价功能的印刷型或网络型评价工具。出版物评价主体主要有以下三种：

1. 专门性的网络参考信息源指南工具书。如在国际上比较有名的《Internet International Directory》、《Word Wide Web Yellow Pages》等，对所选的网站及其网络资源均有介绍或评价。

2. 期刊中的网络信息资源专栏。如在美国的《Library Journal》中，设有 Web watch 专栏，用来介绍、评比和评价网络信息资源。

3. 网络上的信息资源评价指南。如由 Argus Associates 公司制作的信息评价工具 The Argus Cleaning House，是一个著名的互联网学科资源指南，其按类组织，评价标准主要有资源描述水平、组织结构、用户界面和元信息水平等。

总之，网络信息资源评价质量的优劣最终取决于评价主体的能力和水平，促进评价主体的健康发展是保证网络信息工作顺利开展的重要前提。目前，评价主体正在从单一向多元化方向形成和发展，但其发展不平衡也很不成熟。因此，如何分析、研究和解决网络信息资源评价主体在建设和发展中存在的问题，保证评价主体健康良性地发展起来，是进一步开展网络信息资源评价研究工作的一个重要课题。

第五节 网络信息资源评价的问题

一、网络信息资源评价存在的问题

网络信息资源评价尚处于理论探索和实践摸索的初步阶段，不仅需要理论研究上的突破，而且也需要实践工作上的创新。就目前而言，网络信息资源评价主要存在以下几个方面的问题。

（一）评价研究的问题

国内关于网络信息资源评价的研究比国外将近晚 10 年，无论是在理论上还是在实践上其研究都仅限于表层，缺乏能够真正应用于实际网络信息资源评价的成果。一方面，对评价方法和评价指标体系的研究，以及对国外研究成果的介绍，多为理论探讨，很少进行实例分析，缺乏实证研究成果。另一方面，大多数都是进行网络信息资源宏观评价研究，缺少对特定主题领域的网络信息资源评价研究。同时，网络信息资源评价的一些术语也不规范和不统一，在很大程度影响了学者之间的交流和探讨，难以集中力量在某一点上进行深入研究。因此，网络信息资源评价应在理论上建立完善的评价体系，并在术语上实现规范和统一；在实践上应注重评价管理、评价过程和评价方法的研究；同时还应对网络信息资源的评价经验和评价活动进行研究，从而得出较为全面、科学、客观和合理的评价方法、评价指标体系及其评价结果。

（二）评价方法的问题

采用何种评价方法进行网络信息资源评价较为适合，目前在其认识上还尚未达到统一。对评价方法的分析研究不够深入具体，缺乏实际操作性和指导性。对国外评价方法的探讨缺乏深度，对其案例研究包括整体的评价过程和过程中的评价方法分析甚少。就评价方法本身而言，存在的主要问题是：①定性评价方法虽然其评价指标越来越细化，逐渐符合主题和学科领域的差异及用户的特定要求，显示了其成熟的一面。但定性评价方法中介入了过多的人为因素，带有很大程度上的主观色彩，往往会得出差别较大的结果，导致评价结论说服力不大和可靠性不强。②定量评价方法虽然有效地克服了定性评价方法的主观性，可使评价结果更为科学和客观。但定量评价方法仍处于实验和探索中，许多基础性问题尚未解决，不确定因素较多，单纯使用定量方法评价网络信息资源也缺乏说服力。③综合评价方法目前正在进行一些尝试，其评价指标体系还不够健全，而且定性评价方法和定量评价方法之间尚未很好地结合，存在的断裂很容易造成偏差，其评价结果仍取决于定性评价指标。另外，其他评价方法可以说是上述方法的补充，其科学性和合理性需要在网络信息资源评价实践中进一步探讨和验证。

（三）评价指标的问题

目前，在选择和确定网络信息资源评价指标的过程中，均存在着不同程度的问题。第一，指标含义模糊不清。主要表现在：对指标含义阐释不标准，或对指标含义阐释不一致，或对指标表述过于晦涩，或对指标含义未进行详细解释等，这都会使用户难以理解，影响其对网络参考信息源质量的判断。第二，指标的选择和确定大多以定性指标为准。缺少定量指标，难以全面反映网络信息资源的特性，从而难以确保评价的准确和客观。第三，指标设置重复。如有些指标虽然字面表达不同，但实质内容相同或相近，造成重复评分现象。第四，指标划分程度不一。如有的指标确定为一级指标，有的则将其确定为二级指标，致使评价指标体系框架结构混乱和不统一。第五，不具操作性。如有的指标看似合理，但其具体测度和运用难度较大；还有的指标可获取性差，有的甚至根本无法获取。

（四）指标体系的问题

从现有的研究和实践来看，指标体系仍处于探索阶段，尚未形成一套公认的比较完善的评价指标体系。一方面，指标体系的研究比较分散和琐碎，其框架结构不稳定，各评价指标从不同角度细分，名称不一，造成指标体系的设置具有较大的差异。另一方面，指标体系不够完整和不尽合理。从现有的各种评价指标体系来看，其中许多缺乏科学和合理的基础，对指标层次、指标类型和指标赋值等方面过于主观和笼统，往往忽视了实质性内涵。还没有既能反映网络信息资源内容和形成特征，又能进行定性和定量评价的完整指标体系。大多是凭个人对网络信息资源的了解和主观认识进行定性评价，缺乏系统性和连续性的评价指标体系。

（五）评价主体的问题

国内现有一批各种各样的网络信息资源评价者，这些非正式评价机构的评价主体都有各自不同的评价目的，往往对网络信息资源质量的优劣得出不同的评价结果。如商业性专业网络资源评价网站的评价，多侧重于综合性网络信息资源，注重信息资源的形式；学术性机构的专业网络信息资源评价，一般是对本专业领域的信息资源进行评价；图书情报机构提供的网络信息资源评价服务，大多是针对学术信息资源评价，侧重于信息内容；综合性网站和搜索引擎的网络信息资源评价，一般出于吸引用户和投资商的目的，往往将被访问量或吸引力等作为主要指标，等等。还有其他评价者提供的各种评分等级公布、优秀网站推荐、热门网站排名、星级网站排行榜等。这种各自为政的缺乏正式的权威性和综合性（含专业评价）网络信息资源评价机构的评价，将给用户对网络信息资源的判断和利用带来很大困难。

二、网络信息资源评价应注意的问题

由于受人为因素的影响，对网络信息资源评价带有比较强的主观性。因此，要使网络信息资源的评价更加全面、系统、客观和公正，应在评价过程中考虑和注意以下几个方面的问题。

（一）注意点击率、访问量与吸引力的问题

无论是国内还是国外网站在宣传自身影响力时，都将“点击率”或“访问量”作为显示其具吸引力而放在首位。在无形中就造成“访问量大的则是质量高的、优秀的”定式，高质量的网络信息资源具有吸引力是自然的，但并不能作为唯一的或首要的标准。其理由主要有：①访问量对于综合性的来说自然具有其优势，不同专业的因其用户群不同，相互之间不具备可比性；②搜索引擎多因提供一些齐备、免费的附加服务而吸引访问者，难以客观地确定是否其具有强大的搜索功能；③有些访问量排于前列的原因是由于许多用户习惯于将其设为浏览器的默认首页，只是利用它作为网上检索的起点；④另一些访问量高的网站，如提供免费邮箱和聊天室服务的网站、新闻和体育网站、贺卡网站、娱乐和游戏网站等，并不能说明其就是质量很高的网站或提供的信息资源有多大的价值。

（二）注意专业性与综合性网络信息资源评价的问题

各学科、各专业领域都可能有自己的网络信息资源网站和数据库，侧重于学术性的、研究性的“专”与“深”和本学科专业内的“广”，在选

择信息资源时更加注重内容和质量。与综合性网络信息资源相比，二者的“专”、“深”、“广”存在着一定差异。因此，在评价工作实践中对二者的评价应有所区别和有所侧重。

（三）注意互联网上评价工具的问题

对网络信息资源的评价，可借助一些网上的评价工具作为评价的参考指标或辅助指标，以增加一些评价的客观性。例如：①许多搜索引擎根据网站的重要性对其进行评价分级，以星级标志来代表网站的优劣；②一些大型门户网站的排行榜以多种分类的形式，按访问量排出热门站点的总名次、周名次和月名次；③互联网管理机构的权威测评站点，定期或不定期进行互联网络网站影响力调查统计公布的分类网站的名单；④一些专门从事信息评价的站点，倡导和推荐精品网站，提供网站认证和评选最受欢迎的网站，公布日得票数、总得票数和排行榜；⑤常有某一学科领域的专家在互联网上介绍本专业范围中优秀的网络信息资源等。

（四）注意定性评价与定量评价的问题

目前，对于网络信息资源内容的评价，采用较多的是同行专家的定性评价方法，评价以人工方式进行，受到个体主观价值取向的影响，其主观性较强。因而注意选择一些定量评价方法和可比性的客观性指标，与定性评价方法结合起来对网络信息资源进行综合评定，以保证其评价具有一定的客观性。

（五）注意不同类型网络信息资源评价的问题

评价指标体系是全面性的，而且综合考虑了各类型网络信息资源的各种因素。但由于网络信息资源种类繁多、形式各异，其情况比较复杂，指标体系不可能完全反映网络信息资源的内外特征，因而要注意对不同类型网络信息资源评价的处理。异类网络信息资源之间本身存在着固有的差异，其特点、服务内容等方面都各不相同，相互之间有些方面不具备可比性。因此，对于不同类型的网络信息资源的评价，应采取有所侧重或按类型进行分类评价的方式，使网络信息资源的评价有一个更为客观、更为公正的评价结果。

（六）注意网络信息资源评价连续性的问题

网络信息资源处于变化的动态之中，不同的各类网络信息资源在不断变化，同一网络信息资源的自身质量和水平也在不断变化，对其的评价也应是一个动态的过程。因此，必须保持对网络信息资源评价的经常性和连续性，要根据实际情况调整评价指标体系，定期进行评价工作，将当前质量最高的和最优秀的网络信息资源提供给广大用户使用。

第四章

网络信息资源检索

Internet 已成为人类有史以来最大的全球信息资源系统，包含的信息浩如烟海。然而，如何利用 Internet 获得满意的信息检索效果，却使很多人感到困惑。究其原因，正如一位哲人所说："绝对的光明与绝对的黑暗对于一个人来说，结果是一样的——什么也看不见。"同样，没有信息与拥有无限多的信息，结果也一样——在无限多的信息中，用户将无法或很难找到自己真正想要的信息。

Internet 在为人们利用信息提供快捷通道的同时，其无限增长的信息源也为查找特定信息带来了不便。Internet 上的信息资源数量庞大、信息内容分布离散、组织形式多种多样、规范化程序相对不高和检索方式灵活多变等，都给用户在为实现检索目标时制定检索策略和实施检索过程带来了许多困难。因此，用户只有掌握网络信息检索的技术方法、检索技巧和正确构建检索策略，才能获取高质量的网络信息资源。

第一节　网络信息资源的检索工具

在 Internet 迅猛发展的今天，人们所拥有的信息量急剧增大，丰富的信息资源已成为知识经济时代不可或缺的基本工具。可以说，人们所需要的绝大多数信息都在因特网上存在，而且它们中多数都可以免费获得，但可利用的有价值的信息深藏于网络资源的汪洋大海之中，关键在于能否准确地找到它们。一大批网络信息检索工具应运而生，正确合理地利用 web 信息海洋淘金术——网络信息检索工具，将使我们的工作、学习和生活有事半功倍之效。这里主要探讨四种网络信息检索工具的特征和优缺点，学习恰当合理地使用主题资源指南、搜索引擎、元搜索引擎和看不见的网络。

一、网络信息检索工具的分类

Internet 蕴涵着海量信息，获得了“第四媒体”的美誉，但丰富的信息资源只有通过开发利用才能充分体现其价值。而在网上信息开发利用的过程中，信息查询是首要的、关键的第一步。为了帮助用户从浩如烟海的信息海洋中寻找自己需要的信息，互联网上相继开发了一些查询工具。如：Archie 用于查 FTP 资源，Veronica 和 Jughead 查 Gopher 资源，Wais 查网上服务器、新闻组，若查地址、查人可以用 Internet Yellow Pages、Whois、X. 500、Netfinder、Whowhere 等，查用户组、新闻组可用 Dejanews、FAQ Archive 等，查软件可以到 shareware. com，等等。

但如今使用较多的是 WWW 交互型查询工具——万维网搜索引擎（search engines），随着其自身的不断发展和完善，已逐渐成为解决人们网络信息检索的主要工具。实际上，检索工具按照不同的标准划分为不同的类型。从检索工具数量划分为单一型和集合型检索工具；从检索在资源类型划分为万维网和非万维网检索工具；从检索内容来划分为综合型、专题型检索工具；从检索工具发展过程划分为第一代搜索引擎和第二代搜索引擎；从信息内容的组织方式上划分为目录型检索工具和搜索引擎。

二、各类网络信息检索工具

为了帮助用户从浩如烟海的信息中寻找自己所需要的信息，互联网上相继开发了许多查询工具。目前有四种网络信息检索工具，即从信息内容的组织方式和检索工具数量上主要分为目录型检索工具、搜索引擎和元搜索引擎三种，加之为了解决搜索引擎搜索表面网的局限性，人们又开发出捕捞深网信息的检索工具——看不见的网络（Invisible Web）的检索。

（一）搜索引擎（Search Engines）

搜索引擎又称为机器人搜索引擎，主要采用机器人技术，通过机器人（Robert）、“蜘蛛”（Spider）、“爬虫”（Crawler）等软件不间断地在网上自动抓取网站信息，并建立相应的索引数据库，提供基于关键词提问的检索。网络信息检索技术最主要的是搜索引擎技术，目前网络上大约有3 000多种搜索引擎，相当于关键词途径检索，适合于检索特定的信息及较为专深、具体或类属不明确的课题，通常为用户作全文检索。

搜索引擎的代表是AltaVista、InfoSeek、Lycos、Opentext，中文的天网、新浪、悠游、北极星等。但第二代搜索引擎，也是互联网上最大的搜索引擎当推google了，google以其强大的搜索功能风靡全球。但是，没有任何一个独立搜索引擎能够找到关于某一主题的所有可能的信息。

（二）目录型检索工具（Subject Directories）

1. 普通目录型检索工具。普通目录型检索工具也叫主题指南或网络资源指南，是信息管理专业人员在广泛搜集网络信息资源及对其进行加工整理的基础上，按照某种主题分类体系编制的一种检索工具，在每个目录类及子类下提供相应的网络资源地址，使用户能通过浏览该目录，检索到有关的信息。目录型检索相当于分类途径检索，适合那些类属比较明确，范围较广的题目的查询。目录型检索工具的典型代表是Yahoo!（第一代搜索引擎），国外的galaxy、open directory、looksmart、中文的搜狐等都属于目录型检索工具。目前的网络检索工具大多数属于分类和关键词混合式的检索。

2. 信息门户类型资源（Information Gateway-type Resources）。这些资源也可以叫做因特网目录、主题指南、虚拟图书馆或网关。信息门户类型资源专攻于特定领域的资源，由人工按等级分类组织信息并趋向于检索。由于专家详审并评价了相关高质量的资源，所以质量可靠，且学术价值高。下面是几个门户类型网站的典型例子：ELDIS（http://www.eldis.org）是作为资源导航、国家概况、新闻、工作和其他资源的发展信息门户的中心入口。World Wide Web Virtual Library（http：//www. vlib. org）是美国的虚拟图书馆提供经过专家整理的按学科体系分类的网络资源目录，对查找专业领域信息将有很大的帮助。与商业目录不同，虚拟图书馆由联邦志愿者管理，他们编辑特定领域网页的重要链接。虚拟图书馆能按字母顺序或分类浏览，并且也是可检索的。

3. 学科信息门户（Subject Based Information GateWays，即 SBIGs）。学科信息门户是针对学科的网络信息的深层组织模式，是图书情报界为解决搜索引擎检准率低的局限性而开发的一种学科网络资源指南。学科信息门户网站对特定学科领域网络资源提供权威可靠的导航，为科研人员、工程技术人员、大专院校的师生，提供大型专业数据库、经过筛选的网络上各种类型的高质量信息资源等全面的学科信息和多样化的一站式服务。它兼有目录式检索工具和搜索引擎的特点，并具有优于以上两种的检索性能。

正因为如此，新的学科信息门户在国外不断地涌现。如社会科学信息门户［Social Science Information Gateway，简称 SOSIG，（http：//www. sosig. ac. uk）］，为社会科学工作者提供一个教育和研究的高质量资源的入口，信息是按主题安排的，可以浏览和检索。2001 年底正式启动的中国科学院国家数字图书馆已建立起数理、化学、环境、生命科学、图书情报系统等学科信息门户。中国的化学学科信息门户（http：//chin. csdl. ac. cn）面向化学学科，从动态及相关信息、日常工具、机构信息、信息源知识、其他资源搜寻工具、专题、学科分类、链接 CHIN 站点八个方面提供权威和可靠的化学信息导航，并提供站内关键词检索。

（三）元搜索引擎（Meta-Search Engines）

元搜索引擎又称为多元搜索引擎或集合式搜索引擎，是将多个搜索引擎集成在一起，提供一个统一的检索界面，接收并处理查询提问。一次查询可以同时检索多个独立搜索引擎，再经过聚合、去重之后输出检索结果。这样，既扩大了检索范围，又节省了用户在不同的搜索引擎之间转换的时间。

国外有代表性的元搜索引擎有 All-In-One（http：//www. allonesearch.

com）、Mamma（http：//www. mamma. com）、Dogpile（http：//www. dogpile. com）、Vivisimo（http：//vivisimo. com）、SurfWax（http：//www. surfwax. com）、Ixquick（http：//www. ixquick. com）等。

中文的元搜索引擎有“万维搜索引擎”（http：//www. widewaysearch. com），是上海万维信息技术有限公司2000年推出的多元搜索引擎。“网络灯塔”（http：//www. haiyan. com/steelk/navigator/gbindex. htm），集成50多个中文搜索引擎，分别提供简、繁体中文网站、网页和新闻的多元信息搜索服务。另外“挑挑拣拣”（http：//www. ttjj. com），主要查询网上的通俗知识。

（四）看不见的网络（Invisible Web）

看不见的网络（Invisible Web）或称隐形网络、隐蔽网络或深网 Deep Web 等，隐蔽网络不止数量庞大，增长速度也远非“有形网络内容”所能比拟的。更重要的是，“隐形网络”涵盖许多学术信息（包括各种免费数据库、网站等），信息质量高，常规搜索引擎却难以获得。国外对隐形网的研究只有十几年的时间。1994 年，Jill Ellsworth 博士首次提出隐形网的概念，美国的互联网专家、图书馆员 Chris Sherman 和 Gary Price 将“隐形网”定义为：“在互联网上可获得的但传统的搜索引擎由于技术限制不能或者经过慎重考虑后不愿意作索引的那些文本网页、文件或其他高质量、权威的信息。”Sherman、Price 把隐蔽网络划分为四种类型：不透明网络（the Opaque Web）、私人网络（the Private Web）、专有网络（the Proprietary Web）和真正的隐蔽网络（the Truly Invisible）。

不仅是学术信息，竞争情报的有效获取也在很大程度上依赖于隐蔽网络环境。隐蔽网络的内容随着信息技术的发展不断变化，许多昨天还属于深网的信息今天已经可以在网络上轻松获取。根据目前隐蔽网络形成的不同原因，我们可以将其内容归纳成以下几种：未被链接的网页、动态生成的网页、网上可检索的数据库、股票、天气、航班等实时数据、部分非 HTML 格式文件、需要密码或注册的网站和其他难以搜索的内容。专门搜索“Invisible Web”的检索工具有很多，例如：

1. The Invisible Web Directory (http://www. Invisible-web. net),《看不见的网站》的作者 Chris Sherman 和 Gary Price 创办的专门用于指导检索 Invisible Web 资源的网站，该网站资源广博、价值高。

2. http://www. invisibleweb. com ，搜索“Invisible Web”的指南。

3. Librarians'Index to the Internet（http://lii. org ），一个可以信赖的经过图书馆员筛选的含有 14000 多个网站的有评注的主题目录，该网站包括可见资源和隐形网络资源。

4. Academicinfo（http://www. academicinfo. net），学术资源主题指南，提供一个适合教授教学计划和大学生研究论文的素材。

5. Direct Search (http://www. freepint. com/gary/direct. htm ），最具权威的用于检索“看不见的网页”的网站，拥有数量庞大的 Invisible Web 资源链接。

6. Profusion（http://www. profusion. com ），Intelliseek 公司旗下的一个智能型并行元搜索引擎，其搜索对象分为包括 Web、News、Jobs（职业信息）、MP3、Downloads（下载文件）、Legal（法律）、Discussions（讨论组）等 21 个资源大类。可搜索以网页搜索为主的其他搜索引擎无法搜索到的数据库、百科全书等资源类型的信息。

此外，FindLaw（http://www. findlaw. com），LookSmart's FindArticles (http://www. findarticles. com ），（http://infomine. ucr. edu），About. com（http://www. about. com）等都是搜索“Invisible Web”的检索工具。

第二节　网络信息资源检索的技术方法与检索技巧

一、网络信息资源检索的技术方法

为了快速、准确和有效地检索文献信息，需要利用一定的计算机信息检索技术和方法来表达用户的检索要求，制定完整的检索策略。用户的检索要求往往是比较复杂的，单靠一个孤立的检索词不能完全反映用户的提问要求，有时需要用到若干个检索词。这就需要对多个检索词或检索标识进行运算，加以限定和处理。从而，组合检索词，表达检索概念，构成检索语句，达到扩大或缩小范围并提高检索效果的目的。无论是光盘局域网检索，还是传统的联机检索或现代的网络检索，使用的一般检索技术方法主要有如下数种。

（一）布尔逻辑检索

布尔逻辑检索是检索系统中应用最广泛的检索技术，即用布尔逻辑运算符来表达检索词与检索词之间逻辑运算关系的一种检索方法。三个基本的布尔逻辑运算符是：AND、OR、NOT，分别表示逻辑与、逻辑或、逻辑非三种逻辑运算关系。

1. AND（逻辑与）。要求检索既论及到 A 概念又论及到 B 概念的文献，即同时出现有 A 和 B 的记录，其作用是缩小检索范圈和提高查准率。例如，查有关“儿童哮喘”的文献信息，其逻辑表达式为：child AND asthma，表示检索的文献信息必须同时包含 child 和 asthma 两个检索词才算命中。

2. OR（逻辑或）。要求检索论及 A 概念或者论及 B 概念的文献信息，当然也包括那些同时含有 A 概念和 B 概念的文献信息，其作用是扩大检索范围和提高查全率。例如，查找有关“失语症（Aphasia）或诵读困难（Dyslexia）”方面的文献信息，其逻辑表达式为：aphasia OR dyslexia。

3. NOT（逻辑非）。要求检索论及 A 概念的文献，但不包括涉及 B 概念的文献，也就是在含有 A 概念的文献中去除含有 B 概念的文献，其作用是缩小检索范围和提高查准率。例如，查找“除锌之外的其他微量元素”的有关文献信息，其逻辑表达式为：trace elements NOT zinc。

几乎所有的光盘检索系统、联机检索系统、网络信息检索工具都提供布尔逻辑检索，但它们在布尔逻辑检索功能的实现与使用上有所差异，其主要表现为：

（1）表示布尔逻辑关系的方式：有的检索系统或工具以符号形象地代表布尔逻辑关系，如用加号“+”表示 AND，减号“—”表示 NOT，默认值为 OR；有的将默认值定为 AND，其他布尔逻辑关系必须输入，如

PubMed、Google；绝大多数搜索引擎均提供 Advanced Search 功能，其中支持布尔逻辑检索，如 Lycos 以“match all terms”表示 AND，以“match any term”表不 OR；又如 Excite 分别用“MUST contain”和“MUST NOT contain”表示“AND”和“NOT”。

（2）支持部分布尔逻辑运算符：如 Yahoo！不支持 NOT 运算符。

（3）复合或嵌套布尔逻辑检索：几乎所有的光盘检索系统和联机检索系统都支持复合或嵌套布尔逻辑检索，有些搜索引擎也可直接在检索框中输入由布尔逻辑运算符及圆括号组成的复杂检索式进行高级检索。如 Aha Vista 所支持的布尔逻辑运算符有“AND 或 &”（与）、“OR 或 1”（或）及“NOT 或!”（非），但是较多的搜索引擎尚不支持复合或嵌套布尔逻辑检索。

（二）位置算符检索

为了提高文献信息的查准率，不仅要求两个或多个检索词同时出现在同一记录中，而且还要求检索词出现在同一字段或同一句话中，两个检索词紧挨着或者检索词之间允许插人若干个字，这就涉及检索词的位置运算。位置算符又称邻近算符，能表示检索词之间的相邻位置关系，位置算符因检索系统不同而形式各异。以下列举银盘公司（Sliver Platter）光盘检索系统中的位置算符，简述它们的应用。

1. With。同字段位置限定符，表示检索词存在于同一数据库记录的同一字段，如同时出现于文献信息题名或同时出现于文摘中等，词序可颠倒。如：child With asthma 可检出该两词同时存在于题名中或同时存在于文摘中的文献信息。

2. Near。相邻检索位置符，表示检索词存在于一个数据库记录的同一字段的同一句子中，所联的两个概念距离一般较近，能估计和词序可以颠倒。如：information Near retrieval 可检出含有 information retrieval 和 retrieval of information 的文献信息。

3. Near 后加正整数。表示检索词之间最多可插入几个词，如：acute Near2 infarction 表示两词之间最多允许插入一个其他词，可检出 acute infarction 或 acute myocardial infarction 的文献信息。Near3 表示检索词之间最多允许插入两个其他单词，依次类推。

（三）字段限制检索

组成数据库的最小单位是记录，一条完整记录中的每一个著录事项为字段。文献书目型数据库的记录基本包括下列字段：存取号字段、篇（题）名字段、文摘字段、叙词字段、自由词字、著者字段、著者机构字段、刊名字段、出版年字段、文献类型字段、分类号字段。一篇记录中主要用来表达文献内容特征的字段称为基本索引字段。如篇名字段、文摘字段、叙词字段、自由词字段；而表达文献外部特征的字段称为辅助索引字段，包括著者字段、著者机构字段、文献类型字段、语种字段等。

在许多联机检索系统中，为了提高查全率或查准率，需要将检索过程限制在特定的字段中，即字段限制检索。不同的联机检索系统，有不同的限定检索方法。DIALO 系统基本索引字段的限定由"/"与一个基本索引字段符组成，又称为后缀限定，辅助索引字段由字段符"="组成。例如："? S AU = Wang li AND（CS = Wuhan Univ.）"表示检索出著者是 Wang li，著者单位是 Wuhan University 的记录，即要查找"武汉大学"姓名为"wang li"的作者的文献信息。又如："? S life（N）insurance AND PY = 1999"，即要查找"1999 年"出版的关于"人寿保险"的信息资料。尽管网络信息实际上不分字段，但大多数网络检索工具都具有类似于字段限制检索的功能。依据此功能，可将查找范围限制在特定的范围中，如标题、图像、文本、主机名、域名、链接、统一资源地址、新闻组、电子邮件等。

（四）截词检索

截词即将检索词从某处截断，用符号取代检索词中部分字母。截词检索则为用截断的词的一个局部进行检索，有助于检索有共同词干的词汇，既可以防止漏检，又可提高检索效率。截词的方法很多，根据截词的位置不同，可分为右截断、左截断和中间截断三种形式，在各个不同的检索系统中所使用的截断符号不尽相同。例如，在 DIALOG 系统中，截词符号用"?"来表示；在 MEDLARS 系统中，截词符号分别用"$"和":"表示；在 Si-

Iver PlaIter 光盘检索系统中，截词符号则用“ * ”和“?”表示，等等。

1. 右截断。右截断即将截词符号放在一个字符串的右方，以表示被检索内容前方一致的一种检索方法。右截断是最常用的截词检索方法，又可分为有限截断和无限截断两种类型。

（1）有限截断：在词干后加几个“?”，即允许词干后最多可添加几个字符。如：drug? 可检出 drug 和 drugs，child???? 可检出 child，children，childhood。

（2）无限截断：在一个词干后用“ * ”即可将舍有该词干的所有词全部检出。如：child * 可检出 child，childe. childly，childing，childish，childhood，children，childrenite 等。这种截断法，截断位置必须选择适当，否则会引出大量无关的检索词以及大量无关的文献信息。

2. 左截断。左截断即将截词符号放在一个字符串的左方，以表示被检索内容后方一致的一种检索方法。如：* computer 可检出 computer，microcomputer 等。尽管左截断检索是一种很有用的检索技巧，但由于受词表贮存方式的限制，目前仅有少数检索系统可使用这一技术。

3. 中间截断。中间截断是将截词符号放在一个检索词的中间，以表示被检索的词前后字符一致。这种方法多用于英语中同一单词的英美不同拼法及单复数不同拼法。如：“tumo? r”可检出 tumor，tumour；“Worn? n”可检出 woman，women。

（五）加减检索

几乎所有搜索引擎均支持该功能，检索式中设定所检信息中包含该词或者不包含该词，符号分别为“ + ”和“—”。如“ + Information + Library -Management ”。

（六）词组检索

限定所输入的两个或两个以上单词为词组时，搜索引擎一般要求用引号（“”），如“Computer aided diagnosis”。若不使用双引号，系统则将所输人多个单词按逻辑“或”的关系检索，即网页中只要出现任一个输入单词就算命中。

(七) 大小写检索

当检索词中含有大写字母时，系统将严格按其所输入形式给出检索结果，而当检索词均为小写字母时，系统将忽略大小写。如检索词“hypertension”将可得到所有含“hypertension”、“Hypertension”和“HYPERTENSION”的网页，而检索词“Hypertension”仅检出含“Hypertension”的网页，而不包括“hypertension”或“HYPERTENSION”的网页。

(八) 括号检索

用于改变运算的先后次序，括号内的运算优先进。

(九) 自然语言检索

即直接采用自然语言中的字、词、句进行提问式检索，同一般口语一样。如 Who is George W. Bush? What is Internet? 这种基于自然语言的检索方式又被称为“智能检索”，特别适合不太熟悉网络信息检索技术的用户使用。支持自然语言检索的有中文的悠游，英文的 AltaVista，Excite，Infoseek，HotBot，Ask Jeeves 等。

(十) 多语种检索

提供多种语言的检索环境供用户选择，系统按用户选定的语种进行检索并反馈结果。支持多语种检索的如中文天网，英文 AltaVista. Google 等。

(十一) 模糊检索

允许被检索信息与检索提问之间存在一定的差异。例如，用户要查找有关“中药使用”的信息，但这一提问在数据库中是以“中药的使用”、“使用中药”，或其他作为标引词，这时检索提问与被检信息之间就存在差异。如果检索工具支持模糊检索，那么上述提问能够达到预期检索效果。目前，网络信息检索工具能够进行纠正输入错误的模糊检索。例如，用于检索地图信息的 MapBlast 在用户输入错误的街道名的情况下，也能检出正确的地图信息。

（十二）概念检索

当用户输入一个检索词后，不仅能检出该检索词，还能检出那些与该检索词同属于一个概念的词汇的结果。如 PubMed 自动扩展下位词和副主题词检索；Excite 的同义词、近义词自动识别和自动匹配检索。

（十三）相关信息反馈检索

在检索过程中发现某一检索结果非常符合自己的需要，因此希望能进一步检索到与该结果类似的信息，称之为相关信息反馈检索。在网络信息检索中，相关信息反馈检索由检索工具自动进行，例如 PubMed 的 "Related Articles"、Google 的 "Similar Pages"、Excite 的 "Search for more documents like this one" 以及 Lycos 的 "More Like This"。利用相关信息反馈检索获得的检索结果，像滚雪球似的越检越多。在实际检索中，往往将上述多种检索技术混合使用，如要查找标题中含有"网络营销"的信息资料，可以利用布尔逻辑运算符 AND、OR 和截词检索、大小写检索等，并将检索结果限制在题名字段：ti：(Web OR Internet OR WWW) AND market * 。

二、网络信息资源的检索技巧

由于目前网上搜索引擎的数量已有 1000 个之多，即使常用的也有数十个，而每一种搜索引擎的数据库有其覆盖的范围和广度，提供的检索方式和检索语法也不尽相同。同时，Web 信息空间中可索引的公共网页数量大约是 30 亿，而没有任何一个搜索引擎的收录、标引数量超过这个总量的 30% 。因此，掌握一些 Internet 信息资源的检索技巧和方法，实现对 Internet 信息资源的有效获取，将会对我们的工作、学习、生活以及教学科研都有很大的帮助。

（一）直接访问信息源提供者

直接去利用相关的站点，可根据平时的经验直接输入网址，而不一定非要用搜索引擎。例如：一个医学工作者需通过网络查询 Medline 数据库，当然应该想到访问此库的生产者——美国国家图书馆网站（http://www.nlm.nih.gov），从它下面的 http://www4.ncbi.nlm.nih.gov/pubmed/medline.html 便可免费查询 Medline 从 1996 年以来的所有数据。而想了解目前世界上计算机软、硬件产品信息，应考虑到访问 Microsoft、Sun、Intel、IBM 等一些生产商的 Web 站点。若不知道确切的网址，可以按照有关网域域名的规律去推测。如：若要查美国微软公司的信息，可试用 http://www.microsoft.com；若要查美国耶鲁大学的信息，可试用 http://www.yelo.edu；若要查我国清华大学的信息，可试用 http://www.tsinghua.edu.cn。

（二）利用网络检索工具

1. 分析检索的主题。对检索课题进行主题分析，是正确选用数据库、检索词和逻辑运算符的先决条件，也是实现检索策略的质量和效果最优化的基础。分析主题就是要确切了解所要查询的目的和要求，确定需要的信息类型、查询方式、查询范围和查询时间等。

2. 选择合适的检索工具。确定使用那一类搜索引擎，这是信息检索关键的一步。每个搜索引擎都各有千秋，在索引资源、用户界面、功能设置、检索速度、检索数量、查询方法等方面都不尽相同，导致每个搜索引擎在信息查全率、查准率和易用性上的差别也很大。一般地，如果用户查询的主题不太明确，或搜索的主题范围很广，或只是对一般性的新闻事件搜索时采用目录型搜索引擎（或主题指南）。例如：要了解澳门的一些情况，选用 Yahoo！并用“澳门现状”作关键词，查询效果就很好，找到一个网站，40 个网页和 20 条有关的新闻符合要求。如果主题范围较狭小，或者是要获取有关交叉性、细节性问题的信息，检索时须采用机器人搜索引擎。例如：想了解澳门大学的情况，用天网搜索引擎，选用“澳门大学”为关键词，返回结果有28条。如果用Yahoo！搜索引擎，返回结果只有2条新闻，而且很多信息与主题词毫无关联。

3. 抽取适当的关键词，正确构造检索式并及时调整检索策略。此时应尽量选专指词、特定概念或专业术语作关键词，避免普通词和太泛的词。许多站点允许使用布尔逻辑符，其基本操作是And、Or、Not，可以利用它们来扩大或缩小范围。如果返回结果极少，可能关键词中有错别字或语法错误，也可能是检索表达式所设定的范围太窄了，解决的办法是去掉“And”或“Not”之后的检索词。但有时返回结果太多，应尽可能多地输入精确的词或词组，并用进阶检索、高级检索、二次检索来加强关键词的专指性。例如：利用中文Yahoo！的双引号查询完全符合关键字串的网站，当键入“电子音乐”时，会找出包含电子音乐的网站，但是会忽略包含“电子爵士音乐”的网站。又如：利用中国期刊网查找《情报学报》2001～2002年的网络信息资源检索方面的文献，可点击高级检索，再选择多个字段，分别选择“中文刊名”字段，键入“情报学报”And“关键词”字段，键入“网络信息资源”And“关键词”字段，键入“检索”And“出版年”字段，选择2001年And 2002年，查到符合条件的信息6条。

4. 加快检索速度，节省检索的时间与费用。利用一些特色服务站点，如新闻、天气、旅游、交通、黄页、白页、地图、股票、统计等，多窗口检索，只利用文本方式传输，使用脱机方式阅读，等等。

（三）用e-mail访问Internet信息资源

电子邮件（e-mail）是Internet上最早出现的工具，也是最经济实用的工具。用户只要能收发e-mail，就可以实现Internet信息服务功能，实现对网络上多种信息资源的检索利用。

1. 用e-mail检索专业数据库。在因特网上，有一些可供e-mail用户检索的数据库。由美国国家科学基金会等部门共同开发的，基于e-mail多学科的专业数据库服务系统，其内容反映了多学科前沿研究成果，深受研究人员的重视。例如：要检索近期《天体物理学》有关伽玛暴研究的文章，可以给astro-ph@xxx.lanl.gov发送一封为find gamma ray burst，内容为空的e-mail，不久你将收到一封内容为最近一年内有关伽玛暴研究文献信息的回信。

2. 用 e-mail 访问 WWW。在因特网上，有一些提供 WWW 服务的 e-mail 服务器，用户向它发送一封包含所要执行命令的 e-mail，便可收到回信。下面以 Agora WWW—e-mail 服务器为例，说明如何利用 e-mail 实现 WWW 信息服务。先要知道 WWW 服务器页面的地址，给 Agora 服务器发送如下格式的 e-mail：

收信人地址：Agora@ dna. affrc. go. jp

主题：空

内容：Send（URL）

Agora 可以将搜索引擎结果排序。Agora 利用的搜索引擎有：Lycos，Yahoo，Web Crawler，AltaVista 等。如果想要查询有关成人教育的信息，选定关键词为 adult，education。然后以 Yahoo！为例在发给 Agora 的 e-mail 之中以下面的命令作信的内容：

Yahoo

send http：//search. yahoo. com/bin/search？P = adult + education

●用 e-mail 实现 FTP

●用 e-mail 实现 Archie

●用 e-mail 实现 Gopher

通过收发电子邮件，实现网上信息检索与获取，与直接使用浏览器进行浏览相比，不仅使用简单，还可以节省大量的通讯时间与费用。最重要的是，通过电子邮件几乎可以访问所有不同类型的站点，甚至是浏览器不能直接登录的站点。

（四）访问重点院校图书馆

在重点院校图书馆的主页上一般都提供一批有用的网址，如北京大学医学图书馆主页上有“医海导航”的超链接点，指向国内外医学的主要网站、图书馆、电子期刊、医药图协和医学搜索引擎，供进一步检索。

（五）善于寻求网上帮助

人们在工作、学习和生活中会遇到各种各样的问题，需向别人请教。

在网上，对所提出的问题，同样也能得到直接的回答，其途径有二：

1. 在相关的新闻小组或 listserv 提出问题。我国联网初期，一位大学生所患难症通过向 listserv 发出求救，得到热心人的帮助，得以清楚诊断就是一个很有名得例子。

2. 通过专门回答问题的网站。http：//www. findout. com（对具体的问题提供免费回答），http：//www. askjeeves. com（结合人的专业知识、搜索引擎和索引对所提问题回答）。

（六）网络信息资源检索的实用技巧

通过互联网获取信息，如何避免在浩瀚的互联网海洋中迷失方向，掌握一些基本的网上搜索技巧是必需的。有时检索结果并不令人满意，要么太多，要么太少，或未能找到相关信息，遇到这些问题，可试用下面的方法：

1. 只阅读搜寻结果的前面几条信息。

2. 缩小或扩大搜索的范围，使用逻辑符 And、双引号及限定范围如在关键词前加“intitle”、“site”、“inurl”等方法缩小查询范围，去掉“And”或“Not”之后的检索词以扩大范围。

3. 有针对性地选择搜索引擎。找不到网页时，首先检查是否有拼写错误，接着看搜索关键词之间有没有自相矛盾的地方，如果仍不能成功地搜索，可换一种搜索引擎，也许会得到你所期望的结果，因为各个搜索工具功能虽体相同，但检索方式和收录资料的侧重点不同。

4. 细化查询。许多搜索引擎都提供了对搜索结果进行细化与再查询的功能，如有的搜索引擎在结果中有“查询类似网页”的按钮，还有一些则可以对得到的结果进行二次检索。

5. 用 Ctrl—F。用搜索引擎检索到所需文档并连接到相关网页后，有时会发现所需文件并没有出现在当前视野中，这可能是因为文件存放在当前网页的底部，一个快捷的方法就是按 Ctrl—F 在当前页查找文件。

6. 给你的检索结果作标签，如果以后还可能重复出现的检索，请标记记录。例 VIP 数据库，PUBMED 数据库等都可在题录前的方框内打对钩。

7. 猜测站点的 URLs 或者用网络实名。例如：假设不知道北京医科大学的 URL，根据 UP& 命名常识，猜测可能是 http：//www. bjmu. edu. cn，若要查美国微软公司的信息，可试用 http：//wa. microsoft. eom，若要查我国清华大学的信息，可试用 http：//www. tsin ua. Edu. cn。

第三节　网络信息资源检索的策略

一、网络信息检索策略的构建和优化

广义的信息检索策略包括：①分析检索课题的实质需求；②选择合适的数据库或网络检索工具；③确定检索途径和检索标识；④建立检索提问表达式；⑤准备多种检索方案和检索步骤等。狭义的信息检索策略，主要确定检索标识并用布尔逻辑算符，必要时用截词、邻近算符等与检索标识一起构成检索提问表达式的构思。

信息检索策略的制定不仅关系到检索提问式的建立、检索所采用的途径、检索用词、检索式中词与词的逻辑关系，还关系到检索者对语言学的了解、对事物的认知能力、专业知识的高低、对检索工具或系统地掌握、外语水平等。信息检索策略的好坏，可直接影响检索效果的优劣。高质量的信息检索策略，可以使检索过程达到最佳优化，从整体上取得比较好的检索结果。既可节省检索的费用和时间，又能获得最佳的检索效果。

（一）信息检索策略的构建方法

对于不同的数据库，具体的检索操作有可能不太一样，但对于制订某一课题的策略则是统一的。信息检索策略的编制，需要在分析信息需求的基础上选择确切的检索词，根据各检索词之间的逻辑关系与查找先后顺序编制出符合检索课题需求的检索提问式。具体可采用的方法有以下几种。

1. 概念积木法。概念积木法是针对标引深度较浅的数据库实施的一种课题概念表示方法。具体方法：为了保证查全或查准率，可根据检索课题含义划分成几个概念组面，每一个概念组面用一个或数个不同形式的检索

词加以表达，如：主题词、关键词、同义词、单复数、缩写、英美不同拼写形式的词等。将同一个组面的检索词用“OR”先分别集中，然后用“AND”将各种不同的概念组面再联结起来。

2. 优先使用最少记录面法。优先使用“最少记录面法”是指从包含多个概念单元的复杂概念课题中，选择出文献信息记录量最少的概念单元即专指性较强的概念单元进行检索，可以节省检索时间，提高检索效率。

3. 利用文中词检索法。利用文中词检索是指通过浏览检出的文献信息，从检索字段中选择确切的概念词，然后再利用这些词重新检索。因为有时拿到的课题很难一下找到确切的检索语词，这时可以先用最专指和最能确切表达课题的语词试检，然后再扩检。

4. 逐步缩小法。逐步缩小法适用于较大课题的检索，即先用较泛指的主题词进行检索，如果文献量较大，为了不漏掉有价值的文献信息，可用特征词、年代、语种等若干条件逐步加以限制检索。

（二）信息检索策略的构建步骤

构建网络信息检索策略通常有以下几个步骤：

1. 根据检索课题的要求，确定检索信息的类型、文种、年限等范围；

2. 根据上述要求选择适合的数据库或及其回溯文档，并确定检索途径；

3. 分析检索课题的实质要求，进行该了概念分析，按检索词表转换成系统采用的检索标识，并确定若干自由词备用；

4. 用布尔逻辑运算符构建检索提问表达式；

5. 进行检索，检索中对检出文献信息进行相关性分析和评价；

6. 必要时对检索式进行修改调整，直到检出结果符合要求。

（三）调整信息检索策略

在检索前对信息检索策略周密考虑，有助于检索按合乎逻辑的方式进行。但是在检索过程中，检索者随时可能被引向新的检索词或新的检索途径。因此，随时调整信息检索策略也是影响检索成败的关键环节。通过信息检索策略的不断调整，可获得理想的检索效果。

1. 造成误检和漏检的原因

造成误检的主要原因有：a. 检索词的多义性导致误检；b. 选用了不规范的主题词或某些产品的俗称、商品名作为检索词；c. 对所选的检索词截词截得过短。

造成漏检的主要原因有：a. 自由词检索时，未使用它的同义词和近义词；b. 遗漏了下位词；c. 邻近算符用得过严；d. 逻辑算符 AND 用得过多，专指度太高；e. 字段限制过严，如仅限定在题名字段和摘要字段等。

2. 调整信息检索策略的主要措施

（1）检出的文献太多，应缩小检索范围，尽量提高其查准率。如采用逻辑“与”（and 或 *）组配以增加栩关概念，或采用逻辑“非”（not 或 —）组配以排除无关概念；用位置算符 Near，With 限定检索词间的位置关系；选用词表中更专指的下位词，或增加副主题词；利用限定检索字段（年份、语种、出版物类型、题名字段）等。

（2）检出的文献太少或等于零时，宜扩大检索范围，尽量提高其查全率。如减少逻辑“与”（and，*）连接的概念，或用逻辑“或”（or，+）增加同义词、近义词或相关词；换用词表中的上位概念词，或以族首词扩展检索等。

（四）提高信息检索查全率和查准率的策略

查全率和查准率是判断网络信息检索结果的两个重要的指标，全和准是相对的，没有绝对的全，也不能离开全来谈准。由于 Internet 上信息量的巨大和信息描述的不规范，网络医学信息检索的过程，往往是多次检索、不断完善和不断优化的过程。检索者应根据自己的检索目的不断调整查全率和查准率，并最终确定满意的检索结果。

1. 提高查全率的检索策略。查全率是检出的相关文献信息数与检索工具系统内相关文献信息总数之比，又称检全率、命中率等。查全率是由肯特（Kent A）等人于1955 年最先提出，是测量检索系统检出相关文献信息能力的一项指标。可用下式表示：

查全率 = （检出的相关文献信息数 ÷ 系统内相关文献信息总数）×100%

对于需要高查全率的检索，其信息检索策略主要从扩检着手：

（1）选用多个搜索引擎或数据库。因为不同的搜索引擎或数据库有不同的收集范围和准则，选用多个搜索引擎或数据库，虽然检索结果重复多，但查全率也会相应提高。

（2）扩大检索范围。可采取的具体方法有：a. 用户可利用截词符“?”或“*”，对某一单元词可能构成的全部复合词进行检索；b. 利用布尔逻辑“或”、运算符“+”，连接同义词即增加用“OR”逻辑连接的相关检索词；c. 降低检索词的专指度，利用分类体系找到相应的上位词，用上位词进行检索，以提高检索的网罗度，实现扩检；d. 取消某些过严的限制，如尽可能在所有检索字段中检索；e. 注意拼法，如 fly-fishing 一词，应该试试查 fly-fishing 和 fly fishing 两个词，还有英美对单词的不同拼法，如 color 和 colour。

（3）增加检索途径。用户可尽可能地利用搜索引擎或数据库所提供的各种检索途径，除了用主题检索途径外，还可以与分类检索等途径一起作组配检索。

（4）分层次进行检索。将要求检索的内容分为不同层次及同一层次的不同方面，然后从这几个层次和方面分别进行检索，再对各层次检出的文献进行分析和综合，得出完全相关的文献。

（5）调整检索式时，去掉用“AND”逻辑连接的某些组面，即删除检索式的某个面。通过降低检索式的网罗度而扩大检索的范围，提高查全率，但有时可能会检出一些与用户信息需求无关的文献信息，降低查准率。

2. 提高检索查准率的策略。查准率是检出的相关文献信息数与检出的文献信息总数之比，又称检准率、相关率等。查准率是测量检索系统拒绝非相关文献信息能力的一项指标，它必须与查全率结合使用，方能全面说明系统的检索效果。可用下式表示：

查准率 = （检出的相关文献信息数 ÷ 检出的文献信息总数）×100%

对于需要高查准率的检索，可在一定查全率的基础上进行缩检：

（1）提高检索式的专指度，增加或使用下位词和专指度较强的检索词。

（2）增加概念进行限制，用逻辑乘连接主题词来限定主题概念的相关检索项。

（3）限制检索词出现的可检字段，如 Opentext 中可在 title、summary、firstheading 和 URL 字段中检索。

（4）重复查询，在第一次查询后，找出最满意的记录，在其中摘录下针对性更强的术语，进行重复查询。

（5）利用 NOT 限制一些不相关的概念。

（6）有效利用初级检索和高级检索中的种种符号和技巧，同样可以提高检索的准确性。

（五）提高信息检索效果的措施

要提高网络信息资源的检索效果，主要应做好以下三个方面的工作：

1. 提高检索工具的质量。对用户而言，要选择上乘的检索系统，包括数据库的收录范围广泛而适用、文献信息特征著录准确、标引语言网络度适中等。

2. 提高用户利用检索工具的水平。应最大限度地发挥检索系统的功能，要全面准确地表达检索要求，合理使用信息查询途径及检索点，根据不同检索课题的需要，适当调整对查准率和查全率的要求。

3. 对检索失误进行分析。具体包括审查文献全文文献标引记录（标引词）、提问语句、检索策略、系统使用的词表和用户对信息相关性的判断（判定某种有无价值）等，据此对失误原因做出分析。

二、五步搜索策略和学习搜索网站

（一）网络信息资源的五步搜索策略

在这里，值得推荐的是加州伯克利分校图书馆的网络信息检索教程（http：// www. 1ib. berkeley. edu/TeachingLib/Guides/Internet/Strategies. html1），

专家推荐了“五步检索策略”。

1. 第一步：分析检索主题，开始预检索分析。分析检索主题可以从以下几个方面着手进行：检索主题中是否含有专有词汇或短语？检索主题涉及的主题范围是否宽泛？检索主题是否是关于某一较宽主题范围的某一方面？使用的检索词是否有同义词、近义词，或是有词形变化？

如果检索主题中含有专有词汇或特色词、短语、缩写、习语，或是组织、团体、机构名称，那么用短语检索或引号“”检索；如果必须要求关键词在题名中出现，则关键词前冠以英文状态的“intitle:”；若要求网页中必须出现某词，则在关键词前加上加号（+）或布尔逻辑运算符AND；如果必须排除某些不相关的词，则在该词前冠以减号（-）或者用布尔逻辑运算符NOT或AND NOT；若有同义词、近义词、不同的拼写或结尾，则在各关键词之间用OR连接或截词检索。如果你的研究题目有更广泛的术语，则增加使用该主题的上位类词[6]；如要查“肺性高血压”方面的文献，可以尝试用“肺性高血压”的上位类关键词“高血压”进行扩充检索。

2. 第二步：选择合适的网络检索工具。根据不同的检索需求，选择使用搜索引擎、主题指南或者专题数据库，有时可能还要请专家帮忙，解决检索问题。如果以上都不可能实现，检索专家告之的最后一招就是凭运气搜索，即边检索边学习边摸索，只有不断操作实践，才能真正领悟检索的奥秘。

各学科有各学科的资料库，找对地方才能找到真正需要的资料，选择合适的检索工具是查询信息的关键。一般的，如果用户查询的主题不太明确，或搜索的主题范围很广，或只是对一般性的新闻事件搜索时采用目录型检索工具。如“知识产权”和“替代能源”。如果主题范围较狭小，或者是要获取有关交叉性、细节性问题的信息，检索时需采用搜索引擎。若是宽泛主题的狭窄专题，则用目录型检索工具的关键词检索途径就比较好，并加上布尔逻辑运算符。如查“知识产权保护”方面的文献，可以用目录型工具“Yahoo! Search.”。若检索FTP资源，推荐使用北大天网（http：//e. pku. edu. cn）。而Askjeeves（http：//www. ask. com）有超过700万的大型问题库，支持自然语言提问搜索，适合搜索常识性的问题答案。

元搜索引擎Vivisimo（http：//www. vivisimo. com），有目前最好的搜

索结果自动分类技术。下拉菜单还支持各新闻、购物、独立搜索引擎等的自动分类搜索。有些研究课题如果搜索引擎和主题指南查找不到满意的结果，可以改用看不见的网络（invisible web）。概括起来，有两种方法查找这种专科数据库：一是利用普通搜索引擎间接查找“看不见的网络”，如在 Google 或 Yahoo 的输入框中输入“plane crash database ”、“languages database”、“toxic chemicals database” 就分别找到飞机失事数据库、语言文学数据库和毒理化学数据库的入口；然后通过这些入口分别检索相应的数据库。二是利用专门搜索“Invisible Web” 的检索工具，如 The Invisible Web Directory 等。表 16 说明了利用不同检索工具的检索策略。

表 16　不同检索工具的检索策略

<table>
<tr><th>主题特征</th><th>搜索引擎</th><th>主题指南</th><th>看不见的网站</th><th>咨询专家</th></tr>
<tr><td>有特色词或短语</td><td>用引号（“”）检索</td><td>识别关键词所属的类目，检索更宽泛的概念</td><td rowspan="6">如果要查数据、事实、同类事物、进度表、地图等信息，专科数据库（看不见的网站）能帮助你，用主题指南或搜索引擎作为查询恰当数据库的起点，然后通过此入口检索看不见的网站。</td><td rowspan="6">如果从检索工具不能找到你所需要的资源，或专科数据库没有你的主题信息，那么咨询专家。向优秀网页的作者发 e-mail，还可以加入讨论组或 blog。</td></tr>
<tr><td>没有特色词或短语</td><td>用更多的词或短语，尽量避免歧义</td><td>在主题指南中尝试找到特色术语</td></tr>
<tr><td>查询概况信息</td><td>不推荐</td><td>专业主题指南将找到最佳结果</td></tr>
<tr><td>宽泛主题的狭窄专题</td><td>改变检索提问，用布尔逻辑运算符 AND 或 AND NOT</td><td>查主题指南分类目录</td></tr>
<tr><td>同义词、不同拼写</td><td>OR、截词符或领域限制</td><td>不推荐</td></tr>
<tr><td>仍然迷惑</td><td>查学科门户、百科全书或咨询图书馆员</td><td></td></tr>
</table>

③第三步：边检索边学习，改变检索途径或方法。不要认为在检索之前你就知道你要查找的所有东西，最应该做的工作是看一看上一次的搜索

结果，是否还需要对已构造好的检索词或检索式进行必要的修改。

④第四步：学会放弃那些没有效果的检索策略。搜索引擎、主题指南可灵活换着使用，也可以使用与检索主题相关的专题指南，或元搜索引擎或看不见的网站，考虑可能的数据库然后进行查询。也可以试试用其他字词或其他表达方式来搜寻。如找 e-learning，但在早期的文献中也许不会出现这样的词语，所以搜寻不会有结果，这时就可以用其他如电脑辅助教学等相关字词重新寻找。

⑤第五步：返回到最初的检索策略。经过多轮检索策略的修改和应用，也许在前面使用的检索策略比较有效，那么再回过头去试一试前面的检索策略。

（二）学习搜索的网站

为了有效获取网络信息资源，学会在 web 信息海洋中淘金，许多高校图书馆和其他机构建立了优秀的学习搜索的教学资源网站，提供网络信息资源的检索策略和技巧。下面将简单介绍一下。

1. 国外网站

（1）加州伯克利分校图书馆的搜索教程。主页：http：//www. lib. berkerly. edu/TeachingLib/Guides/Internet/FindInfo. html 搜索策略：http：//www. 1ib. berkeley. edu/TeachingLib/Guides/Internet/Strategies. html。伯克利分校图书馆的学习搜索的网站的特点是学术性强，适合于学生及专业人士浏览。它是众多著名大学所开辟的介绍检索知识的站点中最为出色的一个网站，对搜索基本策略的把握很出色，但对搜索引擎的了解与使用不够。

（2）搜索杂志《Searcher》杂志（http：//www. infotoday. com/searcher）和《Online》杂志（http：//www. onlinemag. net/default. htm）。互联网上最优秀的搜索者、最新最高明的搜索经验在 searcher 杂志和 online 杂志，唯一的问题是它们是收费刊物，每期只提供少量文章的全文供免费阅读，但这仍使人受益匪浅。

（3）搜索论坛 Webmasterworld（http：//www. webmasterworld. com）。

它是互联网上关于搜索引擎的最好论坛。虽然主要讨论搜索引擎注册和排名，但它对搜索引擎的变化反应之快，对搜索引擎的细节挖掘之深，如云高手对搜索引擎的见解之精，使人们对搜索引擎的认识达到了一种新的高度。

（4）Searchtools（http：//www. searchtools. com）。它是互联网上最好的搜索产品研究网站，内容涉及搜索引擎技术和产品相关的新闻、评论、会议、调查、比较、选购、原理、源码、背景、设计、建议。该网站的服务对象主要是搜索软件制作者、购买者以及专业研究者。

（5）Search Engine Conference（http：//www. infonortics. com/search-engines）。这是搜索引擎工业界的年度盛会，发布各搜索引擎和各大搜索引擎公司的技术动向和具体信息。

（6）Researchindex（http：//citeseer. nj. nec. com/cs）。它收录了互联网上最丰富的搜索引擎技术论文。

（7）Search Engine Watch（http：//searchenginewatch. com）和《Search Day》（http：//searchenginewatch. com/ searchday/archives. html）。主要提供与搜索引擎相关的新闻、引擎注册排名以及搜索引擎现状等信息。

2. 中文网站

（1）搜索论坛（http：//newbbs2. sina. com. cn/index. shtml？ search：search）。

（2）搜索研究院（http：//www. dianbo. org/9238）。

（3）中文搜索引擎指南 http：//www. sowang. com。搜索论坛有最多的高手，搜索研究院有最纯粹最高明的搜索技巧、中文搜索引擎指南有最全的资讯。

（4）大学院系和图书馆网站。在大学信息管理院系或大学图书馆网站上一般都设有学习搜索的网络教学内容。其特点是：大多是检索原理、手工检索工具和国内外数据库检索方法的介绍，理论性强，学术水平较高，但网络资源检索技巧不足。有代表性的如中山大学图书馆（http：//library. gzsums. edu. cn）的“网上课室”专栏，提供医学文献检索的课件。武汉大学图书馆（http：//www. lib. whu. edu. cn）的“读者培训”专栏，提供电子数据库检索流程的教学课件和英文科技论文写作技巧与投稿经验等的指南课件，等等。

第四节　网络信息检索教学平台的构建

随着计算机和通讯技术的飞速发展，人类正迈向一个以信息技术为中心的新世纪。互联网的迅猛发展为信息传播提供了一条崭新的途径，对传统的信息传播产生了强大的冲击。互联网正以惊人的速度渗透到社会的各个方面，深刻地改变着人们的工作、学习和生活等各个方面的质量，同时也改变着人类信息传播的模式。

Web2. 0 时代，新出现的 Blog、SNS、Wiki 等多种多对多互动应用服务模式，更是满足了不同用户社会化和人性化的需求。随着高校教学规模的逐渐扩大，以计算机和网络为媒介的公共课程，如《文献信息检索》（IR）课在 Web2. 0 时代更是极大地提高了教学质量。有专家总结过去计算机应用于教育的两种不同类型：①类型 I 应用，即以相同的方式更快捷、更容易、更有效地去教授相同的内容。计算机被视为一个导师（tutor），而不是一种工具（tool）；②类型 Ⅱ 应用，即获得更新颖、更先进的教学方式。这里的教师是一个指导者，计算机只是一种媒介工具，这是一种从计算机中学习到用计算机工具进行学习的转变。

事实上，国家教委自 1984 年要求在全国高等院校开设文献检索课以来，信息检索课程的教学实验基本可以划分为三代：

第一代，教学实验体系是以认知为主的课堂教学。这类教学实验以老师为主体，学生处在被动的地位，积极性不高，实习不多，学生很难自由发挥，教学效果不明显。

第二代，网络教学时代，体现了类型 I 的应用。不少高校引入了教学实验模拟软件，教师事先将信息检索教学所需的网页下载并进行重新组织、链接，最终形成的一组网页。教师授课时，使用浏览器演示课件中的网页和链接，具有仿真上网的效果。学生以进行模拟实战的操作为主，积极性有所提高。这一体系的缺点是学生的操作是早已固化好的，学生虽然自己操作，但机械性程度大，没有创新的空间。目前，不少高校的信息检索教学都处在这一层次。

第三代，实验教学体系是以知识管理为核心的实验体系，体现了web2.0时代的典型特征，注重交流与知识共享。学生角色发生了变化，他们既是学习者也是教育者，学生的主动性大大提高，而且为学生提供了创新的空间。因此，第三代实验体系将取代第二代实验教学体系，进入以知识管理为核心的实验教学。

Web2.0时代，以建构主义学习理论为基础的，以学习者为中心的、交互的、高效率的、灵活的和有意义的电子学习环境，更容易吸引学生的兴趣，从而提升信息素养。

一、信息检索电子教学模式的基石

建构主义理论指导下的信息化教育，已成为当今教育的必然选择。信息化教育的概念是从90年代伴随着信息高速公路的出现而提出来的，它是指全面深入地运用现代化信息技术来促进教育改革和教育发展的一种全新的教育形态，它是建构主义理论与先进的技术（如多媒体技术、网络技术、通信技术、人工智能技术）相结合的产物。

（一）理论基石——建构主义学习理论

建构主义学习理论最早是由瑞士心理学家皮亚杰提出的，建构主义作为一种新的认知理论，已成为国际科学教育改革中的一种主流理论，同时也为教师教学改革提供了新的发展空间。建构主义是一个以学生为中心的学习过程，建构主义认为：知识不是通过教师传授得到，而是学习者在一定的情境即社会文化背景下，借助其他人（包括教师和学习伙伴）的帮助，利用必要的学习资料，通过意义建构的方式而获得知识，它是采用研究策略、案例学习、团队协作、小组讨论和科研导入等方法的一种教学方式。由于学习是在一定的情境即社会文化背景下，借助其他人的帮助即通过人际间的协作活动而实现的意义建构过程，因此建构主义学习理论认为“情境”、“协作”、“会话”和“意义建构”是学习环境中的四大要素或四大属性。

在这里引入台湾张静誉的“问题双环”模式（如图 2)，这是一种符合社会建构主义和 NCTM 标准的教学模式。

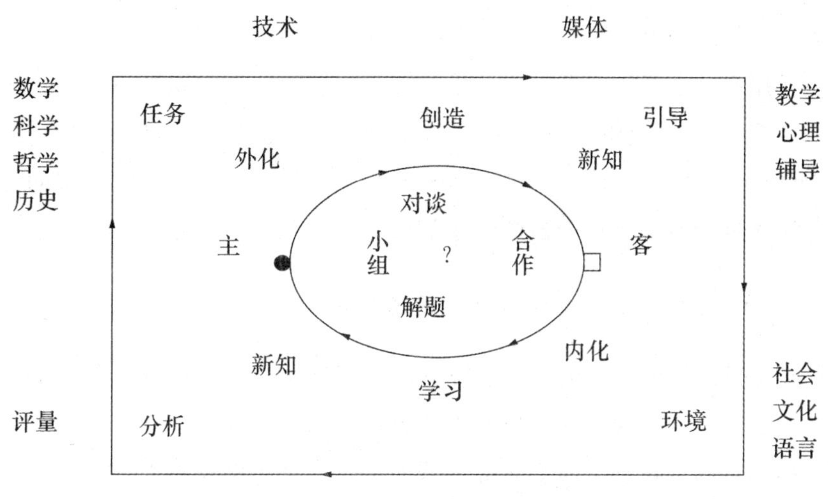

图 2　“问题双环”教学模式

从图 2 中我们可以看出，此模式包含了以下三个主要部分。

1. 核心部分：图中圆内的部分包括问题、小组、合作、解题和交流五个要素，这五个要素构成学生学习活动的主要成分。教师教学也主要在掌握这五个要素，从而为学生建构知识与其意义创造机会。

2. 内环部分：图中的内圆表示学习环或知识的创造环，其中“主”表示个人拥有的主观知识，“客”表示为社会或专家所共识的客观知识。用此环来表示知识具有主观和客观的双面性，学习其实是一种包含主、客观知识并不断互相创造循环的历程。此环是用来提供给教师对知识的认知图，以便教师引导学生在教室内的学习活动方向。

3. 外环部分：图中的外环表示教师的教学环，重要成分包括任务、引导、环境和分析。

在传统的教学模式中，教师是教学活动的中心，是知识的传播者和灌输者。新的媒体的介入，使“书灌”变成了“电灌”，并没有引起教学模式的重大变革。那么，在建构主义指导下的信息化教育的教学模式又是怎样的呢？建构主义提倡在教师指导下的、以学习者为中心的学习，强调学生是认知的主体，而不忽视教师的指导作用。教师要为学生创设良好的学习情境，提供多样化的信息来源，教师是意义建构的帮助者、促进者、支持者、引路人和评价者。学生应该认识到自己拥有解决问题的自主权，通过独立探究、合作学习等方式，努力使自己成为知识的积极建构者，逐步提高自控能力，学会自主学习，为终身学习打下良好的基础。可见，这种理论对于信息检索课教学，对于培养自主学习者，培养适应21世纪的善于学习的终身学习者具有重要指导意义。

（二）技术基石——计算机和通讯技术

在先进的工业国家的教育系统中，计算机主要用于三种角色：①传统角色——保证学生获得计算机素养最低水平的一种方式；②作为支持和丰富课程的一种方式，即前文所说类型Ⅰ的应用；③作为师生之间、学生之间和教师之间交互的一种媒介。

联合国教科文组织报告继续强调，正是由于第三种角色，计算机和通讯技术才可能对传统教育具有最现实的意义。在知识经济时代和web2.0时代，教师和学生已具备日益增长的同步在线交互能力，教师掌握更先进的教学方法是非常必要的。

信息检索课是一门以信息为根基，旨在培养大学生的信息意识和信息检索与利用技能的技术方法课。检索的工具性、信息的资源性和高科技的应用性构成了现代信息检索的基本属性，而以计算机技术、通信技术及多媒体技术为核心的现代网络环境恰恰是各种信息属性的综合体现。以现代网络环境为依托，构建适应新世纪人才培养模式的全新的信息检索课教学体系，这是信息素质教育中刻不容缓的任务。

“问题双环”教学模式的外环重要成分之一就是环境，什么是建构主义的学习环境呢？按照建构主义的观点，必须为学习者提供尽可能丰富的学习活动环境，并使用信息技术手段作为提供内容丰富的学习活动环境的物质基础，这一方面正是远程教学的基本特长。例如，利用计算机的程控与整合（把课文、图形、声音、动画、数字视频等组合一体）功能、计算机网络技术功能和虚拟环境技术功能等。梅农和肯娜 T. K. 认为，这样的学习活动环境取决于三个要素：教师扮演的角色、学习者扮演的角色和在学习活动环境的教学中使用的信息技术。按照这三个要素，信息检索电子教学的建构主义模式应是 Web2. 0 时代的教学模式。

计算机和通信技术支持的学习环境提供了一个宽泛的发现、询问、设计、练习、指导和建设性探索的机会，这种途径与需求一致，对解决现实问题和训练临界思维更有效，计算机和通信技术已成为信息传播、信息检索的重要渠道和工具。

二、信息检索教学平台的实现目标

信息检索是信息素养的一个重要性能指标，信息检索教学的总目标是为学生提供成功获取和充分利用增值信息的技巧和方法。为培养创新能力的需要，信息检索教学目标的侧重应以掌握信息检索方法为基础，提高信息分析能力为目的，培养信息素养为目标。因此，IR 电子教学平台的实现也要满足以下重要目标：①设计和开发满足学生需要的电子学习资源；②演示各种信息资源的使用方法；③训练学生检索处理的基本步骤和过程，掌握某一主题；④熟悉专业参考工具和图书馆购买的全文数据库；⑤有效地利用在线评价来激励学习；⑥保证学生通过网络进行协作学习；⑦以不同的查找条件提供一个演示信息检索性能的虚拟现实环境；⑧将电子学习（e-learning）作为“融合性学习方案”（a blended solution）的一部分。

这样，通过信息检索课程的教学，就可以具备信息素养六大技能：①认识到信息作为一种需要，确定所需信息的范围；②辨别和查找适当的信息资源；③懂得如何获取那些信息资源信息的途径；④了解信息资源的评价标准，评价所获取信息的质量并从中选择最正确的信息；⑤组织信息；⑥有效使用信息。

三、信息检索电子教学平台的构建

信息检索教学的目标以提高信息分析能力为目的，培养信息素养为目标。所以，教学手段要具备先进性的特点，普及多媒体教学，开展网络教学。在教育资源建设方面，借鉴国内外远程教育平台（国外 LMS/国内北师大 SIF）及练习/测试操作系统，开发适合本校的信息检索教学平台，实现网络课件点播与上传、实习检索与答疑、教学管理与交流，促进用户信息教育向规范化和开放化发展。

（一）信息检索电子教学平台的基本框架

建构主义学习理论是以“学习者为中心”的，因而提出一个“learner-centered design”（LCD）框架，如图3。

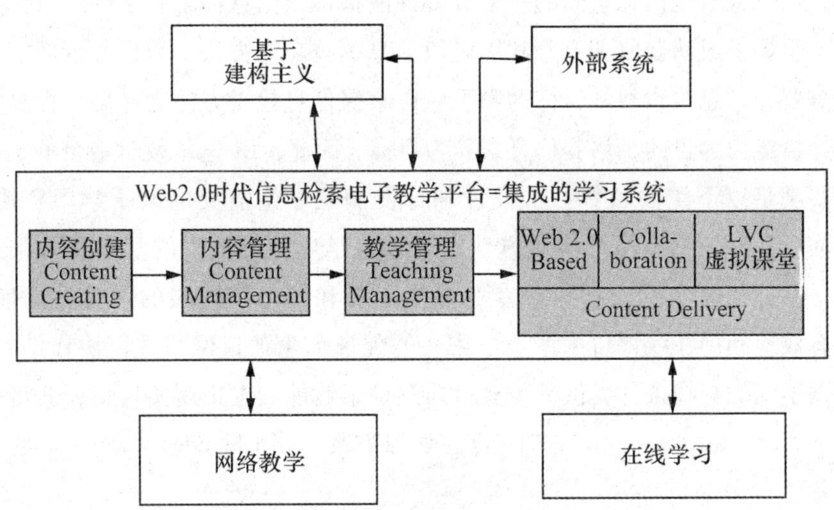

图3 信息检索教学平台的基本框架

整个电子教学平台包含两个大的部分：网络教学和在线学习。

网络教学有三个功能：内容创建——创建标准化课件；内容管理——

管理内容、目录、学习目的和发布内容；教学管理——管理用户、学习安排、注册和课件。教学管理可以最大化释放网络学习和各种课件内容的价值，包括对各种学习模式支持，如虚拟教室、协作式学习和教室教学等。

在线学习提供个性化的学习内容，虚拟学习课堂（Learning Virtual Classroom，LVC）提供学生一个讨论、交流等的平台。博客是 Web2.0 的典型特征，具有内容个性化和充分利用超链接的特点。教师和学生都能建立自己的博客，以便能够重新搜集和管理他们过去的观点、看法和教学内容。整个教学系统是基于建构主义学习理论的，并且与已有的外部系统集成。

（二）信息检索教学平台的原型系统

网络资源和计算机工具的有效利用，能够提高教学训练质量，可以构建和开发信息检索教学平台的原型系统。图 4 显示了医学文献信息检索的二级主页。

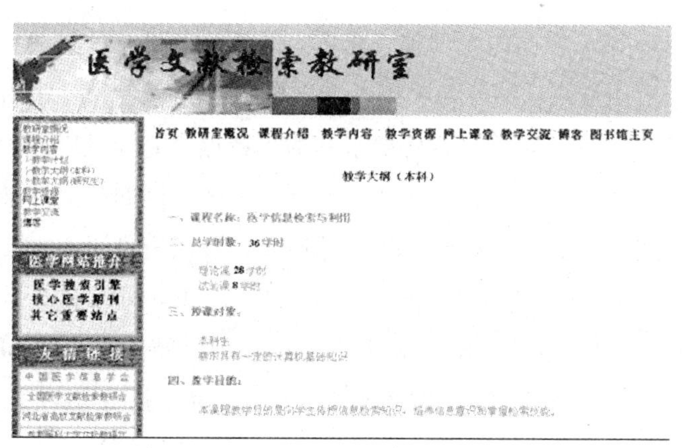

图 4　信息检索电子教学平台主页

我国信息检索课程大都挂靠图书馆，IR 教学网站与图书馆主页链接。“教学资源”指各种中外文数据库，如维普数据库、CNKI、万方资源数据库和 EBSCO、ProQuest 数据库等。另外，网络免费医学资源也是“教学资源”的一部分。“教学内容”指不同层次、不同类型的教学计划和教学大纲。“网上课堂”是学生学习医学文献信息检索方法和技巧非常重要的地方，学习如何充分利用各种医学资源，包括教师精心制作的课件。而且，“网上课堂”也包括作业提交和考试信息。许多虚拟环境展现在我们面前，例如计算机支持的IR游戏，将提供给我们演示不同查询条件的检索性能的一个现实环境。功能强大的学习环境，集成了工具、资源和教学法，以提高理解力和巩固学习。

作为Web2.0的典型特征，博客在信息检索教学和企业营销等方面逐渐发挥着强大的作用。在短短的几年时间里，博客已经从边缘逐步进入主流，被应用到众多行业和领域。其特征具体体现为以下三点：①内容个性化。Blog以倒序方式将最新内容放在最前，这样人们很容易接触到最新信息；②充分利用超链接。拓展日志知识范围以及与其他博客的联系，形成一个个“知识分享”的团体；③低成本和零技术障碍。国内外有很多免费的Blog服务提供商，可以在线提供Blog空间，Blog页面很容易生成和更新维护。

近几年来Blog在国内受到越来越多人的关注，Blog已经成为一种新的生活方式、工作方式、学习与交流方式。敏感的教育专家、学者、教师欣喜地发现Blog有着符合远程教育要求的诸多特点，完全可以成为一种合适的网络教育工具，已经着手将它引入到教育中来。例如：上海师范大学教育技术系黎加厚教授，带领研究生利用Blog开展研究性学习；山东淄博电教馆在其城域网上安装Blog系统（http://zbsc.zbedu.net/blog/main/index.asp），为该地区每一位教师开设Blog账户，鼓励教师用Blog进行教学探索。这些都标志着Blog作为教学和学习的工具开始在教育领域中应用。

我们根据需要调整并更新了教学内容，循证医学（Evidence-Based Medicine，EBM）和医学软件（medical software）也被带到网上课堂，图5显示了医学信息检索课程网络教学课件的一般内容。隐蔽网络质量高常规搜索引擎却难以获得，开放存取资源也是一种高品质的免费学术资源，这部分内容也应加到信息检索课程中。例如，较有代表性的是加州大学伯克

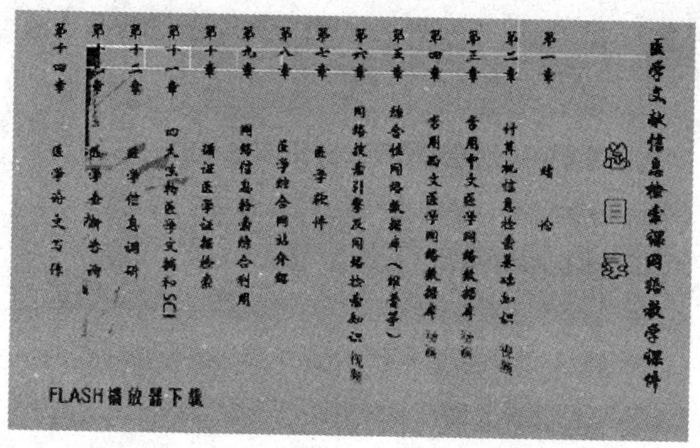

图5　医学文献信息检索课程网络教学课件

利分校的隐形网络教程。再如，美国兰格地亚社区学院图书馆馆员在其“图书馆研究指南”的讲座中，把隐形网络作为开场白，很好地吸引了学生的注意力。因此，隐蔽网络和开放存取资源应作为各高校信息素质教育的一项内容。

由于知识管理的可视化技术在学术和商业领域占有一席之地，我们的网上课堂应用了视频（video）和 Flash 等可视化方式。例如，文献检索和计算机信息检索的基本知识覆盖了很多信息术语和专业术语，教师便可通过视频模式解释它们。然而，具体的数据库检索过程应该通过“屏幕抓图”软件用 Flash 播放。实验证明，这种教学方法是相当有效的，简短的 Flash 片段使学生很容易学习和理解。为了学生便于使用，一般的内容网页都有 Flash 播放器的下载链接，而在线考试系统将使整个教学实现自动化和现代化。

图4 主页的“教学交流”是一个在线自学的好去处，师生可以在这里讨论、交流信息检索策略、技巧、方法和经验。“教学交流”也是一个信息检索教学指南子系统和网络建构主义学习的主要支柱，系统提供交流平台。为了保证课外辅导，这个电子教学平台还直接链接到图书馆的实时虚拟参考咨询台和 e-mail 参考咨询台或读者论坛之类。当然，电子教学平台拥有自己的反馈子系统以便于教师能够调整和评价教学策略。IR 电子教学

网上课堂通过采用PowerPoint，Authorware，Flash，Producer，Media Play VOD等软件产生动态演示，实现动画效果。

网络教学系统的应用，不仅解决了目前信息检索课所面临的教学手段落后、教学内容单一和师资力量缺乏等主要问题，而且使教学内容更富有时代性，知识更新更及时和更快捷。同时，由于其具备方便、直观和交互性强等特点，能够充分调动学生学习积极性，大大提高了教学效果。

第五章

网络知识社区

在科技日新月异的今天，随着电脑的普及和互联网的延伸，网络对社会的生产和人们的工作、学习、生活和生存模式、思维模式产生着越来越大的影响。互联网应用模式开始从传统的“人机对话”逐渐转变为“人机对话”和“人际对话”相结合的模式。Web2.0技术的应用促进了用户体验，集“知识共享”与“网上社交”功能于一身的“知识社区”就越来越受到人们的青睐。

网络知识社区是一种以用户为中心的网络平台和环境，它带来了信息传播的根本变化。因此，研究网络知识社区在信息服务中的应用，将具有一定的理论意义和现实意义。

第一节　网络知识社区的含义

一、社区

“社区”一词是社会学的概念，是由德文“Gemeinschaft”到英文的“Community”，到中文的“社区”辗转翻译而来的。德国社会学家滕尼斯（Ferdinand Tonnies，1855～936），在1887年出版的《共同体和社会》（Gemeinschaft and Gesellschaft）一书中最早提出Gemeinschaft即社区的概念。随后引起诸多社会学者的关注，其内涵也随着研究的逐步深入而不断丰富与发展。德文“Gemeinschaft”一词一般可译作“共同体”，表示任何基于协作关系的有机组织关系。滕尼斯提出的“社区”概念，主要存在于传统的乡村社会中，它是人与人之间关系密切、守望相助、富有人情味的社会团体，连接人们的是具有共同利益的血缘、感情和伦理团结纽带，人们基于情感动机形成了亲密无间、互相信任的关系。滕尼斯没有明确提出社区的地域性特征，它更多的是指人们之间的“社会关系”或“精神共同体”，强调人们共同的社会文化和社会心理、人们之间的亲密关系、相互依赖性和归属感。由此可见，腾尼斯的“社区”概念是人们在追求美好人际关系的内在需要下而提出的一种具有理想化的人际关系的社会共同体。

二、虚拟社区

随着多媒体网络技术的发展，虚拟社区随之产生。虚拟社区（virtual community）是 Internet 发展的产物。成千上万的人聚集在网上聊天、寻找相同爱好的人、辩论某一话题、玩游戏、交流信息、寻找支持、购物、或者只是与别人闲聊。他们进入聊天室、公告牌，加入讨论组，或者用即时消息创建小组。美国学者霍华德·莱茵哥德（Howard Rheingold）在其《虚拟社区》（the virtual community，1993）一书中首次提出“虚拟社区”：因网络而衍生出来的，一定规模的人们以充沛的感情进行某种程度的公开讨论，彼此有某种程度的认识，分享某种程度的知识与信息，从而在网络空间中形成的个人关系网络的社会共同体。

国内外学者基于不同的观点、立场和视角将虚拟社区进行了不同的分类，也给出了虚拟社区的不同定义和称呼，有些学者称之为“电子社区”（Electronic Community，E-Community）、“网上社区”（Online Community）、“网络社区”（Network Community，Web-based Community）、赛柏社区（Cyber-Community）等。但数字社区（Digital Community）或数字化社区、数字园区则主要是指实体社区运用了网络信息技术实现了数字化、网络化、智能化，不在我们研究范围之列。

第一个虚拟社区是建立在 BBS 和 Usenet 之上的。BBS 是 Bulletin Board System 的缩写，即电子公告牌的意思。BBS 与街头和校园内的公布栏相似，不同的是BBS是通过电脑来传播和获取消息，个人都可以通过电脑向BBS发送自己的公告（帖子），除了发表、浏览帖子、版区讨论之外，后来发展的功能还有社区传呼、在线列表、在线聊天等，像一个网上俱乐部。Usenet（新闻组网络系统）是为美国大学校际间开展合作而开发的，它首先作为一种通讯工具被一些大学生所使用，随即迅速在大学生和科学家中流行，从校园、国家流行到全世界，满足了人们交换信息和知识的需求。

虚拟社区由BBS和Newsnet发展而来，它基于Web，功能更丰富强大、界面更漂亮。可以这样说，虚拟社区能提供现实生活社区所需的各种交流手段，也就是在网上构造一个“虚拟社会”，让许多人在这里一起生活，由于人们是以共同兴趣和利益为纽带联结在一起的，因此可以比现实社会更符合自己的理想，更容易找到朋友和维持友情，甚至得到真诚的帮助。支持虚拟社区的技术还有电子邮件、Internet电话，流媒体、照片、声音、网络摄像机（Web Cam）、博客（Weblog，也叫网络日志或网志）、Wiki等技术都可用于虚拟社区。随着计算机体积的不断缩小，以及植入到各种设备中（如衣服、电话等），“泛在计算”（Ubiquitous Computing）的概念开始出现，人们将可通过各种电子化的小型设备参与到虚拟社区中。

不同学者关于虚拟社区的定义整理如下表（见表17）

表17　虚拟社区的定义

学　者	定　义
Harward Rheingold（1993）	人们怀着情感，在网络上进行长久的公开的讨论，在赛柏空间形成网状的个人关系的社会共同体。
Ray Oldnburg（1993）	提供成员表达自我意见与思想的公开的网络场合。
Steven G. Johes（1995）	建构在以电脑为媒介的沟通环境中，社区成员虽然彼此位于不同的地理位置，仍然可在共信和经验下沟通。
Spar&J. Bussgang（1996）	有自己内部形成的规范，和外部网络不同，社区存在的形式以BBS与聊天室为主。
Erickson（1997）	在人数众多的小组之间长期的、计算机支持的交谈。

续表

学　者	定　义
Sproull an Faraj（1997）	人们都有彼此互为成员的观念，通过正式或非正式的方式来形成虚拟人际关系，并发展出强烈的规范与期望行为。
Romm，Plislin and Clarke（1997）	通过电子方式（如互联网）沟通的人群，他们不受地理、物理沟通方式和种族的限制，分享者共同的兴趣。
Carver（1999）	虚拟社区聚集公众。公众吸引到虚拟社区是因为它提供了一个参与的环境。在这一环境中，人们相互联系，有时仅仅只有一次，但大多数是不断进行的一系列交互而产生的一种信任和实在的见识的氛围。
Etzioni（1999）	一群为具有影响力的关系所环绕的个体，有承诺和一套价值、风俗、意义、历史性的认同和文化。
Jones 和 Rafaeli（2000）	计算机支持的空间里的虚拟公众。这一空间是相对透明和开放的，允许由个人组成的小组参加，形成由计算机支持的个体间的交互。
Preece（2000）	一个虚拟社区包含四个因素：人、共享的目的、社区规则、计算机系统。
Balasubraman and Mahajan（2001）	虚拟社区是具备五大特性的任何实体，即人的聚合体、合理的成员、虚拟空间的相互作用/社会交流过程及社区成员间的共享。
Yap（2002）	在互联网中组织起来的社会群体，具有一定的信念、社会形式（如语言等）和成员中创造文化的特点。
Ridings，Gefen，and Arinze（2003）	一群拥有共同兴趣和经验的人，进入相同的网络机制，用一种持续的组织方式进行沟通。
Plant（2004）	一群由个人或组织所集合的实体，不是短期就是长期地通过电子媒介就共同的问题或兴趣进行互动。
Muňiz and Schau（2005）	对虚拟社区而言，一个共同的方面是其先验的、不可思议的宗教体验。

基于以上一些学者的陈述，虚拟社区有以下一些要素（如图6）：①虚拟空间（Place and Virtual）。所有的虚拟社区都建立在网络上，即赛柏空间（Cyberspace），虚拟性是虚拟社区区别于实体社区的重要的定义特性。②技术或电脑系统（Computer System）。用技术支持虚拟社区里的活动。各种定义直接或间接地说明，用计算机和电子媒体来访问虚拟社区。③目的和人群（Purpose and People）。这一群人具有共同的兴趣、爱好，有着相同目的的。④社区政策、规则（Policy）。社区需要一定的政策、规范和规则去指导在线行为，尤其要制定政策，如加入社区的要求、参与者传播信息、知识的风格、可接受的管理、隐私权、违反社区政策的处罚等。⑤象征（Symbol）意义。虚拟社区，跟其他社会结构一样，包含一个象征的维度。在构建社区的过程中，我们倾向于给社区一个象征意义，而不管它的社会或者地理特征。就是对社区有一种归属感。

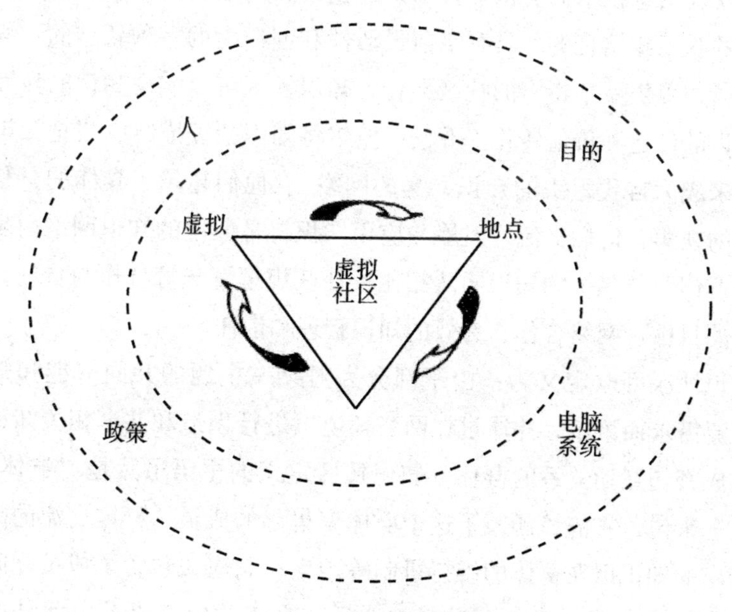

图6　定义虚拟社区的概念模型

综上所述，本书将虚拟社区定义为：具有共同兴趣及需要的人们，在一个有一定界限的网络空间中，遵循一定的规则，通过 Blog、BBS、新闻群组、聊天室和 e-mail 等社会性软件，进行沟通、交流和协作的社会共同体。参与者着重于相互的交流、沟通与互动，进而产生的相互间的紧密和认同关系。

三、网络知识社区

广义的知识社区可（Knowledge Community，简称 KC）以包括某些以知识作为联系的现实社区，如学校成员组成的、以知识分享为目的的社区。而本书讨论的知识社区都是在虚拟社区的基础上以知识的交流和共享为目的建立起来的社区，也叫网络知识社区（Network Knowledge Community）。

网络知识社区像是现实社区的网络缩影，陈禹认为，所谓知识社区，就是在现代信息技术的支持下以知识的创造和传播为目标的、现实的载体和虚拟的联系相结合的、具有空前灵活性和创造力的一种新型的、科学的社区。通过提供一个特定的社区平台，知识社区可以实现知识的显性化来促进知识的创造和价值转化。乔治·波尔将知识社区描绘成“把知识岛屿连接起来成为自我组织的知识共享的网络”。他们超越了具体的学科，引进不同的视角，他们交流、发展并应用知识，是散漫的知识网络内凝聚力最强的群体。与单个的知识团队相比，社区规模意味着合作与责任，体现了相同的目标、网络合作、有效的知识管理和信任。

知识社区可以定义为：由于部分人对某一主题的共同兴趣和知识获取、交流需求而聚集，并通过在网络环境下进行创造和共享相关知识的活动而结成密切互动关系的群体。知识社区定义的主语虽然是“群体”，但从广义上来说，它应该涵盖了这个群体聚集起的成员、群体交流的网络平台、产出的知识以及群体的维持机制等因素；它应该包含了成员之间通过网络环境，因共同的目的而进行的会话、交流的内容以及由此结成的联系。图 7 是 Hoadley and Kilner 对知识社区的 C4P 描述框架。

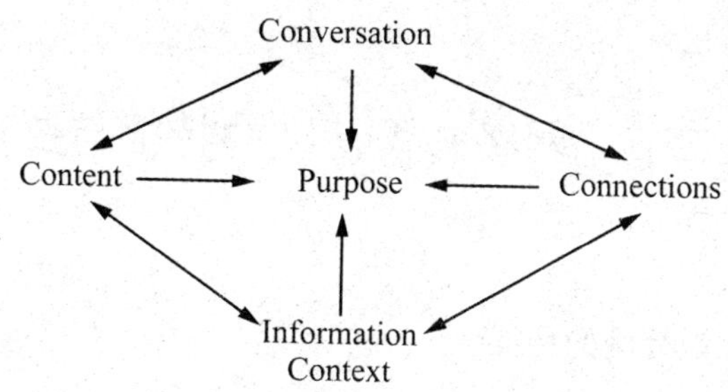

图7 Hoadley and Kilner's C4P 知识社区框架

C4P 框架说明知识社区是一群人通过网络环境（Context），围绕共同的目的（Purpose），就共同的主题内容（Content），互相连接（Connections），进行会话（Conversation），以达到知识获取、知识建构和知识共享的目标。

从知识共享的角度看，知识社区最能发挥隐性知识的传递和知识的创造，是由于成员在社群活动中自发地交换意见与观念，分享新知，因此形成了组织最宝贵的人力资产。当某人离开社群，社区中的其他人可能分别拥有他的部分知识，因而使他的完整知识得以留存。这些知识有部分内隐性质的，无法建立在知识库中（即系统化策略不奏效），知识社区是唯一有效的转移方式，如讲故事等。

网络知识社区可以分为两个角度。一是技术的角度，系统的角度。从系统的角度看，网络知识社区是构筑在网络基础设施之上的更高层的虚拟信息空间，它将人、信息、设施、计算模型等因素组合在一起，通过合作方式完成各项工作。它更多地表现为信息空间建设，按照用户兴趣组成不同的社区空间；更强调跨学科的知识交互和协同工作，是一个自组织、自适应的系统。二是社会文化发展的角度。网络知识社区作为一种新的社会组织形态，它为兴趣和需求所驱动。其本质是以人为本的系统，透过人与人的互动和协作来释放人的潜能；透过提供明确的目标和协作工具来实现知识的价值化；具有开放、合作、交互、知识汇聚的基本特征。

第二节 网络知识社区的特征与要素

一、虚拟知识社区的特征

虚拟知识社区为人类提供了另一类生存空间，尽管这个空间不可触摸，但它以其特有的方式客观存在，与人们赖以生存的真实社区相比具有七大特征。

（一）非地域性

这是虚拟知识社区最重要的特征。互联网使不同地域的人们淡化了地域性色彩的“社区”概念，挣脱地域性的羁绊。虚拟知识社区中人际互动是通过网络的公告栏、论坛、邮件、聊天室等形式实现的，改变了人们面对面的互动方式。互动方式的改变，打破了现实社区的地缘要求，扩大了互动范围；网络提供的便捷、快速的信息传播技术，使“网”内的任何位置的人都可以在瞬间实现互动，延伸和拓展了人的社会化空间。

（二）虚拟性

网络技术将物理的人替换为虚拟的人，将现实中的人与人的关系，替换为数字化关系时，人以及人与人之间的关系，都借助于“比特”以数字化的方式呈现出来。虚拟知识社区是虚拟的社区，也是“真实”的社区。不管网络多么丰富多彩，虚拟空间多么自由开放，网络必须面对的一个现实问题就是同人类现实生活的不可分割性。虚拟知识社区成员永远不可能脱离现实生活而永远生存在虚拟社区中，成员间随着交往的加深，了解的深入，许多交往必须转换到现实生活中来。它拓展了人类生存和发展的空间，并提供了多样的选择性，但是人们在虚拟的时间条件和环境中形成的判断和观念，必须回到现实的实践中去考察和检验。

（三）空间性

虚拟知识社区虽然没有地域的限制，但却有其相对确定的空间。虚拟知识社区的空间不是地理上的空间，而是借助于信息技术建立的数字化空间。在互联网上，不同地域的人们，根据各自不同的兴趣、爱好、目的、需要，汇集于不同的电子空间内，从而形成一个个不同的生活共同体。也就是说，不同的电子空间，将不同的生活共同体相对分割开来，从而有了不同的虚拟社区。如果没有这样的电子空间的分割，就可能因不同的兴趣、爱好、目的、需要的相互冲突而引起网上活动的混乱，不但导致活动效率的降低，而且会使人们无法组织起有序的社区生活。

（四）自组织性

虚拟知识社区中不存在任何专门的行政机构。人们之所以能够在虚拟知识社区中交往，是基于相同或相近的兴趣、爱好，以及互补的利益需求，不需要任何专门的行政机构来规划、安排，而是其“居民”自组织的结果。一个社区要想存在，不仅要求网络管理员提供技术保障，更需要社区成员的投入。社区居民不再是信息的被动接收者和社区设施的使用者，而是信息的主动提供者和社区设施建设的参与者，社区的建设需要集合众人的力量。设计社区的主题、充实社区的内容、共同制定社区的规则并遵守规则都需要社区成员的自我驱动力。

（五）文化的多元性

网络文化不同于普通的地域文化和单一的民族文化，网络文化由于网上思想文化的广泛交流，以及冲突与融合的频繁发生，必然导致多元化和多层次。因而在虚拟社会里多种思潮并存的现象非常普遍，这正体现了网络文化包容、开放的特点。任何人都能够在虚拟知识社区中找到自己的栖身之处，并且还能够找到与自己志同道合的人。

（六）开放性

虚拟知识社区的身份获得没有现实社区复杂，它的身份识别和认证多是出于安全和统计的需要，其管理和监控的功能有限。虚拟社区具有比现实社区更强的开放性。体现在虚拟知识社区成员来源广泛，信息来源广泛，信息共享范围广泛。维系虚拟社区的组织和制度力量比现实社区弱，虚拟知识社区的人际关系和组织是松散的，它以成员共同需要而产生内心认同感。网络虚拟社区的每个成员都可以自由选择自己的身份、立场和交流方法，建立的关系可能会维持，也可能会消失。虚拟社区成员有很大的自主性，可以根据自己的需要在不同的知识社区间流动。

（七）知识性

这是虚拟知识社区区别于游戏社区、娱乐社区、交友社区、爱情社区等的根本属性。虚拟知识社区以知识的互动、共享与创新为运作方式。

二、网络知识社区的要素

无论是现实社区还是虚拟社区，都应具备以下五个元素：共享空间、共享价值、共享语言、共享经验和共享目标。这五个元素是社区的先决条件，但不一定能保证社区的形成。依据每个人看问题的视角的不同以及学科的不同，这些特性也有不同的重要性。因此，对虚拟知识社区也有一些不同的观察视角。

网络知识社区与虚拟社区共同之处是有以下一些核心要素：①共同兴趣和目的。成员有一个共同的目的、兴趣、需要、活动，这些因素是构成社区归属感的主要原因。②信息交换与知识共享。成员间的信息交换、相互支持和服务是非常重要的。成员有权利用共享资源，并制定有关使用共享资源的政策。③规则和礼仪。有一个由交往的习俗、语言和协议所组成的共享情境。④沟通能力。社区是一个社会交际的空间，良好的沟通能力能加强彼此的信任。⑤深度交互。成员积极地、主动地参与到社区之中。参与者之间常常有深度交互、强烈的感情纽带和共同参与的活动。⑥信任和相互依赖。信任和相互依赖是维持个人间良好关系的纽带，也是社区成功的先决条件。

第三节 网络知识社区平台的构建

网络知识社区的构建主要包括两方面的工作：一是从技术角度对网络知识社区进行平台构建，二是从社会角度对网络知识社区进行规则设计。

一、网络知识社区平台的构建方法

虚拟知识社区的建设者都很推崇 Maslow（马斯洛）的需求图表，图 8 解释了人类行为动机的模型。Abraham Maslow 提出人类行为的动因是为寻求从基本生存到自我实现等一系列需求的满足，而只有低级的需求得到了满足，人们才去要求更高的层次。运用这一金字塔理论可以对社区的功能特性进行优先级别的排序，确保已经满足了社区成员的大部分基本需求后，再来提供更高一级的功能特性。

自我实现Self Actualization

自我尊重Self-Esteem/Ego

社会需求Social

安全需求Security/Safety

生理需求Physi logical

图 8　Maslow 的需求图表

（一）网络知识社区平台构建的理论框架

美国国家科学基金（NSF）以“后数字图书馆”（Post-DL）为题，将“知识社区”、“网络基础设施”作为新的资助重点。NSF“创造功能完整的虚拟组织”项目，通过新型网络社区形式，将人、文献、数据、设施、计算模型等因素组合在一起，通过合作方式完成各项工作。在网络环境中，各研究领域的规模不断扩大，许多项目必须在跨学科、全球合作的基础上才能实现。网络基础设施进一步扩大知识经济工作环境，形成更高层次的虚拟信息空间。

1. 5S 理论框架。虚拟知识社区构建采用5S 理论框架。该理论起源于 Virginia 技术学院计算机系的数字图书馆通用定义。5S 理论数字图书馆系统解析为 5 个要素，即数据流（streams）、结构（structures）、空间（spaces）、脚本（scenarios）和社会（societies）。

（1）数据流。指信息传输内容、协议、路径、流动信息和固定信息。数据流要求对协议、日志、时间/同步性、网络存取、混乱控制等因素加以限定，以保证数据流的稳定性。

（2）结构。指网络结构、语法结构、数字对象关联结构等，要求对系统、主题、术语和语法有明确规定。

（3）空间。由对象及运行规则组成，包括数字馆藏的主题范围、信息显示方式和框架。可以采用“虚拟实在”技术构建空间模型，文献空间是的关键。在空间不同层面分布着元数据、引文链接、多媒体系统等因素。文献信息空间的转换形式表现为不同信息格式的压缩和处理方法。

（4）脚本。指对服务、功能、特征和方法描述。脚本直接影响到系统功能的实现方式。脚本作为系统设计的组成部分，能够从用户角度描述系统的外部行为，并为原型开发提供指南和测试尺度。脚本可用于用户需求分析。

（5）社会。指实体、行为和关系的集合体。社会要素体现着数字图书馆的开发目的、用户要求、查询能力和预期结果。在社会层面，“实体”指硬件、软件和网件（包括人），“行为”指实体所做的工作，“关系”指社会实体和活动之间的相互关联。在知识社区的构建中，“社会”的建立是知识社区的最终目标。在“社会”中，用户的信息需求、信息检索认知模型、用户信息行为研究等，构成知识社区构建的研究内容。

2. 系统设计中应体现的个性化理念

（1）个性化定制与信息推送服务。用户可根据自己的兴趣定制所需信息，咨询员利用智能型信息跟踪系统了解用户的需求，在必要时将推荐的页面推送至读者端，使读者能够跟着咨询员的思路，顺着此页面循序渐进，获得最终的解答。

（2）进行个性化信息存储。用户可以将自己的成果、其他已有资源和从网上下载的资料汇集于此，并以适合自己的方式分类以便随时取用，也可将从不同网站获得的个性化服务在此进行整合，而不必登录到不同的网站去获得它们的服务。

（3）个性化的资源显示。即资源的显示，对不同的用户来说适应的显示方式是不同的。系统应该为用户提供不同选择，并记录其个性化信息。

（4）个性化的资源管理。对于面向内容管理员类的用户。由于每个版面的内容是有所不同的，所以在版面资源的组织上也有所差异，用户可以设定自己的管理习惯从而得到更好的管理。

（5）个性化的互动。每个用户在互动的过程中，由于用户本身的个人特点和浏览行为不同，他们在交互过程中表现出来的特性也是不一样的。

（6）开展信息交流与传递工作。用户可以自由地导入和导出有关资源，参加感兴趣的论坛，利用 BBS 或 e-mail 和同行或与自己有相同兴趣的人进行不受时空限制的信息交流与思想交流，或者与其他用户共享公共信息空间中的资料。

（7）开展学习与工作。师生和其他人员提供接受终身教育的机会。用户在虚拟知识社区中可以存储和完成“我的任务”、开辟“我的工作空间”或者每天对学习和工作内容做记录和注释，也可进入其他的工作空间，与他人开展协同工作。

3. 其他相关理论。在系统设计阶段，需要将以下几种理论和机制纳入系统之内。社会学的相关理论：人的行为设计，社会关系分析，人群协作机制；网络组织理论：资源网络的动力学演化机制，社会关系网络、复杂网络的分析与设计；还有主体参与式架构、复杂的非线性协作机制、多层次的反馈循环机制和开放的系统间交互机制等。

（二）网络知识社区平台的构建模型

网络知识社区平台是管理员和网络用户交流信息的开放式网络平台，

在这个平台上用户不仅要能够便捷地获取知识，还要能够参与编辑，贡献和与其他用户分享自己所知的知识。构建网络知识社区平台的目的，是让尽可能多的网络用户参与知识创新，通过交流、互相服务、相互启发，以共同完成知识创新的任务，并将知识创新的成果不断更新完善。因此，网络知识社区平台应该是一个协作式工作的超文本系统。

该系统平台应实现以下目标：①为创新者、管理员和用户提供一个可以互动的信息交流平台，以促进用户间交互式服务的发展；②通过允许用户在该系统平台上编辑修改信息和讨论观点，形成知识共享与积累的服务平台；③采用知识共同体构建服务，吸引本校、本市甚至各地区、各行业、不同专业背景但具有相同兴趣的用户参与合作，形成跨学科、跨行业、跨机构的知识创新团队；④利用系统中各专业研究领域的团队协作与互助，形成知识创新的服务园地；⑤使用即时信息交流功能及广大用户参与的开放性特征，以弥补传统提供知识范围有限和时效性较差的不足。

考虑到 Web2.0 对网络知识社区的要求，网络知识社区平台的构建应是基于 P2P 技术的，构建模型如图 9。

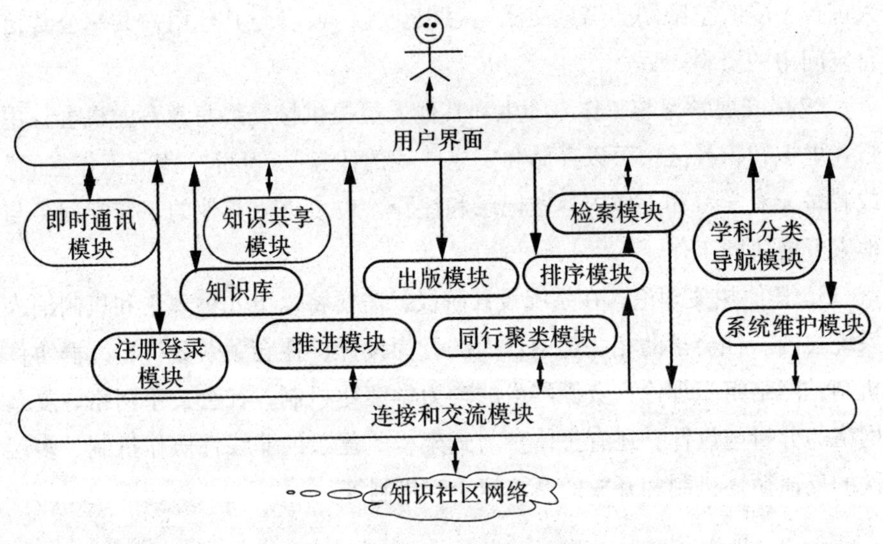

图 9　基于 P2P 技术的构建模型

1. 注册登录模块。该模块主要记录使用信息的用户的基本信息，如用户的姓名、兴趣、专业、研究方向等，这些信息将作为系统使用成员的身份认证和进行管理的依据，存入系统的用户数据库模块中。

2. 出版模块。是该系统的核心模块，网络知识社区内用户可使用该模块中编辑和修改信息，模块将自动将每一次修改的信息存入缓存中，以便社区中用户预览；当用户点击发布后，编辑过的文本信息将存入知识库模块中。对于非社区中的成员，该系统允许其阅读共同体中用户发布的信息，并可在讨论区中发表评论意见，以供讨论和为网络知识社区中成员提供参考。

3. 检索模块。该模块主要是搜索系统中知识库和领域知识库内的内容，以方便用户在编辑和阅读文件时查询所需的相关资料。

4. 学科分类导航模块。该模块将根据专业学科分类原则，按照主题对系统平台上的交流内容进行分类，起到帮助学习者认知网站脉络结构的作用，并可以指导使用者合理利用网站的资源。

5. 知识库。该库可将用户每一次发布的信息进行存储，即可以保存编辑模块中的各项内容的每一次修改版本，并可以按学科知识分类方式罗列出目录。在交流和协作学习的过程中，各项条目将得以逐步的丰富。

6. 排序功能。系统应能够从讨论内容中提炼出关键词，并通过关键词进行排序，即当关键词出现频率大时，将其排在页面前面，从而能将发帖或出版博客等内容最多的人排在前页，也能在首页显示讨论最多的内容。

7. 推进模块。主要指具有 Web2.0 特征的 RSS 订阅功能、标签功能、评论和留言功能模块。

8. 系统维护模块。该模块主要是管理员用来对系统的软硬件环境进行维护使用的。

（三）网络知识社区平台的功能结构

一个完善的网络知识社区应包括以下四个关键的功能：a. 协作服务：提供一个知识共享的学习环境。b. 发现服务：帮助学习者抽取和分析知识学习社区里的信息。c. 知识库：为获取知识提供知识管理功能。d. 知识地图：为知识分类提供模式和图解。网络知识社区功能分为基本功能和特殊功能两方面。

1. 社区的基本功能。主要包括：一是用户与资源的交互；二是用户之间、用户与其他人的交互；三是网络知识社区之间的沟通与交流；四是网络提供的满足虚拟生活需要的资源和环境。网络知识社区的虚拟性，决定其基本功能在形式上有别于现实社区的基本功能。

(1) 注册用户在线协作共同体的功能。具有相同兴趣的用户或是以解决具体问题为目的的用户，可以通过注册用户在线协作共同体来构建虚拟的协作社群，共同体内的成员可由注册者决定，而非共同体成员可以通过发表评论的方式参与协作。共同体是一种开放性的组织，当共同体内成员发现某位非成员有易于该主题的知识创新也可吸纳在内。

(2) 用户交流功能。用户可以通过服务平台相互交流，提高自身的信息能力，业务相关用户还可以在交流中提高其业务能力，体现以用户为本的经营思想。

(3) 信息检索功能。通过检索，用户可以获取自己所需要的信息资源；通过对用户检索的自动分析，也可以更好地了解用户的信息需求，从而围绕用户需求组织和开发信息资源。检索功能：该系统应提供搜索引擎和成果知识库，可为使用者在进行信息的交流和知识创新时，提供相关知识的检索和帮助。系统还应允许用户为发布的信息使用 Tag 标签以作为信息组织分类的依据，由于 Tag 标签能够有效聚合以 Tag 为关键词的内容，因此 Tag 标签在某种程度上也起到了搜索的作用。

(4) 用户反馈信息处理功能。通过对用户的反馈信息的处理，动态地调整用户的个人数据库，根据用户的个性化信息需求来组织和开发信息资源。

(5) 信息导航功能。通过将相关的信息集成起来，可以有针对性地为信息用户提供网络化的信息资源。

(6) 页面锁定功能。对于注册的知识共同体，共同体的注册者对于共同体内成员以外的其他使用者，应可以通过页面锁定技术将页面内容锁定，从而使非共同体成员只能浏览不能编辑文本。

（7）排序功能。系统应能够从讨论内容中提炼出关键词，并通过关键词进行排序，即当关键词出现频率大时，将其排在页面前面，从而能将发帖或出版博客等内容最多的人排在前页，也能在首页显示讨论最多的内容。

（8）分类功能。该系统应支持学科分类，并应能够根据分类在不同的文章之间自动产生关联，这种功能有利于对服务平台上的知识进行有效组织，从而方便用户获取知识资源和对知识资源进行有效管理。

2. 社区的特殊功能。特殊功能也叫扩展功能，是 Web2.0 和图书馆 2.0 新环境下的功能也是推进模块的功能。在构架上须体现两大宗旨：即强大的后台系统和简单的前台页面，它们为用户提供良好的用户体验，体现以用户为中心，技术服务用户的宗旨。Web2.0 网站常用功能块通常包括以下几大项：

（1）标签功能。Tag（中文叫做“标签”）是一种新的组织和管理在线信息的方式。它不同于传统的、针对文件本身的关键字检索，而是一种模糊化、智能化的分类。网页使用 Tag 标签的好处：为页面设置一个或者多个 Tag 标签可以引导读者阅读更多相关文章，为别人带去流量同时也为自己带来流量。可以帮助读者及时了解一些未知的概念和知识点，提高用户体验。Tag 是用户意志和趋向的体现，可以帮助用户找到兴趣相投的人。

（2）RSS 订阅功能。RSS 是在线共享内容的一种简易方式（也叫聚合内容，Really Simple Syndication）。通常在时效性比较强的内容上使用 RSS 订阅能快速获取信息，网站提供 RSS 输出，有利于让用户获取网站内容的最新更新。网络用户可以在客户端借助于支持 RSS 的聚合工具软件（例如 SharpReader、NewzCrawler、FeedDemon），在不打开网站内容页面的情况下阅读支持 RSS 输出的网站内容。RSS 订阅方式：订阅到客户端软件如周伯通、遨游浏览器 RSS 阅读、Foxmail RSS 阅读等，此方式使用者较多订阅到在线阅读（聚合类）门户网站，如 Google Reader、Yahoo Reader、抓虾、Gougou 等，省去了安装 RSS 阅读器的麻烦。RSS 订阅功能的最大好处是定向投递，也就是说 RSS 机制更能体现用户意愿和个性，获取信息的方式也最直接和简单，这是 RSS 订阅功能备受青睐的一大主要原因。

（3）推荐和收藏功能。说到推荐功能，不仅 Web2.0 网站在大量使用，传统的以内容管理系统（CMS）平台为代表的内容模式网站也在大量使用，推荐功能主要是指向一些网摘或者聚合类门户网站推荐自己所浏览到的网页。当然，一种变相的推荐就是阅读者的自我收藏行为，在共享的模式下也能起到推荐的作用。比较有名的推荐目标有以 del.icio.us 为代表的网摘类网站，包括国内比较有名气的 365key、和讯网摘、新浪 vivi、天极网摘等。

（4）评论和留言功能。Web2.0 强调参与性，强调发挥用户的主导作用。这里的参与性除了所谓的订阅、推荐功能外，更多地体现在用户对内容的评价和态度方面，这就要靠评论功能块来完成。一个典型的 web2.0 网站或者说一个能体现人气的 web2.0 网站都会花大量篇幅来体现用户的观点和视觉。如 web blog，其评论功能已经成为博客主人与浏览者交流的主要阵地，是体现网站人气的最直观因素。评论功能块应用在博客系统中实际上已经和博客内容相分离。评论功能块直接制造了内容，也极大地体现了网站的人气，所以说评论功能块是 Web2.0 网站最能吸引用户参与的模块。

Web2.0 网站倡导的是集体创作、共享资源，靠的是人气，体现的是参与性，一个没有参与性的 Web2.0 网站都不足以成为 Web2.0。以上提到的这几个功能块就是以吸引用户参与和引导用户参与为目的的，真正的 Web2.0 是要让浏览者不仅成为内容的消费者，而且要成为内容的创造者。

二、网络知识社区平台的设计策略

（一）网络知识社区平台的设计原则

从社区网站本身设计的角度，虚拟知识社区首先是虚拟社区，虚拟社区的设计原则同样对它适用。设计虚拟知识社区需要遵循九大基本原则。在网络知识社区的建设中，应注意两个方面的问题：一是与全民终身教育紧密相连，普及终身教育是学习型社会的基础；二是建设网络知识社区要在借鉴世界先进经验的基础上，具体考虑我国的国情。在此基础上，网络知识社区的建设应考虑以下具体原则：

1. 第一个原则。设计时要着眼于发展和变化（如图 10）。作为一个社区建设者，最具破坏力的错误就是对社区的早期设计过细、过于具体，而在设计模式和技术平台上投入过大，这会导致后期的改变和更新难度增大。成功的、永久的社区几乎都是从小规模的、简单的和集中的模式开始的，然后逐渐有机地发展完善，如增加广度、深度和复杂度以适应社区成员的需求和环境条件的变化。无论你的网络知识社区整体属于什么模式，归为何类，随着社区的发展，都会出现归属于不同种类的子社区。尤其对于那些规模庞大、包罗万象的社区，这种子社区就更容易产生。有的子社区叫频道，有的叫版块，有的叫主题团组。无论何种名称，功能都是一样的。

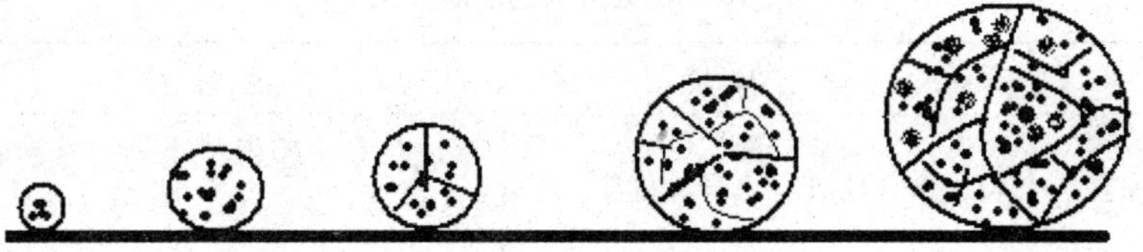

图 10　设计时要着眼于发展和变化

2. 第二个原则。建立和维护反馈循环（见图 11），第二个原则与第一个原则密切相关。成功的社区的建设是一个不断地在计划、组织和运作管理工作与社区成员的建议需求和创意之间的平衡过程。建立和维护反馈循环可以解决上面的问题。

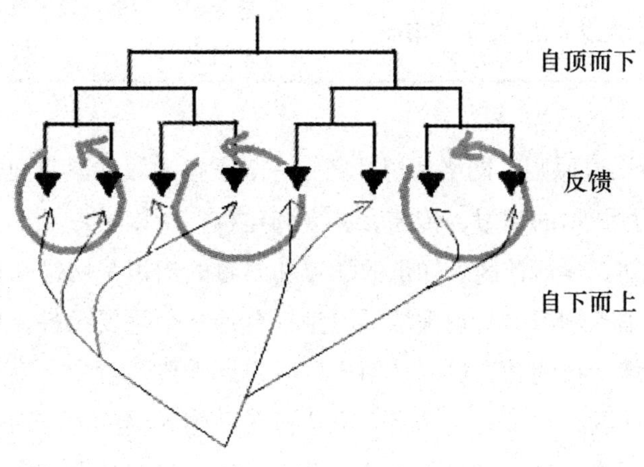

图 11　建立和维护反馈循环

3. 第三个原则。逐渐赋予社区成员更多的权利，该原则由上面的原则引出。在初期阶段，社区设计者需要明确社区的主旨，选择社区功能，设定一个具体的社区基调，但是随着社区的发展日趋成熟，社区成员会逐渐地在建立和维持社区文化中扮演更重要的角色。所以，社区设计者必须制订一个渐变的策略来充分利用社区成员的贡献和力量。表 18 列出了从基本到抽象的各级需求在网上及现实环境中的具体表现形式。社区成员需求逐渐增加，权利也应逐渐增大。

表 18　各级需求的表现形式

需 求	现 实 环 境	网 络 上
生理性	衣、食、住、行、身体健康	系统登录、能保持个性、参加社区活动
安全性	远离犯罪和战争、生活在公正的社会中	远离黑客和人身攻击、拥有平等的“游戏空间”
社会性	能够付出和得到爱、归属于某个群体	属于整个社区、属于社区中的某个小组
自我尊重	自爱自重、能赢得别人的尊重、为社会做贡献	能为社区做贡献、得到社区的承认
自我实现	能发展技能、实现潜能	能承担社区角色以发展技能开拓新的机会

4. 虚拟学习原则。网络知识社区是一个虚拟学习共享空间，在此空间内各成员进行知识的学习、传播、共享和建构，所以学习社区、知识社区也通常叫做知识学习社区。知识的学习和学习的知识是网络知识社区的特征和要素。虚拟学习是实现虚拟学习型社会的一个重要条件，也是虚拟学习型社会持续运行的动力机制。用户可以根据需要任意向咨询员咨询资源利用的相关问题，也可通过网络自由选择自己感兴趣的内容而不受时空限制，这就为用户人人、时时、处处皆学的虚拟学习型社会理念提供物质的方法基础。

5. 用户为本的原则。遵循该原则在建设网络知识社区过程中具有特殊意义。一方面这是学习型社会的理念所决定的。按照联合国教科文组织的观点，学习型社会就是一种教育社会，是人人皆学、时时皆学和处处皆学的社会。在这样的社会中，教育"虽然建立在从最近的科学数据中抽取出来的客观知识的基础上，但它已不再是从外部强加在学习者身上的东西，也不是强加在别的人身上的东西。教育必然从学习者本人出发的"。人是社会发展的第一主角，又是发展的中级目标。

建设学习型社会必须遵循以人为本的原则，具体到网络知识社区就是遵循用户为本的原则。这就应把用户的个人需求（信息查找需求、知识获取需求）和用户的个人学习特征（学习动力特征、时间选择与安排、需要类型、兴趣特征等）的培养作为网络知识社区形成和发展的根本动力之一，克服传统教育仅仅重视知识和智力发展而忽视学习者情感系统发展的缺陷，注重学习者（用户）非智力因素和学习动力系统的培养，使之更依赖于学习者能动的选择和创造性的发挥。

6. 社区本位原则。遵循社区本位的原则是虚拟学习社会建设的一个核心问题。该原则有三个方面的含义：一是建设网络知识社区要立足于单个网络虚拟社区为基本单位，通过网络互联来促进全球知识共享，达到建设虚拟学习社会的目标。二是网络知识社区的建设要依据社区发展的需要，根据特定的社区发展的规划和需要展开，具有各自特色和强烈"个性"。三是网络知识社区整体发展与网络教育发展在目标和利益方面高度统一。

7. 内外结合原则。内外结合原则主要包括两方面内容：其一，是虚拟知识社区与现实空间相结合。其二，是国内外相结合。网络将全球形成一个"地球村"，国内与国外信息和知识资源已突破了地域空间的界限。借鉴国际先进经验是必然的；但同时，文化的民族性和教育的本土化等问题也日益凸显出来。故图书馆虚拟知识社区的建设要首先考虑内部条件的作用与影响，特别是在"软环境"的建设方面必须充分体现本民族的文化特征，同时兼顾外部影响。

8. 持续发展原则。可持续发展是当代人类一种新的发展观。一方面，虚拟知识社区具有生长的过程，其生长遵循人类社会变迁和发展的基本规律。不可持续发展观在知识社区的生成过程中会阻滞其生成和发展，必须摈弃它。另一方面，真正的网络知识社区应以服务和使用为纽带，应以教育和学习为纽带，把图书馆信息服务、知识服务、个人学习、个人需要与社会教育、社会发展有机结合起来，最大限度地利用、开发网络资源、社会资源和每个人自身的资源和智力资源，从而最有效地通过教育、服务和知识学习手段推进人与社会的可持续发展。

可持续发展原则要求应综合考虑：一是人的可持续发展，把人（用户）的可持续发展作为首要的目标。二是可持续发展要求优化文化、教育和网络资源配置，合理地处理平等与效益的关系。三是网络知识社区教育系统与其他系统的资源共享与交流。虚拟知识学习社区的一个重要特征就是全社会的资源都可作为学习资源而共享，政治、经济、文化、国际等系统的资源都可充分发挥其教育的功能。所以，在建设网络知识社区过程中，应建立一种社会不同系统之间资源共享的运作机制，保证社会资源的全面共享。

9. 标准动态原则。建设网络知识社区，要依据虚拟知识社区理想的要素或特征，构建一个蓝图或标准体系。例如网络知识社区的技术选择、社区的学习环境、社区成员类型、社区的学习资源/信息资源、社区成员的学习时间、教育民主化程度、学习内容的类型等等方面要有完整的量化或定性指标。最初应依据社区基本情况，在上述每一个方面制定一个最低的量化指标，在此基础上依据网络知识社区发展状况，不断地提出更高的标准，用理想化、动态化的标准体系有序地、循序渐进地引导网络知识社区的建设。

（二）知识社区平台的设计应注意的问题

作为知识社会的新型信息空间，知识社区的构建以信息空间为重点，属于高层次的信息组织和交流形式。要成功地构建和维护一个网络知识社区，社区的运营者和管理者不仅要提供先进的知识组织工具，更重要的是通过共同关心内容的引导和活动的组织，营造一个平等沟通的环境，有时也要与传统形式（如学术沙龙、专题座谈、俱乐部等）相结合。技术的发展、社区的组织架构、个体和群体的行为管理方式、智力所有权、知识产品的价格构成、社区的效益测量和评价等，都要被重点关注。

网络知识社区是由成员自发形成的有机组织。理想状态下，社区应该由成员自行创建，试图“自上而下”成立社区很容易遭到失败。然而，组织可以为知识社区“播种”。组织中有知识流动的任何领域和部门都是成立实践社区的潜在对象，但创建一个新社区的最大推动力还是来源于组织人员具体的需求或对某个问题的认识。因此，创建社区时必须考虑到以下几点：

1. 定义网络社区的知识范围并清晰表达社区主旨。要确定社区的知识领域。每个知识社区都有一个核心的知识领域，它可以是一个综合学科，可以是一个专业学科，也可以是某些特定的问题或主题。当然，别出心裁的标语口号更能吸引人。如网络知识社区作为各学科的交流平台，以综合学科为讨论话题的大型社区可以用“知识中心”、“知识集市”的标语口号概括社区内容；子社区也可以具有自己的口号。

2. 确定社区成员。谁将对这个社区做出重要贡献？谁是知识社区主题的专家、可能的管理者和推动者？谁是知识社区的管理员？这些角色是大家自愿担当，还是只能由指定的人担任？

3. 识别共同的需求和兴趣。实践中会有一些什么事件涉及社区的知识领域？社区成员会对它的什么方面感兴趣和有热情？他们希望如何从社区中受益？

4. 清楚社区的目的和价值。社区要解决什么问题，满足什么需求？社区要达到怎样的目的，受到何种成果？社区应该如何，以及怎样为组织增加价值？

5. 个性化理念的体现。如何针对不同的用户提供独特的知识分享平台？如何充分体现社区成员的个人特征？如何充分调动每个成员的参与热情？

确定了以上问题之后，就可以开始着手知识社区创建的具体计划了。此时需要设计的是：

1. 所创建的知识社区涉及哪些领域，哪些技术？

2. 有哪些必要的功能模块，功能之间如何协调互动？

3. 本社区系统和外部系统如何交互合作，如何限定访问权限？

解决了以上问题，就可以进行网络知识社区系统的设计与实施了。

第四节 网络知识社区的运行机制

一、网络知识社区的生态系统运行机制

通过技术设计和规则设计，网络知识社区构建基本完成，网络知识社区可以正式运行。本书试着用生态系统分析法对网络知识社区运行作简单的分析，以此了解网络虚拟社区运行后可能会遇到的困境，并在分析基础上展望网络虚拟社区的发展前景。

（一）网络知识社区生态系统各构成要素分析

网络知识社区是新型的、特质的、复杂的、适应性系统，它并非在真空中运行，而是运行在一个复杂的生态系统之中，是一种基于生态学习观的学习活动系统。复杂系统的一个明显的特征就是系统所特有的整体性，各个子系统之间高度的相互关联性。迁移到图书馆知识社区环境中，就是构成知识社区的各个要素之间的相互作用、相互依赖，共同形成一个整体的学习环境，一个整体的知识建构和知识共享环境，这样的环境是一个正在进行的、目标导向的、具有辨证结构的、工具中介的人类互动。

网络知识社区实际上也可看做是一个实践社区、学习社区，根据活动系统理论，一个网络知识社区是由用户个体（或学习者个体）、用户共同体（或学习者共同体）、社区目标和知识、工具资源以及规则和学习活动分工等互动的要素组成的（如图12），下面从静态的观点分析网络知识社区各构成要素。

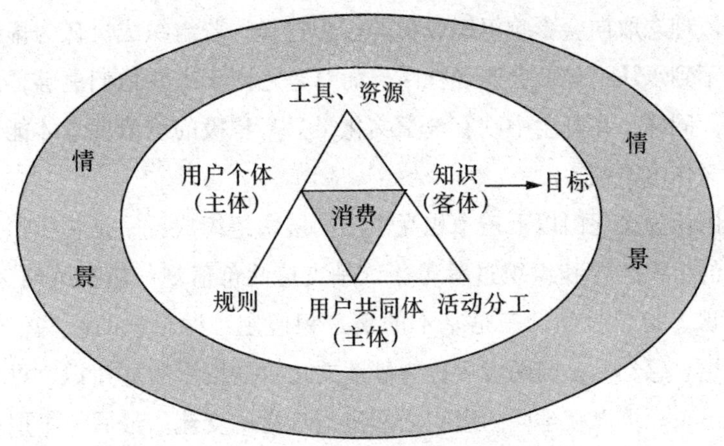

图 12 网络知识社区系统结构模型

1. “情景”分析。情景是人与环境相互作用而形成的“生活空间”，是对人的活动产生直接影响的具体的社会事态、背景因素。“情景与人的活动之间存在着交互作用关系，它总是由人构建的、创造出来的，又反过来影响着人的行为，制约着社会事件发展的事态”。由此可见，人类活动总是发生在某种特定的情景脉络中的，人和活动都是社会性的。由于网络知识社区包含了学习活动，从生态系统的角度看，网络知识社区中社区成员的学习也总是与一定的社会文化情景脉络相联系，是个体在社会支持系统下与知识的互动，从而建构关于知识的意义，同时形成社会化自我的过程。

网络知识社区“情景”主要指网络文化情景和基于信息、知识获取和传播的学习情景两大方面。

(1) 网络文化情景。网络知识社区存在于特定的组织环境中。作为一种组织，其组织职责、组织目标和策略、组织流程和程序、组织文化和资源、组织实体基础架构和技术基础架构等构成了网络社区运行的外在情景。从某种程度而言，在这些情景要素中，组织文化是网络知识社区运行的最大的影响因子。网络文化中的组织价值理念、高度竞争文化与信任感可能会构成影响网络知识社区正常运行的关键因素。

组织的价值理念是指组织对组织成员是否合格或是否优秀的看法。不同的价值理念取向会影响组织成员的行为选择，若组织成员认为虚拟知识社区得不到承认，他就会避开社区，而总是趋向于那些他们能够得到承认的事情。同样，在师生中则有教学文化，只有积极的价值理念才能促进人们对社区作出贡献。

沙因认为文化由以下三个相互作用的层次组织成：一是物质层：可以观察到的组织结构和组织过程等；二是支持性价值观：包括战略、目标、质量意识、指导哲学；三是基本的潜意识假定：潜意识的一些信仰、知觉、思想、感觉等；前两者可称为显性文化，是组织的显知识，可以清晰地表达出来，可以在不同的组织之间进行广泛的交流。最后一个层次是组织的隐性文化，是组织的隐知识，是组织独具的特色，使得一组织区别于另一组织，它表达了组织员工对组织的认同感。故不同网络的虚拟知识社区有自己独特的文化情景，因而社区也是各具特色的。

（2）学习情景。这里的"学习情景"并非指学习所发生的具体的、局部的场景，而是真实行为所发生的社会网络和活动系统。在一个网络虚拟知识社区的学习情景中，情景总是能够将时空等环境的所有构成要素以适宜的方式编织起来。个人、内容和情景之间的交往产生了学习，建构了意义。

使学习者的学习环境尽量贴近真实的实践，可以帮助学习者利用自己原有认知结构中的有关经验去同化和建构新知识。建构主义学习环境关注的是学习任务、学习内容的真实情景化，强调将所要学习的知识置于真实或虚拟真实的情景中，从而克服传统学校学习脱离现实生活、抽象的个体性学习所产生的迁移问题。所以虚拟社区中意见领袖或专家通过讲述故事等方式，社区其他成员透过倾听、对话以及阅读，能迅速掌握知识、领会要义。

2. "用户"分析。网络知识社区的用户就是社区组织中的组织成员、使用资源的用户以及借助网络社区平台进行知识交流和共享的用户。用户的工作或学习特征、知识现状、个人需求、经验、行为取向等因子都会影响用户网络社区的运行。

用户主体首先是以个体形式——"我"的形式存在。在知识经济时代，在建构主义理论的指导下，人人都是知识社区中自主的学习者个体，建构主义强调用户作为认知主体的主动性和重要性，学习者不是知识的被动接收器，而是知识的主动建构者。而学习者（用户）主动建构的关键，就在于根据自己的先前知识、经验，对要学习的内容加以同化或顺应，并赋予其意义。

网络知识社区最重要的特征是协作，包括组织成员与用户之间、组织成员之间、用户与用户之间的协作，甚至在必要时还可将从事具体实践领域的专家引入到网络知识社区中来，参与同用户或学习者的讨论交流。各实践领域专家通过社区的 e-mail、BBS、Blog、Wiki 等方式提供与所学内容有关的各种实际例子、个案研究，提供反馈信息，展示各种不同的观点和解决问题的策略。故个体与个体之间通过紧密协作、合作结成一个用户群体，或用户共同体。如，专家指导新手，专家之间互相交流等协作。

3. “目标”分析。网络知识社区作为一种新型的知识环境、学习环境，其目标是生成性的，主要是指在一定的学习情景之中，随着学习过程的展开而自然生成的目标。作为知识的生态系统的要素，它是社区成员与情景通过交互作用自然引发生长而成，而非社区外部力量的强加。社区的目标并非仅局限于共同的学习主题，而是体现在学习实践中的学会学习的能力。因为它的自然生成性，所以才能保证社区中所有成员的需求都能得到满足。因为它的自然生成性，整个社区才能作为一个自组织的生态系统而得以生长发育。

4. “知识”分析。网络知识社区中处处体现着学习，学习是一种群体实践的活动。首先，社区内的知识具有生成性。由于社区的目标之一是培养多样化的个人专长，故应该培养他们对其所研究的主题的深度理解。知识的生成性和丰富性就显得十分重要。内容主题不能随机地选择，而是要选出某一学科领域中的那些与实践紧密联系的主要原理和思想的深层次的、核心的知识，它们对于理解其他更宽、更广的主题，是具有基础性、生成性的作用的。而且，知识是螺旋式增长的，即在知识社区内就个人所学内容的探讨，将会引导个人去寻求更多、更具深度的知识，然后与其他社区成员分享，而这种分享反过来又丰富了成员的个体认识。由此，在集体知识的生长和个体知识的增长之间，就会产生一种相互影响、相互支持、交互促进的关系。在图书馆知识社区中，知识通常是通过以个体参与者的感知及他们相互间的沟通交往为基础的体验与叙述而形成的。其次，社区内的知识具有文化相对性和分布性。传统学校里教的知识，是套装知识。套装知识只是知识的一部分。什么是套装知识？把人所认识的时间的整体样态，经大幅节选，抽调个人的特殊经验，留下那些较被公认的材料，再经分门化、客观化、抽象化、系统化，甚至标准化的细密处理，编制而成的知识体系，便是所谓的套装知识。一般说来，教科书上所铺陈的材料，便是套装知识的典型。

套装知识之外，长期被遗忘的是人最真实的经验知识。“经验知识”不是肤浅的所谓通俗知识。相对于静态的套装知识，经验知识是动态的。经验知识是以学习者为主体，不断与学习者的经验起了共鸣或冲突而发生的知识。例如，人生产知识、创造知识的活动记录，或以问题为中心，让学习者一步步去参与知识建构的探索历程，往往最能吸引学习者投入其间，催化人的知性成熟。事实上，世间所有的知识不过是人的经验，不过是不同时空下的人类面对世界时所经历、发掘或刻画出来的集体或个体的经验。所以教育改革的内在的核心问题，是知识如何重构，亦即如何把套装知识解构，使它与经验知识相互融合。经验知识不再是客观的、绝对的了，它具有相对性、分布性，是价值负载的，负载着社会的意识形态。知识是由生存于具体的社会历史文化环境中的认识主体，从其自身的认识能力、兴趣及利益出发，对认知对象主动选择和建构的结果。

总之，网络知识社区中的知识是指社区内的实践，它不仅包括了内容知识和技能，还包括学习的活动和经验、社区中的惯例等等。

5. “工具及资源”分析。在知识社区中，工具、资源等人工制品在人们的思维与行为之间起着中介性的作用。工具和资源是用户主体作用于知识客体的手段，包括物理的和符号的、内部的与外部的各种起中介作用的手段，如仪器、视听工具、计算机等物质工具，以及符号系统、理论、方法、模型、组织形式，社区内各成员的专长以及整个社区的集体知识与技能等精神工具。

为了支持用户（学习者）的主动探索和完成意义建构，在学习过程中要竭尽所能地为学习者提供各种必要的学习工具和信息资源。首先，知识社区中的工具具有支持性。如提供多种生动形象的视听工具，以及基于计算机的支持学习者探究、表达和反思的知识建构、对话与合作工具（包括E-mail、BBS、远程会议系统、聊天室、博客、维基等）。另外，社区成员本身的知识与专长，以及社区的集体性知识和技能，都被视为重要的工具和资源，这些工具和资源的共享，将会对知识社区目标的达成作出贡献。

6. “规则”分析。知识社区中的规则，是指管理和完善社区成员个体和群体（或共同体）之间交往活动的程序，是规范和约束社区活动的外部规定、法则、政策和惯例，以及知识社区成员之间的内隐的社会规范、标准和关系。规则指导着能够为知识社区所有成员所接受、所执行的实践活动，调整着整个社区的活动及各种交互关系。社区中的规则不是法定的，而是成员间协商、协议、相互调适而制定的。规则是知识社区中“交互”子系统得以维持的关键，其形成是一个自组织、自适应的过程。

7. “活动分工”分析。人之所以能够组成社会群体，是由于群体中的人们有区别、有分工，所以才能协调和协作，形成群体的统一性和整体性，从而整合成强大的社会力量，以完成复杂的任务。知识社区成员之间已建立起来的规则框架内的活动分工，实际上就是社区中不同角色的设立和扮演，就是要使成员准备担当自己未来的角色和责任。

网络知识社区中任务分工有两种形式，一种形式主要表现在横向的合作分配，是指水平相当的同伴间进行劳动分工，使其各有使命，通过平等的对话共同完成对社区知识的学习。另一种则表现为纵向的协作式的任务分配，即在某一领域或某一方面的学习中，新手和专家有着不同的任务，发挥着不同的作用，新手是在专家的示范、支持和帮助下完成学习任务的。总之，知识社区中的活动分工是非常重要的，它是社区成员间合作的基础和前提。

（二）网络知识社区复杂的生态系统

从自然角度看，根据生态学的定义，生态系统是指在无机和有机之间，由生产者（植物）、消费者（动物）和分解者（微生物）构成的系统。

从社会角度看，我国学者给生态系统所下的定义是："在一定时间和空间范围内，由生物群落与其环境组成的一个整体。该整体具有一定的大小和结构，各成员借助能量流动、物质循环和信息传递而相互影响、相互依存，并形成具有自组织和自我调节功能的复合体。"

而图书馆知识社区正是具有一定大小和结构的人群借助信息传递、知识分享而相互影响、相互依存，并形成具有自组织和自我调节功能的复合体。社区的形成是一个动态的过程。根据活动系统理论，按照功能将网络知识社区划分成四个子系统：消费子系统、生成子系统、交互子系统和分配子系统（如图 13）。

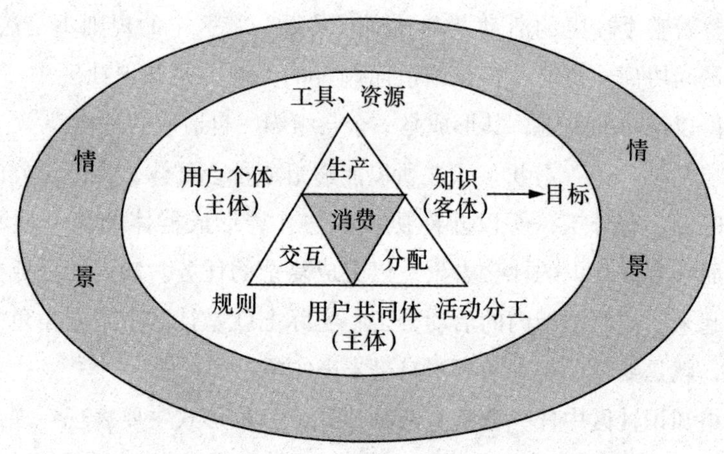

图 13　网络知识社区各要素间的互动关系

1. 消费子系统。消费子系统涉及的是社区中主客体之间的关系，描述了用户个体与其周围的群体合作学习有关的知识，从而达到整个知识社区的目标的动态过程。之所以称其为"消费系统"，是指用户个体与其所在的群体，通过他们所实施的学习活动，消费了知识社区的能量和资源，即对学习工具和各自的专长加以利用，从而实现客体（知识）的主体化。消费子系统中的三个要素之间是相互依赖的关系。具体而言，个体与群体为实现对知识的加工、习得而产生了各种交往互动，由此占有了客体即社区的实践。

该子系统是知识社区的核心，系统中三个成分之间积极的相互依赖是社区学习成功与否的关键，是社区成长的张力所在。个人在不同的情景中可能会单独活动，可能会自学，但其自主学习的意识、情感、完成学习任务的能力等，都是有其所在的共同体（社群）早已决定的。共同体是由共同拥有着同样的目标和兴趣、具有与其他共同体相区别的同一种身份的个体组成的群体，它大于任何单个的成员，因为它能够囊括所有成员的观点。一般而言，建立群体共同的目标与奖赏，可以提升学习者彼此间的相互依赖。共同的目标的认同和实现有助于社区成员形成社区意识和集体性意识，从而产生对该社区的归属感。

2. 生产子系统。生产子系统是知识社区中一个基本的子系统，是知识生产的过程。知识社区的生产子系统是由用户个体（主体）、所需学习和掌握的知识（客体）、活动中所使用的工具、资源以及社区的目标等构成的。知识社区中的学习是一种“分布式认知”（distributed cognition）。“分布”，即去权威、去中心。由于知识分布于整个虚拟社区中间，也就是说，社区的每个成员都有着与需要学习的知识相关的专长，都能为社区做贡献。社区成员在消费知识的同时，也在生产知识或者将要生产知识。因为社区中的分布不是平均分布，允许成员间有差异，有变化，允许一名用户在这一方面是专家，而在另一方面却是个新手。当然，新手通过积极地参与社区活动，经过一定的生命周期，将逐渐晋升为专家或社区领导。

3. 交互子系统。网络知识社区中的交互子系统也涉及三个构成成分，分别是用户个体、调节和约束社区活动的规则以及作为学习的社会环境的用户群体，这三者之间的交流就决定了整个知识社区中文化的性质和氛围。网络知识社区由于用户个体是管理员、教师、学生或者热爱学习、乐意接受继续教育、终身教育的有志之士，他们对网络资源的利用也颇感兴趣。

言其“交互”，主要是指在规则的调节下，用户个体与群体之间进行着交往互动，共同完成着社区内的学习实践活动。在交互子系统中，规则是十分重要的，因为它描述了知识社区是如何运作的、它的信念以及它所支持的不同的活动方式，规定了各成员的角色和责任，其生成主要是社区成员之间互相协商的结果。

在网络知识社区中，主要有两种人际交互方式：一种是横向协商的共同构建式，以合作学习为典范；一种是纵向交往的师徒授受式，以各种学徒式学习为主要策略。人机交互主要指个性化定制和个性化服务。

4. 分配子系统。分配子系统通过确定社区活动分工，从而把知识内容与用户联系起来。在任何一个系统中，活动的分配情况在某种程度上都是由组织的文化所决定的，同时反过来也决定着组织的文化。

二、网络知识社区的管理机制

组织内网络一个特殊的形态——实践社区，越来越被认为是组织内的重要结构。这个网络结构非常适合跨部门的发展和共享知识和实践。Gilbert Probst 和 Stefano Borzillo（2008）探索和研究了实践社区成功和失败的最突出的原因。他们通过从 57 个欧洲和美国著名的公司的调查得出知识社区的成功发展和共享最佳实践的十条“戒律”，同时还确定了知识社区失败的五个原因。

知识社区成功的十条“戒律”：①坚持战略目标；②形成主办者和社区领导者的管理委员会；③把目标分成子任务交给社区成员分别完成；④要有一个主办者和社区领导者；⑤提供外部专门技术和专家意见定期或不定期地支持社区；⑥促进组织内和组织外知识社区的交流访问；⑦知识社区领导者必须扮演驱动器和推动者的角色；⑧克服层级压力 Overcome hierarchy-related pressures；⑨提供主办者可测量的成绩；⑩说明社区成员的结果。

知识社区失败的五个原因：①缺乏一个核心组；②成员间低水平地交互；③能力的僵化性（Rigidity of Competences）；④缺少社区认同（Lack of identification with the CoP）；⑤实践的不能把握和不可解性（Practice intangibility）。

（一）宏观管理机制

网络知识社区成员的联系建立在自发合作和分享知识的欲望上，网络知识社区是最基本的自组织系统。从知识社区成功和失败的经验得知，尽管知识社区是一个自发组织，它还是需要内部科学的管理和外部组织的认可、支持，这样才能保持社区的高效运作。要发展和培育实践社区，宏观管理策略有以下面六个方面，管理模型如图 14。

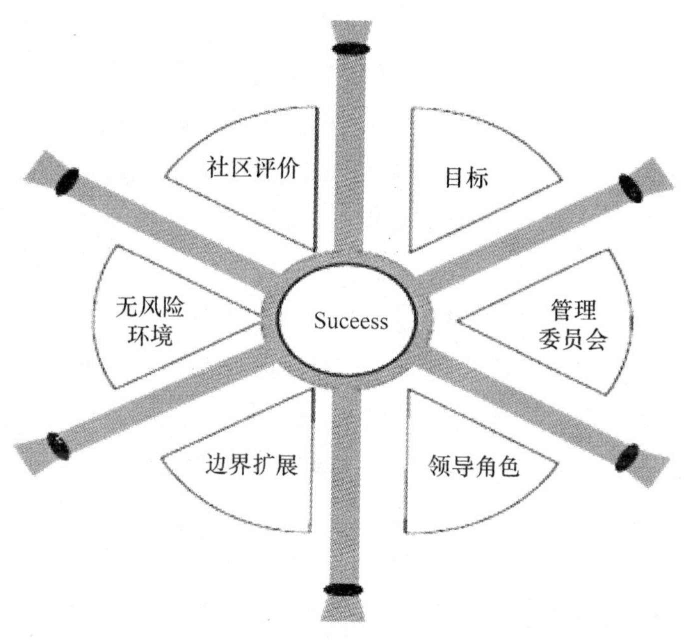

图 14　知识社区的车轮管理模型

1. 目标。明确的社区目标可以使社区成员清楚地知道自己的责任和义务，刺激成员更加积极地为社区作贡献。

2. 管理委员会。组织的支持是组建实践社区的前提条件。要成立一个管理委员会，使社区活动合法化。公开承认网络知识社区在跨组织传递知识中的作用，允许社区成员花费时间参与。相关管理阶层需要关注社区，积极提供活动的时间、资源和环境，以帮助社区挖掘全部潜能。通过与 KC 成员的在线协作，紧跟社区发展和知识共享。

3. 社区领导角色。大力发掘实践社区的核心人物——社区的组织、维护和协调者。知识社区成功的关键因素是要有组织和维护社区的协调者。这些人是社区的核心人物，他们的身份受到全体成员的认同。他们鼓励人们参与实践社区，并让人们彼此联系起来，为知识社区寻找新的兴奋话题，与外界联络，保持社区的稳定性和朝气等。而且，协调者必须亲自参与社区的组织活动而不是从外部设计和控制。

4. 边界扩展。要建立社区外的链接。每个社区都有一个边界来框定社区的主要人群。由于网络的开放性，社区活动与知识共享并不局限于边界内，其他学校甚至社会上的人均可注册为该馆社区的成员，不同的是在社区活动的权限不一样。边界扩展是为了实现全球知识共享。

5. 无风险环境。网络社区作为一个非正式组织和无风险环境，需要保护成员的隐私和安全；需要协调好组织中影响知识社区发展的因素。组织中很多因素都会影响知识社区的发展，如领导风格、薪酬体系、工作流程、公司文化和政策等。这些因素虽然不能决定社区的形成，但它们会对社区的活动造成积极的或消极的影响。例如，薪酬制度会对组织的员工的行为产生很大程度的影响，管理者企图用薪酬体制来控制自组织的知识社区是不合理的，薪酬应该成为组织支持社区成员学习的手段而不是惩罚组建社区的工具。

6. 社区评价。评价社区的成绩效率和社区价值是必需的。这有助于社区活动工作的改进，有助于图书馆和学校及相关部门对社区的支持。

（二）微观管理机制

网络知识学习社区在形成和发展过程中有很多亮点。高度的开放性吸引了更多的学习者，为社区带来了更多的经验和知识；丰富的资源和信息组织的优势为学习者带来了最大的方便；松散的群体结构为学习者带来了最大的自由；以讨论和协作为主的学习模式可以帮助学习者轻松地学习和建构理解；自发产生的领导者更能得到社区成员的认可；但是我们应该看到，这种自组织的网络社区还是有一些缺陷的。这些缺点包括网络社区空间的蛮荒化、社区信息传播的失范现象、发展的盲目性、管理混乱、学习资源参差不齐、学习者无法得到系统的学习等。所以我们应对网络知识社区进行微观管理。

知识社区的主要参与者是“人”，有效地管理社区之前，需要重点关注其社会结构——社区内建立的各种关系的总和，建立起社区的管理阶层。包括社区领导，就是此社区的发言人、组织者和社区交流和社区活动的组织者和协调者；社区推动者，推动社区的内部交流和互动，如召开面对面的会议，安排在线交流的时间表；知识管理员，管理社区内的显性知识和隐性知识来源。组织可以考虑为这些角色做必要的培训。如协调管理技能等。在社区管理者的带动和社区成员的共同维护下，让知识社区健康稳定地发展。

1. 对知识社区中知识的管理。用实践的眼光看待知识社区的输入和输出——即社区使用和发展的知识资源。这些资源不仅包括信息资源，如文档、数据库、网站等，同时也包括社区内部的流程和实践，包括通过研讨最佳实践提高和扩展知识的方法，以及与外部组织交流社区发展的新知识的途径等。很多知识社区都成为了组织的“焦点”，因为他们记录最佳实践、识别有价值的外部资源、进行案例研究、在特定的知识领域发展新的框架、技巧和工具。这些都来源于对知识社区内知识的有效管理。

（1）知识获取（Knowledge Acquisition）。获取完整正确的知识是实现知识社区知识存贮和共享的前提。获取知识，是以外部贮藏库的形式捕获知识，并根据分类框架或标准来组织知识。知识获取将用于问题求解的专门知识从某种知识源（如人类专家、文本、数据）中总结和抽取出来，转换为一种形式化的知识的过程。知识获取贯穿于知识系统开发和维护的整个过程，是建立知识系统的关键，同时也是一个耗时、低效的过程。由于知识本身的多样性，目前尚无一种统一的知识获取方法。因而，知识获取被认为是知识处理中的一个“瓶颈”。事实上，有许多专家知识是无意识的，是难以直接用语言表达的默会知识，即隐性知识。因此，知识获取并不是简单地将知识从一种表示形式转换为另一种表示形式的过程，而是一个为专家知识建立相应问题求解模型的过程。

知识获取所要研究的问题涉及以下两个方面：一是对知识源进行泛

化、选择、分类和组织；二是对知识的求精、检查，保持知识的一致性、完全性和无冗余性。知识获取可分为人工知识获取、半自动知识获取和自动知识获取三种方式。人工获取往往由知识工程师与领域专家、用户等相互协作和交流，对社区内大量的知识资源进行抽取、归纳、整理等得到，然后通过知识导入界面，录入知识仓库。人工知识获取不能从数量巨大的信息或知识资源中获取潜在知识，也不能及时地从系统运作中获取新知识。半自动知识获取借助于知识获取工具的帮助完成知识获取过程，但知识工程师的干预仍是不可缺少的。它又称为交互式知识获取。半自动知识获取利用知识获取工具使知识工程师从人工知识获取的工作中部分地解放出来。这种获取方式的主要问题之一是构造工具的代价和使用工具的得益之间的平衡问题。由于知识的时效性，为保证知识仓库中知识的正确、完整，需要设置社区知识的自动获取功能。知识仓库通过社区与知识门户、主题社区和个人空间相连，运用数据挖掘技术、机器学习技术、基于案例的推理及神经网络技术等自动从大量知识资源中抽取有效知识，并且从专家知识拥有者中自动获取难以表述的经验、动作、意念等隐性知识。

网络知识社区的知识不仅由知识专家提供，而且需要每个社区成员或其他系统通过 Wiki 或 blog 等方式共享其知识。知识仓库为各种类型的知识制定不同的知识交流界面，使用户能按特定的知识描述格式输入知识，同时对现有信息系统或外界系统导入的信息可借助于智能代理技术实现对知识的自动抽取或加载。

（2）知识的存贮和检索（Knowledge Storage and Retrieval）。网络知识社区是一个存贮知识、积累知识的重要场所。网络知识社区中的知识存贮是指将有价值的社区知识经过选择、过滤、加工与提炼后，存贮在适当媒介内以利需求者更为便利、快速地采集，并随时更新与重整其内容与结构。网络社区知识种类繁多，需要存储的不只是知识条目，还需包括与之相关的事件、使用情况、来源线索等信息，这些信息可能以文本、声音、图像、表格、超文本等多种格式体现。知识社区应具备根据不同的知识特征进行分类，采用多种类型的数据库进行分布式存储的功能，并对各种结构的知识进行统一集成。同时，知识社区还应提供强大的知识检索功能，能以各种手段为知识工程师或普通用户提供便捷的知识查询，同时能在查询中起到导航作用。

知识的存贮有下列几个重点：一是选择性：只保存社区内有价值的知识。二是经过提炼：包括编辑、分类、索引及摘要等。三是不同的存贮媒介：不同的知识要有不同的存贮方法。四是方便采集：必须让使用者能按照最方便、有效用的方式与途径来快速地采集。五是更新与重整：以确保知识的品质。

社区知识存贮的主要步骤顺序包括：知识的选择与过滤，知识的加工与提炼，知识的存贮与采集，知识的更新与重整。知识的加工与提炼包括：一是知识正确性的提高：知识的净化与标准化。主要目的在于解决下列的问题：知识上的矛盾与冲突、知识上的不一致与重复、知识上的错误和知识上的时效性。二是知识价值的提高：外显及内隐知识的加值，例如由优秀的专家针对不同员工在 Internet 或 BBS 上所交换的心得、意见及所提供的知识进行整理、评估与分析。三是知识方便性的提高：编辑与格式标准、分类与索引及界面设计。

在知识管理中，最核心的工具就是知识库；知识社区是知识管理的强有力的途径，所以知识社区中知识的存储最核心的技术问题就是知识库（Knowledge Base，KB 或 Knowledge Repository，KR）的设计。“知识库”指组织内以电脑化及联机上存贮的某一领域相关之知识、经验、文件及专业技能（Expertise）等，且这些知识都已经过整合、过滤、索引、分类等加工及提炼的过程。包括外显知识库和内隐知识库。

一个知识库内主要存贮的物件包括：影像（Image）、声音与信号（Signal）、文本（Text）、资料、文件、案例、法则、物件、流程、方式。知识库内要存贮的知识，以其描述的目的分为下列四种：一是描述性的知识：主要描述重要的概念、定义与分类（Category）。二是程序性的知识：主要描述各种流程步骤、行动、法则及事件的发生顺序等。三是因果性的知识：主要描述各种专家判断的法则（If... then...）。四是背景性的知识：一定要将各种不同的知识背景之描述、时空背景与基本假设，以及在这些假设所造成的限制等列入考量。

知识文件的分类存贮主要有两种运用方式：一是知识文件的聚类分析，即利用文本挖掘（Text Mining，TM）的技术来对不同的文件归类，其主要步骤如下：主要词句的抽取、词句权重的设定和文件的聚类。二是知识文件的分类，即利用人类专家已分类好的结构（Taxonomy Schemes），由电脑将“输入”的文件扫描过后，自动地将其“归类”到“最适当”或“最类似”的群组，其主要的步骤如下。专家的分类：即先制订出一些标准范本。机器学习：电脑由分类好的文件中找出最主要的词句，并依其出现的频率、位置与距离给予各种不同的权重，以构成每一类文件的“特征结构”。类型的比对（Pattern Matching）与分类：文本挖掘（TM）会自动地搜寻出新加入文件主要的词句与权重，并将其特征结构与原有已分类好的各类“特征结构”比对，以找出最佳的搭配组合并将其归类。

（3）知识维护（Knowledge Maintenance）。由于知识的时效性，网络知识社区中储存的知识是动态变化的。知识库本身有生命周期，一旦建立后将会随时间或存量过重而不适用。通过技术的利用和对社区系统的设置，需要保证社区中知识质量的同时，还要监督知识的使用情况，监督来自各种知识源的知识，对网络知识社区中知识进行更新与重整。

社区可有下列作法：一是知识的内容与结构要随环境改变而改变。二是应有专人来负责知识库的管理与维护，如及时删除不正确、不完整和过时的知识内容，第二线的存贮设备，定期检查知识间的重复性等品质上的问题，依照新环境的需求，重新分类与整合。三是依据知识特性的不同，设计不同的更新、检视作业。四是知识的利用要有评估的机制。另外，由于社区知识对不同级别的人往往有不同的访问权，知识管理中应设立多级安全认证，对不同级别的维护者赋予不同的知识存取权限，以此来保证知识的正确性和完整性。

（4）知识推送（Knowledge Push）。知识推送是网络知识社区提供知识的主要方式之一，另一种方式是知识拉取。知识拉取指用户通过输入特定的要求从知识库中检索出需要的知识，是一种人找知识的方式；知识推送指社区中知识管理系统（knowledge management system，KMS）把满足用户兴趣的知识主动发送给用户，是一种知识找人的方式。由于 KMS 的管理对象是数量众多的包含知识的信息体，其涉及的范围很广，因而知识拉取容易出现“信息过剩”的现象。而知识推送正好可以克服“知识过剩”，并可减少用户获取知识的工作量。因此，知识推送已成为提高 KMS 服务效率的重要途径。

知识推送是个性化服务的一个重要研究领域，已经得到广泛的应用。基于用户的推送是通过分析用户的历史信息而发现具有相同历史行为或兴趣的用户群组，然后挖掘相似用户群组中的有用信息返回给服务对象。该方法效果明显，但存在稀疏性的问题，且复杂度随着用户数量的增加而急剧增长，因而用户数量多时推送效率较差。基于内容的推送为每个用户构造 profile，根据用户以往的阅读习惯和阅读材料提取用户的兴趣特征集合，通过加权的方式使具有较高区分度的特征具有较大的权重。形成用户的兴趣模型；但它只能发现和用户已有兴趣相似的信息，难以区分信息内容的品质和风格，不能为用户发现新的感兴趣的信息。基于关联规则的推送根据生成的关联规则模型向用户进行推送，容易发现新兴趣点，但关联规则抽取困难且耗时，个性化程度低。针对当前推送技术存在的不足，周明建和陶俊才以本体论为依托，在建立起知识项的基础上，通过构造语义网络，并利用用户视图中的有效信息，实现了无需人工干预的即时知识推送，以促进 KMS 的个性化应用。

为给社区成员提供便捷的知识共享界面，使用户所需知识能在恰当的时候及时展现在合适的用户面前，知识仓库应能按预定的知识描述格式提取关键字并与知识仓库中相应问题的解决方案进行匹配，将用户感兴趣的知识自动、及时的推送到用户界面。

2. 对社区的维护。当初建实践社区阶段的热情过去以后，社区很容易被人遗忘，除非对其进行积极的维护，以保证社区持续的发展。

（1）保持社区成员的兴趣和参与度。判断一个实践社区是否成功，要看社区成员是否能持续地对其保持兴趣，并保持较高的参与度。一个好的管理者应该积极寻求各种途径来达到以上目的。例如：保证社区成员能有机会聚会，以增强他们的关系；为社区成员安排足够的社会交往时间；确保组织能给社区成员参与活动提供时间等资源的支持；采用积分等方式激励成员为社区建设作贡献；围绕社区主题，通过社区内部或外部的专家引入新的观点等等。

（2）保持社区的成长。社区的成员在其存续期内会不断更换，因此一个社区总是需要招募新人—代替已经离开的成员，或者为了补充新鲜血液。同样，在一段时间内，社区的不同角色（以及担任的职责）都将经常变换。所以，社区的新成员能否很快被大家接受并融入这个圈子也会影响到社区的成功与否。

（3）发展社区知识。社区知识管理员的角色起着很为关键的作用，如创建知识地图、组织更新知识仓库、识别并填补知识断层等等。

（4）使社区为组织增加价值。社区如果能够为组织所认可和支持，就会很快地成长起来。因此社区最好能与组织整体目标协调发展，让组织增加对社区的支持。比如，重视并认可社区成员和管理者，为他们提供奖励和资源支持，让社区参与到重大管理决策和问题解决的过程中来。但要注意不能使社区过于制度化和形式化。

总之，成功地维护知识社区需要在给予指导和任其发展中求取很好的平衡。一方面，组织需要为社区提供足够的支持和指导，以保证其对组织的价值；另一方面，组织不能过度干预知识社区的发展，不然知识社区就可能会丧失其非正式的特质，而正是这一特质大大增强了知识社区的作用和效果。

三、网络知识社区的良性运行机制

“机制”，指的是有机体的构造、功能和相互关系，泛指一个工作系统的组织或部分之间相互作用的过程和方式。在知识社区基本单元构成后，要使这些单元构成具有活力，必须拥有促使和维持社区良性运行的机制系统来保证知识社区的落实、推动、纠错、评价等。它包括社区形成和运行的内在动力机制、支撑机制和保证机制。

（一）动力机制

人类活动的动力总是和主体的需要相联系的，需要时启动活动的原始动力，也是推动活动发展的持续动力。

1. 学习动机——网络知识社区的微观动力。网络知识社区形成和运行的微观动力机制，是网民观念更新和不断增长的学习需求。每个网民都要学习，但学习的动机是多种多样的，一般有三类：一是内发式动力源，学习动力由人的内在因素所决定，如志向和抱负、兴趣与爱好、实现人生价值等；二是外发式动力源，学习动力由外部因素所决定，如工作压力、就业需要、事业竞争等；三是混合式动力源，学习动力源于学习者内、外因素相互作用的合力，如良好的学习习惯和自觉性等。其中，混合式对构建网络知识社区意义最大。

2. 群体需要——知识社区的社会动力。网络知识社区学习活动的启动和发展，不但有个体需要的作用，还有社会群体需要的作用，正是由于社会群体的推动力，才会有团体学习行为，才会有良好的学习氛围和学习条件，形成个体正常持久的学习行为。在知识经济时代，知识成为创造财富的最突出的要素，人力资源也就成为生产要素中最具创造力、最有价值的要素。

3. 网络行动——网络知识社区的根本动力。网络行动的产生、实现和规制是知识社区运行的基本方式和根本动力。网络行动产生源于行动主体（虚拟学习者）的行动动机，网络行动的实现依赖于某些网络技术手段。如电子邮件、网络论坛、博客和维基等。

（二）支撑机制

1. 社区的目标机制。人的活动总有一定的目标，目标决定活动的方向，规定活动的内容。网络知识学习社区的核心目标是达到主体（学习者）的自我超越，即主动获取和生产新知识的过程，学习和创新不可分割地联系在一起。网络知识社区中的目标并非一个，而是一个目标体系。这种目标体系使学习者的主动学习是持久的、连续的。

2. 能力机制。学习能力是网络知识学习社区的支撑机制。没有学习能力的学习是不会维持很久的，也就不可能支撑起网络知识学习社区。

3. 资源机制。知识社区形成和运行的支撑机制，还涉及学习资源和其他相关资源的开发、利用，以及良好学习生态环境的形成。网络知识社区具有丰富的信息资源和学习资源，能保证社区正常运行和持续发展。

4. 激励机制。激励机制是虚拟社区常用的互动机制，所谓激励（motivation）一词是由拉丁语（movere）一词而来，其原意是促动。Patricia Wallace（1999）指出，塑造他人行为最有效的工具就是激励，而网络有很多方式，能鼓励大家追寻虚拟世界中的成就感。对于网络知识社区而言，如何运用激励机制，关系到社区成员的凝聚力以及运用集体行动创造社区价值的机会。社区成员对激励机制的反应，也可间接地考察这些激励机制的效果。社区中的激励机制可以分为内部报酬和外部报酬两大类。内部报酬是无形的，是成员在社区活动中所获得的满足，包括：参与决策、较大的责任、有趣的体验等等。外部报酬通常是有形的，是由社区管理者所控制和分配的，如积分、表演、晋升等等。

我们又将社区的外部报酬分为三个层级：一是物质型报酬，如积分、虚拟货币等；二是社会型报酬，满足人际关系和受人尊重的需要，如表扬机制等；三是活动型报酬，满足成就感和自我成长的需要，如晋升版主等。

（三）保证机制

1. 物质保证。网络知识社区是以知识经济、信息技术等为基础的，网络学习是网络知识社区的主要学习形式，这就需要政府及有关部门在信息网络建设和知识传播条件上进行必要的投入，保证知识学习环境形成，保证信息资源共享。

2. 制度保证。网络知识社区的制度保证，首先是要用制度保证的每一个个体都有平等学习的权利，一生都能学习。形成尊重学习、保证学习的人事管理体制，激励个体成为学习化的个人，不断自我超越。其次是要建立组织内部学习制度，运用制度力量落实学习目标，规范学习者的学习行为，推进学习者知识更新。制度保证还指为知识社区的建立创造法律、财政和技术的支撑。尽管从理论上来说，知识学习社区在本质上学习者自觉地行动，但辅之以一定的法律制度规范和约束也是必要的。

3. 环境保证。网络知识社区的学习环境从广义上说，包括三个方面：一是经济环境。学习需要投入，故需要良好的经济环境。二是社会环境。没有一个和谐的社会环境，网络知识社区的建立只能是空中楼阁。三是教育环境。教育能满足网络知识社区的要求，满足人们不断学习的愿望。网络知识社区是一个以用户需求为导向的动态环境，这主要表现在三个方面：一是虚拟资源的动态性。在服务过程中，可以及时对在线资源进行适当的调整以适应读者需求的不断变化。二是服务主体与服务对象之间的互动性。通过先进的通信技术与社会网络技术，服务人员可以方便地与服务对象进行互动交流，解答他们在虚拟学习共享环境下遇到的各种问题与困难。三是服务对象相互之间的互动性，借助于先进的 IT 技术，服务对象之间可以互动交流，可以在线讨论共同感兴趣的问题，可以相互协作、共同完成某一学习任务等等。

第五节　网络知识社区的绩效评价

一、网络知识社区绩效的影响因素

虚拟社区很长时间以前就开始作为研究的焦点了，但是，很多研究都是关于如何建立、拓展、管理社区的，却很少有研究关注那些对虚拟社区成功非常重要的因素（Jan Marco Leimeister, Pascal Sidiras&Helmut Krcmar, 2004），因此虚拟社区绩效影响因素的研究是一个相对较新然而非常重要的领域，现有的对影响因素的研究一般集中于解释虚拟社区成功的方法以及模型，并研究如何使这种成功最大化（Leimeister, Sidiras&Krcmar, 2004）。研究的程序一般是首先总结影响虚拟社区绩效的因素，然后根据其重要性对其进行评估，并最终得出影响因素的列表及其重要性。

（一）Lindquist et al（2002）的观点

Lindquist&Lindquist（2002）认为，要想取得虚拟社区的成功，也就是取得好的社区绩效，必须要充分了解虚拟社区的建立与繁荣的基础，即影响虚拟社区成功的重要因素。如表19，这些因素包括三个方面：成员角度（社区成员身份、成员的名气和声望、成员间的相互信任）；成员之间的交流联系角度（成员间知识和信息的交互、交流方式的选择、网络化、成员之间的联系程度）；社区效益和管理角度（交互产生的知识或信息的产出、社区价值、社区管理水平）。

表19 Lindquist&Lindquist（2002）的绩效影响因素表

简称	因素解释
身份	成员自身了解自己在社区中的身份，其他成员可以知道该成员的身份，社区也知道该成员的身份
交互	知识与信息的互通有无
名声	成员个体的名声、影响力
信任	成员之间的信任以及成员对社区的信任
交流方式	成员对于交流方式的选择（比如 e-mail，MSN 等）
网络化	社区成员之间的联系程度
联系度	相互联系的成员之间的交互程度
产出	社区成员通过交互新产生知识或者信息
价值	社区成员从社中可以得到什么？
管理	虚拟社区日常事务的管理水平

（二）Hernandes&Fresneda（2003）的观点

Hernandes&Fresneda（2003）在研究实践性虚拟社区时，通过对文献的检索与阅读，发现以下13个因素在社区成功方面扮演重要角色，并且通过问卷调查发现，其中最为重要的三个是：社区成员对社区目标的清晰认识；社区成员对社区知识领域的清晰认识；信任氛围的存在。除了以上文献中的影响因素在实证中得到验证以外，Hernandes&Fresneda 在问卷调查中还发现，其他一些因素也得到很多社区成员的支持，如可靠的技术平台，网络的反应性和社区的稳定性。

（三）雷雪，焦玉英，陆泉，成全的观点

雷雪等人认为，Wiki 社区（其他虚拟社区、知识社区也适用）成员的知识共享行为主要由社区环境和社区成员的主体认知决定。根据 Bandura 社会认知论的理论框架，提出了 Wiki 社区知识共享影响因素模型，如图 15 所示：

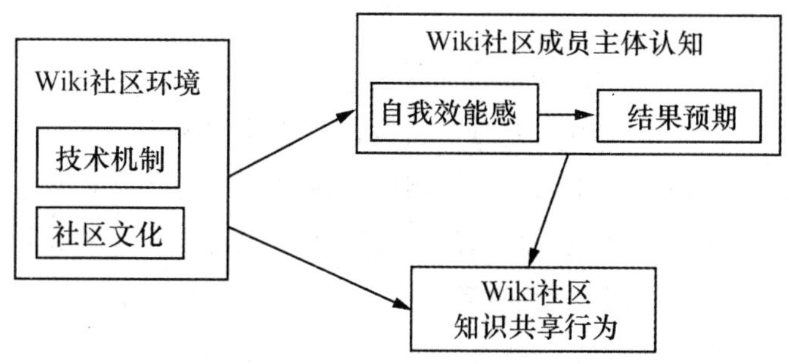

图 15 Wiki 社区知识共享行为影响因素模型

雷雪等人认为，Wiki 社区知识共享行为影响因素由 Wiki 社区采用的技术机制、Wiki 社区的组织文化、社区成员知识共享的自我效能感、社区成员对知识共享行为的结果预期决定。社区知识共享效果在一定程度上能够反映社区的成败。

二、网络知识社区的绩效评价

虽然虚拟社区取得了非常大的发展，虚拟社区成员的数量逐年增加，但迄今为止很少有人注意对在线社区成功的评价问题（Preece&Baltimore，2001）。什么因素使得虚拟社区成功？这有很多衡量成功的指标，有些是非常容易观察并测定的，比如一定时期内社区的注册人数，或者参与人数，或者张贴数，回帖数等（Preece，Abras&Maloney-Krichmar，2004），又比如互联网实验室（http：//chinalabs. com）通过测评功能、操作方面性、稳定性、传输速度、客户服务质量等因素对即时通讯虚拟社区进行评价，这种评价方法虽然比较简单，并且也是虚拟社区成功的重要指标，但

这种评价方法忽略了虚拟社区内部的活动，没有考虑成员的需求，而成员对社区的看法非常重要。我们应该试图了解虚拟社区成员想从社区中得到什么，应用这些信息作为基础来评估在线社区的绩效。

（一）Preece 的社区成功框架

Preece & Baltimore（2001）定性地提出了衡量虚拟社区绩效的指标体系，他们认为，要衡量虚拟社区，要从两个方面进行，一个是社区的社会性（sociability），二个是虚拟社区的可用性。

1. 作者认为有三个方面会有利于虚拟社区的社会性（Preece，2001）：a. 用户交互。支持交互的提示与反馈；对执行命令的简化；对社区中建立关系的简化等等。b. 规则。那些形成社区历史感的语言、协议以及大家接受的社会规范。c. 社区发展关系。一个社区共享的焦点（比如兴趣、需要、信息、服务或者支持）使得个体愿意属于该社区。

2. 虚拟社区的有用性有以下几个方面：a. 信息设计。社区内阅读的容易程度、可理解程度、审美程度等。b. 导航。对用户寻找想要东西的简化程度。c. 系统性能。下载和使用社区软件的指导的清楚度。

衡量虚拟社区绩效的两个维度总结如下：

表 20　Preece 的社区成功框架

<table>
<tr><th></th><th>维度</th><th>指标</th></tr>
<tr><td rowspan="7">在线社区绩效的衡量维度</td><td rowspan="4">社会性</td><td>用户交互</td></tr>
<tr><td>规则</td></tr>
<tr><td>社区发展关系</td></tr>
<tr><td>信任机制</td></tr>
<tr><td rowspan="3">可用性</td><td>信息设计</td></tr>
<tr><td>导航</td></tr>
<tr><td>系统性能</td></tr>
</table>

（二）Mei-Tai Chu 等人的知识社区绩效评价层级系统

Mei-Tai Chu 等人从提出了 4 个维度 16 个标准知识社区（KC）绩效评价层级系统，如图 16 所示。四个维度是指：领导定位、激励机制、成员交互和增加资产。其中，每个唯独都有四个标准，从而构成知识社区绩效评价的层级系统。如果知识社区的结果只是增强了工作效能，那便被评为 D 级，提升了核心能力则为 C 级。依此类推，提高响应度、敏感度的社区绩效为 B 级，促进创新学习的为最高级 A 级。

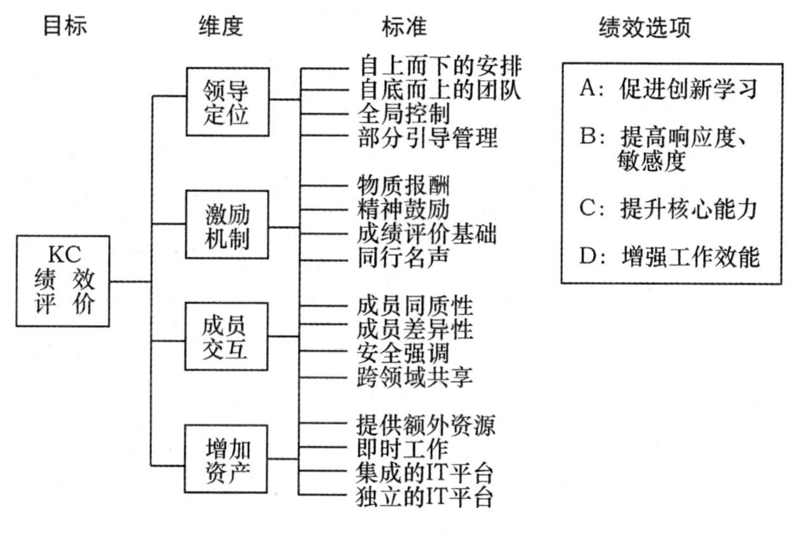

图 16　KC 绩效评价层级系统

（三）笔者的网络知识社区绩效评价模型

综合以上虚拟社区维度的文献，再根据笔者参与丁香园论坛、维普知识社区、图书馆 Blog 等社区的经验，笔者用以下几个维度来界定知识社区，并从集成的观点（包括技术和社会角度）来研究决定社区成功的因素，提出网络知识社区的评价框架（如图 17）。

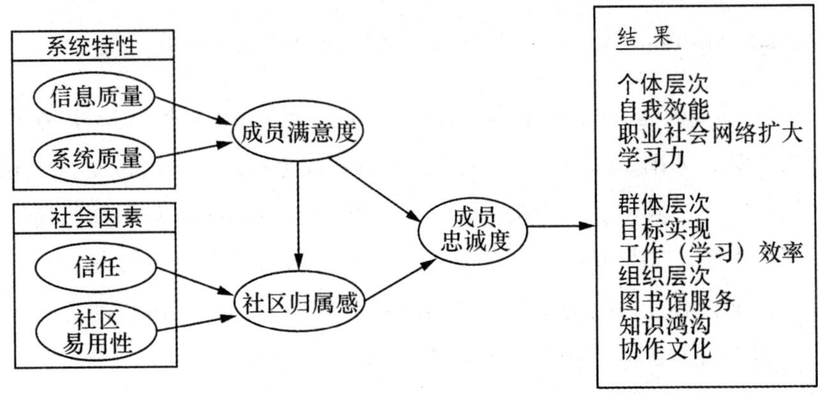

图 17 网络知识社区评价框架

用户满意度、社区归属感作为评价社区的首要指标，已得到公认。而成员的满意度由系统特性（技术上）决定，这包括信息质量和系统质量。而社会因素（信任和社区易用性）则影响到社区归属感。成员满意度和社区归属感又决定了成员忠诚度，社区绩效结果分别从个体层次、群体层次和组织层次三个层次来考察：个体水平方面，根据成员的自我效能感、职业（包括学业）社会网络扩大情况和成员的学习力考察社区是否成功；群体水平方面，则看群体目标的实现和群体工作（学习）效率；组织水平方面，主要考察图书馆信息和知识服务水平的提高、组织内成员间的知识鸿沟和组织内、组织间的协作文化是否提升。若所有指标均是正效应，则说明社区建设成功，反之，失败。

笔者可用一个公式来表示知识社区的价值：网络知识社区价值 = 发布和学习的信息/知识内容（内容质量和数量） × 知识学习环境 × 设计与功能。

第六章

网络信息资源配置

随着以计算机技术与现代通信技术为代表的信息技术的快速发展，互联网已经成为了人们获取信息的主要渠道。网络的互联互通特性使得信息资源突破了在地理区域上配置的难题，为网络环境下的信息资源开发、利用和全球信息资源共享带来了便利。但互联网在全球范围内的发展是一种极不平衡的扩张，出现了国家之间以及国家内部不同区域之间的互联网发展水平的差距。从长远来看，这一资源分配模式不仅会导致信息资源的配置效率降低，而且会产生新的社会不公和贫富不均，并进一步在网络上表现为信息浪费和信息冗余等信息资源利用不畅的后果。

目前，中国网站的数量剧增，网络用户数量已超过美国，成为世界使用互联网人数最多的国家。无论是政府、学校还是企业等其他用户，对网络信息资源的使用有了更新和更高的要求。虽然网络信息资源的容量呈几何级数的增长，但由于互联网的开放性、自由性和复杂性及其信息资源的无限无序、繁杂多变和优劣混杂，而网络信息资源和网站在整体上缺乏统一的组织和管理，缺少组织管理上的统一标准和规范，使其得不到必要的质量监督和控制。一方面，给广大用户进行有效组织、管理、获取及使用网络信息资源带来了困难，使许多信息检索需求无法得到满足；另一方面，造成了互联网上大量有价值的信息资源不能得到合理地开发和利用；同时，也会导致信息资源向某一些局部区域过度富集，产生“信息富裕”和“信息贫穷”两极分化的现象，进而产生新的社会不公和贫富不均。

由此可见，网络信息资源与其他经济资源一样，也需要运用一定的管理手段对其进行有效配置，才能使网络信息资源最大限度地满足人类的需求，使之能够最大限度地为人类谋福利。现阶段，网络信息资源作为一种重要的信息资源已广泛地应用于各个领域，但相对于广大信息用户的信息需求，中国的网络信息资源仍然是稀缺的，中国的网络信息资源配置也缺乏合理性。网络信息资源存在严重的不均衡性，在地区、行业和部门的信息量分配上存在着很大差距。在这种形势下，人们越来越关注网络信息资源优化配置的问题，这一问题的研究已成为信息资源管理领域的重要问题之一。

第一节　网络信息资源配置研究现状分析

自 1975 年库普曼（T. C. Kopamns）在资源配置研究方面的杰出贡献而成为诺贝尔经济学奖获得者之后，有关资源配置理论方面的研究便成为各国的一个重要课题。目前，随着网络的发展和普及，网络信息资源配置研究已引起了国内外学术界的高度重视，各国研究者从不同角度对网络信息资源配置进行了研究和探讨。

一、国外网络信息资源配置研究现状

20 世纪 90 年代中期以来，信息资源配置问题得到了许多国家的高度重视。不少发达国家结合国家经济政策的制定，从全局的战略高度来看待信息资源配置，将其作为推进信息化建设和促进经济社会发展的重要内容。欧盟各国曾于 1996 年召开了题为“获取公共信息——产业增长和电子化民主的关键”的国际会议，与会专家普遍认为：为了提高信息资源共享的范围和效率，公共部门应更多地介入信息市场，并以比私营机构低得多的价格提供电子信息服务。在《电子欧洲行动计划：欧盟公共部门信息开发框架》等专项规划和相关政策中，欧盟许多国家通过法律手段规定相关信息资源必须共享。美国政府早在 1993 年就颁布了《国家信息基础设施：行动计划》，并提出了重点布局和建设数据库，促进网络信息资源开

发利用的政策方针。特别是在政府信息资源方面，美国政府将信息资源合理配置视为确保政府有效运转和保持国民经济健康发展的重要手段。在日本，信息资源的配置和共享一直被看作支撑经济结构调整和促进经济腾飞的动力。为了应对21世纪全球信息社会的挑战，联合国教科文组织曾推出“全球信息结构计划”。在该计划的价值理念中，联合国教科文组织主要强调的是信息资源配置的公平原则问题，认为公平合理是信息资源配置的指导思想。

国外对信息资源配置的研究大多是在传统资源配置研究基础上的拓展，主要倾向于从经济学角度入手，结合一般均衡理论，探讨社会福利最大化；同时，也重视以政府为代表的非市场组织在资源配置中作用的研究。而在关注的信息资源类型和内容方面，文献信息资源是主要领域，网络信息资源是当前研究的新热点。

（一）关于传统资源配置的研究

在传统资源配置研究方面，市场配置方式十分引人注目。亚当·斯密（Adam Smith）很早就提出了“看不见的手”这一命题，认为市场体系中存在一只作为资源配置内在动力的“看不见的手”，引导着各种追求私利的组织或个人趋向经济和谐。此后，瓦尔拉斯（L. Walras）提出一般均衡理论，开始探讨市场能否实现资源配置的均衡。帕累托（V. Pareto）从瓦尔拉斯的静态均衡方程体系出发，探讨各种经济环境下资源配置均衡的存在性，运用序数效用代替旧福利经济学中常用的基数效用，推导出了完全竞争市场的均衡状态。李特尔（Ian M. D. Little）将帕累托的这一研究结论称为“帕累托最优准则”，认为该准则是判断市场是否有效的一个强约束条件，即帕累托最优状态必定是有效的资源配置。阿罗（K. J. Arrow）、森（A. K. Sen）、黄有光（Yew-kwang Ng）等人在“帕累托最优准则”的基础上对社会福利最大化及其实现研究作了进一步的深化。此外，麦肯齐（w. J. M. McKenzie）、阿罗和德布鲁（G. Debreu）从不同侧面证明了一般均衡的存在性和有效性；[8][9]格林（Jerry Green）在一般均衡框架下引入理性预期，证明了跨时均衡的存在性，后又进一步证明了随机均衡的存在性、唯一性和稳定性；巴拉斯科（Yves Balasko）、马斯柯莱（Andreu Mas Colell）、彪利（Truman Bewley）、斯卡夫（Herbert Scarf）及希尔德布兰德（Werner Hildenbrand）等在一般均衡理论研究中引入了微分拓扑的方法，等等。

上述研究成果虽然都是建立在传统资源配置领域里的，但因为信息资源与传统资源一样，同属经济资源的范畴，具有作为一般经济资源所共有的稀缺性、作为生产要素的人类需求性和使用方向的可选择性等特征，因而这些成果对信息资源配置研究者具有明显的借鉴意义。同时，由于这些研究没有考虑到信息资源共享性、时效性、生产和使用中的不可分性和信息内容的非同质性等独特性，因而相关成果并不能简单地移植到信息资源配置研究领域。

（二）关于网络信息资源配置的研究

随着因特网的兴起，网络信息资源配置研究成为热点。美国、欧盟、日本和澳大利亚等许多国家围绕网络信息资源的配置和开发利用开展了一系列项目研究。

1. 通过组织大规模的网络信息资源调查，撰写调研报告，为政府、机构制定相关政策提供依据和参考。例如，Boje 等分析了互联网信息资源在东欧国家的配置状况及影响因素，提出了几种可能解决的措施，如考虑成立非营利组织提供免费或收费低廉的上网服务，重视计算机技术的培训等。Carveth. R. 分析了西欧国家网络信息资源分布情况，探讨了实现有效配置的 4 项政策措施，指出最有效的措施是私人或公共的合作。Conradie 等认为信息与通讯技术的出现正在造成城乡之间信息资源配置方面的差距，实现有效配置的过程实际上是一个复杂的过程，需面对许多技术与社会难题，如乡村信息基础设施的缺乏，计算机技术的缺乏以及其他社会难题。

2. 在网络信息资源配置的效率与效益研究方面，如约哈利（Ramesh Johari）等在研究如何应用网络信息资源配置来实现效用最大化时，引入了对价格机制的思考，通过分析拥塞价格和边际成本等因素，建立纳什均衡。约哈利还指出了网络信息资源价格机制设计的两个重要目标，并通过展示和选择规模可变的资源配置机制，试图缩小人们期望和现实之间的差距。Moore. J. C. 等对三种信息配置策略进行了比较，目的是以尽可能小的配置成本取得尽可能大的配置效益。布朗斯坦（Y. M. Braustein）和霍古德（J. Hawgood）关于网络拥塞所增加的时间成本，对网络信息资源配置效率影响的研究也颇具影响力。

3. 关于网络信息资源配置方法与模式的有关研究。目前，国外对信息资源配置的研究主要集中在软件和硬件领域，把一个机构的所有信息资源进行优化配置的研究成果很少。硬件方面的研究主要有网络通讯资源（包括通讯设备、带宽）等的配置，如异构网络资源配置、无线异步传输带宽网络资源的配置、通讯网络带宽的配置等；软件方面的研究主要是关于信息系统的使用、集成和数据共享。Rodriguez. V 等探讨了网络信息资源配置模型，Lorcan Dempsy 提出了分布式国家电子信息资源等模型和方法。瓦里安（Hal R. Varian）在分析了网络环境下信息服务的特点后，指出近几年网络信息总量的增长和网络信息的消费揭示着“信息马尔萨斯定律”，即信息供给呈指数增长，但是信息消费只是保持了线性增长。这种应用文献计量学的方法为研究信息资源配置提供了新的思路。

4. 在网络信息资源配置的信息政策方面，如英国 Muir. A 和 Oppenheim. C. 撰写的关于世界范围国家信息政策发展的文章，“国家信息政策发展（二）：全球获取—认识数字鸿沟”研究了国家信息政策在平等获取信息方面的发展，“国家信息政策发展（四）：信息自由和数据保护”考察了最近影响信息政策的信息自由和数据保护两个领域。Nichoison. D 从宪法法令和权力、文盲、乡村团体、城市信息设施、HIV/AIDS 流行病、本土知识、数字技术、知识产权、信息高速公路等方面研究了实现信息自由获取存在的问题和解决的方案。

5. 针对弱势群体、特殊群体开展网络信息资源合理配置实现问题的研究。例如，Chambers. M. B. 探讨了 Web 图书馆数据库对盲人用户的访问与利用问题。Burgstahler. S 论述了图书馆为远程学习的残疾学生和教师提供资源的作用。Mckenzie. J 介绍了老弱病残在获取信息方面的障碍及其解决策略。Dunne. J. E 介绍了信息在受虐妇女日常生活中的作用，以研究她们的信息检索行为，以便图书馆采取有效策略满足她们的信息需求。从以上分析可以看出，Wikgren. M 的“日常生活信息查询路径的获取”一文介绍了他们了解慢性疾病患者、学龄前儿童、怀有双胞胎的孕妇三种特殊群体信息查询行为的方法，以及探讨了满足其网络信息需求的策略。

6. 将信息资源配置研究与福利经济学、博弈论和数学等学科结合起来，通过构建经济模型来分析和解决实际问题，彰显其实用性和社会价值。例如，伯克（David A. Burke）曾在一部关于“信息福利的博弈模型”的著作中对不完全信息条件下的重复博弈模型进行修正，以使“信息福利”包含于其中。约哈利曾在一篇关于“效率损失”的文献中引入了博弈论思想，利用经济模型，寻找制约网络信息资源效率损失的关键因素。可以看出，在信息资源配置研究中，借鉴福利经济学原理和博弈模型是一个主要研究方向。

二、国内网络信息资源配置研究现状

中国早在20世纪80、90年代，国家和政府有关部门就制定、实施了一系列的规划和政策，加强对信息资源的建设和开发利用，并取得了一定的成效。在《关于加快发展第三产业的决定》中，中共中央和国务院明确地把信息服务业列为今后加快发展第三产业的重点，而信息服务业的发展，归根结底要以信息资源的配置为核心手段。在《关于加强技术创新，发展高科技，实现产业化的决定》中，又进一步提出要加强供需信息库以及信息网络等基础建设，形成全国乃至国际的电子网络信息交易市场，特别要充分优化信息市场机制，发挥市场在信息资源配置中的基础作用。

2004年12月国家信息化领导小组第四次会议讨论通过了《关于加强信息资源开发利用的若干意见》，2005年5月以中共中央办公厅和国务院办公厅的名义下发了这一文件，信息资源建设与开发利用被提到前所未有的高度，成为国家信息化发展战略的重要组成部分。要有效地利用信息，仅仅认识和强调信息是一种资源是远远不够的，信息真正成为可利用资源的前提是信息资源的合理配置和有效管理，这样才能最大限度地发挥信息资源的经济效益和社会效益。在同等物质资源和能量资源的配置情况下，不同的信息资源配置会引起不同的经济效果和创造出不同的经济价值，经济系统中的信息可以转变为价值增值的一种手段。在《2006—2020 年国家信息化发展战略》中，提出了中国信息化发展的战略方针，要“实现资源优化配置和信息共享，要以需求为主导，充分发挥市场机制配置资源的基础性作用，探索成本低、实效好的信息化发展模式”，要“加强对信息资源的严格管理，促进信息资源的优化配置”，等等。这无疑都为新时期加强网络信息资源配置理论和模型研究，提供了宏观上的指导和政策上的支持。

国内对信息资源配置的研究，延续着国外的研究思路。特别是从经济学角度切入，基于资源配置的基本要素，充分考虑信息资源消费行为以和消费者偏好，探讨信息资源配置的机制和效率是当前研究的重要课题。目前，国内对信息资源配置的研究主要集中在以下几个方面。

（一）关于网络信息资源配置意义与原则的研究

网络信息资源配置是一项庞大的系统工程，要实现其配置效率目标，就必须首先理解其配置含义和意义，并在配置策略的制定、实现机制的选择和配置过程的具体组织中遵循一定的原则。许多专家在这方面进行了细致的分析研究，以查先进、邱均平、周毅、张晓丹、傅先华等为代表的学者们认为，网络信息资源优化配置是信息资源管理的重要研究课题，并从不同层面分析了网络信息资源配置的含义，研究了网络信息资源有效配置的意义和网络信息资源有效配置应遵循的原则。查先进认为，研究信息资源的有效配置对于促进有效率的信息资源共享具有非常重要的意义，提出了“时间一空间一品种类型”三位一体的网络信息资源有效配置方式，指出在配置过程中应遵循社会经济福利最大化原则、以需求为导向原则、公平原则、市场手段和政府手段互补原则。周毅认为，信息资源有效配置的一般原则包括需求导向原则、社会福利最大化原则、系统完备原则和动态更新原则。张晓丹等人把网络信息资源配置原则归纳为满足需求原则、系统性与完整性原则、合作性原则和一致性原则。总的来看，以需求为导向原则和实现社会福利最大化原则，已被公认为配置网络信息资源必须遵循的原则。

（二）关于网络信息资源配置效率衡量标准的研究

对于网络信息资源配置效率的衡量标准问题，主要有如下几种不同的观点。

1. 有专家认为可用“帕累托最优准则”来衡量信息资源配置效率。如李纲认为，无论是计划经济、市场经济、还是混合经济，资源有效配置的概念都是通用的，简而言之，它是从社会经济效率的角度对一个经济制度、一种经济体制或者一种经济运行机制给出一个基本的价值判断标准，来评价其经济效果。分析、比较资源配置的经济效益时，一个基本的标准就是“帕累托最优”或“帕累托有效”。其直接将福利经济学中评价物质资源配置效率的标准引入到信息资源的配置效率分析之中。邱均平认为：帕累托最优能够应用与信息资源配置的前提条件是国家的宏观控制，只有在国家的宏观控制下，帕累托最优的三个前提条件才能够得到满足。

2. 也有专家对以“帕累托最优准则”来衡量信息资源配置效率提出异议。认为对于公共物品，由于外部效应的存在，使得依靠市场得到的供需均衡常常是无效率的。而部分网络信息资源具有公共物品属性，因而“帕累托最优准则”不能完全用来衡量网络信息资源配置效率。

3. 还有专家持比较折中观点。如吴永臻认为，在严格意义上，信息资源配置不适用“帕累托最优准则”，因为信息资源的非排他性特点不能满足帕累托最优的基本条件。但由于知识产权制度的存在，赋予信息态的智慧产品以专有性，使无形资产成立并使之具有与实物资产相同的经济特性纳入现实经济运行体系。从这一意义讲，“帕累托最优准则”又可以用于信息资源配置效率分析。因此，在完善的知识产权法律制度保障和规范的知识产权运行的环境下，理论上可以近似地运用帕累托最优，考察信息资源的配置。

（三）关于网络信息资源配置模式的研究

关于信息资源配置模式与方法的研究很多。例如：

1. 霍国庆认为，信息资源配置模式因信息资源的存在形式不同而异，文献信息资源配置多以宏观调控模式为主，网络信息资源配置则多以市场驱动模式为主。无论是哪一种模式，其配置的基础都是信息用户及其信息需求的分布和聚合状况，都存在一定的配置风险。

2. 张晓丹等认为，中国网络信息资源配置应采取竞争性合作模式，即确立市场驱动机制、实行多元化投资、鼓励强强联合、参与国际竞争、建立合作机制和政策约束。

3. 邵辉提出了现代经济信息资源管理的三维管理模式，即技术维、经济维和人文维，并尝试采用正交实验法对其进行定量分析。

4. 周寄中等提出以配置活动中活动间的联系和相互作用为依据的联动机制模式，该模式适用于对财力资源和人力资源进行有效配置。

5. 杨承训等提出以经济决策过程中信息资源配置的 5 个相互交叉的方阵，即信息收集方阵、信息传导方阵、模型演示方阵、预警监控方阵和理论规导方阵为基础的五方阵模式，该模式应用于各种经济决策中，为制定科学的经济决策供方法和手段。

6. 彭鸿广等提出以信息资源配置机制为基础，从企业管理与经营角度出发的系统化、集成化配置模式，该模式适合现代化的大型企业（集团）的网络信息资源配置，不适合小型企业特别是科研单位。

7. 程仲鸣等提出以需求、环境和供给 3 个变量之间的互动关系，来描述某一特定资源在资本市场中配置状况的需求环境供给模（demand environment supply model，DES），DES 模型用来对会计信息资源配置进行分析，通过需求、环境和供给三者之间的关系解决会计信息资源配置效率低下的问题，适用于财务领域。

8. 孙美丽、郭东强提出了基于数据包络分析（data envelopment analysis，DEA）的分配模式，DEA 模式在企业信息资源分配计划中同时考虑资源使用的有效性、决策部门的总体功效性和资源分配的公平性，在企业的实际工作中具有一定的应用价值。

（四）关于网络信息资源配置经济分析的研究

国内对信息资源配置的研究一直延续着经济分析的传统。如乌家培、马费成、靖继鹏等专家从信息商品的特有属性出发，分析信息商品的价格形成机理，探讨信息市场的结构和运行机制，考察信息市场的资源配置效率。在信息市场上，一方面，价格体系给每位信息生产者、资源所有者或消费者带来了关于生产可能性、资源可获得性及所有其他决策者偏好的信息摘要，因而被公认为信息资源市场配置的灵丹妙药。另一方面，信息资源的公共物品属性、信息的外部效应、信息商品的自然垄断性以及信息效用的不确定性常常会导致信息市场失灵。为此，一些专家从宏观方面入手，引入除市场之外的另一配置主体——政府，并考察二者的均衡。同时，还从微观方面研究信息产权界定，寻求策略上对信息市场失灵的弱化。

（五）关于网络信息资源配置影响因素的研究

以贾君枝、李萍、冯仿娅等为代表的学者们，探讨了影响网络信息资源配置的因素，分析了我国网络信息资源配置中存在的问题。如贾君枝认为网站信息资源的组织方式、网络用户需求、网络服务机构的能力是影响网络信息配置的主要因素，目前在网络资源配置上存在着以下几个问题：信息来源渠道单一、网站提供的信息量不大、信息分布结构不合理。胡鞍钢分析了各地区域名数分布的影响因素。刘卫东分析了互联网用户空间分布的影响因素。周丽霞分析了网络信息资源配置中的技术影响因素。

（六）关于网络信息资源配置信息政策与信息制度的研究

蔡宇宏认为，网络信息资源的合理配置是网络信息资源控制的核心要素之一。作为一种宏观调控方式，网络信息资源的优化配置对国家政策法规的依赖性较强，要充分发挥政策与法规的导控作用，构建以协调共享为主要目标的宏观信息资源配置模式，加强立法，构建网络信息资源生产与传播的激励机制，形成市场推动下的信息资源优化配置。总体上来看，学术界把网络信息资源有效配置策略的核心都归结为信息政策与信息制度层面。

从总体上说，网络信息资源配置相关研究的状况和特点可概括为：宏观研究成果多，中观和微观研究成果少；从技术角度研究多，从社会和经济角度研究少；定性研究多，定量研究少；零星成果多，系统成果少；国内应用国外研究成果多，结合国情创新性研究成果少。同时，目前的研究者有着经济学、管理学、情报学等不同的学科背景，自然而然地把网络信息资源配置与管理的视作自己的“领地”来进行研究，这固然为网络信息资源配置与管理带来了不同的研究方式和方法，为研究的“进入”提供了必要的准备条件，但也难免使其“禁锢”在某一个局限的领域，而忽略了网络信息资源配置的宏观把握。从以上分析可以看出，网络信息资源配置是国内外学术界较为关注的一个重要研究领域，在网络信息资源配置研究方面正在逐步形成了特色，产生了一批重要的研究成果。但总体上目前尚缺乏一套成形规范的理论体系，难以为国家和政府从战略高度把握全局提供参考。同时，与国外相比，国内的研究也还存在较大的差距。

第二节　网络信息资源配置的含义与类型

一、网络信息资源配置的含义

在学术界研究者们对信息资源配置有不同的理解：有人认为信息资源配置就是向信息机构投入人力、财力和物力等资源，使其通过积累把大量零散、片面、互不关联的资料、数据和事实等聚集到一起，并达到一定的数量，形成可供利用的信息资源，这实际上是只重视信息资源基础设施和信息人才的配置。有人认为信息资源配置就是将各种可供利用的资料、数据、事实合理分配给不同地区和不同的信息机构，以形成分布合理的信息资源体系，这种观点往往比较重视数据库的建设。信息资源效用的发挥仅靠数据库建设显然不够，信息资源共享必须依赖可高速、大容量、交互处理能力强的信息网络，其涉及各地区和各部门的联合，涉及信息通讯网络的建设，涉及信息人才、信息处理与传递设施等。此外，有人虽然认识到信息资源配置离不开信息资源和信息基础设施等的合理分配，但错误地认为“在现代技术条件下，不必要将信息需求与资源供应点重合”，认为利用 Internet 可以解决国内外一切供需矛盾，不必依据用户信息需求配置信息资源。这种观点主要是为表象所迷惑，实际上计算机工业正在走向成熟，具有战略重要性的不再是计算机，而是在于怎样发现信息并使之成形，其目标是让用户无论何时何地都能访问和利用信息，同时提供最低的访问和拥有成本。事实上，由于信息保护和其他原因，Internet 上缺少的是就是真正所需的信息。

基于上述分析，所谓网络信息资源配置，是指以用户对网络信息资源的需求和利用为依据，以网络信息资源配置的效率和质量为指针，通过设计、调整网络上信息资源的分布和流向，用尽可能小的配置成本取得尽可能大的配置效益。也就是说，要在网络建设的基础上，进一步规划分配网络信息资源的重点、内容、范围、种类、数量、时间和空间等方面的分布，使有限的网络信息资源被尽可能多的人利用，同时创造出尽可能多的经济效益和社会效益。一方面，要避免网上信息资源的重复，抑制“不良信息”、“垃圾信息”、“色情信息”和“恶劣信息”的污染，净化网络环境，以节约网络建设的人力、物力、资金和时间。另一方面，要保证网络上信息资源的全面性、准确性和及时性，为网络用户提供便利的信息服务，更好地满足用户的信息需求，最大限度地为社会图谋福利。

理想状态的信息资源配置是指在配置过程中要实现政治上的公平性和经济上的合理性，政治上的公平性是指信息资源配置必须保证社会各阶层平等利用信息资源的机会与权利，经济上的合理性是指要用一定的配置成本取得最大的配置效益或用最小的配置成本取得一定的配置效益，实质上就是要用尽可能小的配置成本取得尽可能大的配置效益。作为信息资源配置的理想状态，政治上的公平性和经济上的合理性又可以具体化为用户满意性信息需求的有效实现和追求信息资源配置效益最大化两个方面。网络信息资源配置就是要保证网络信息资源的用户能够在资源配置过程中，以等量的投入或尽可能少的投入获得最大化的产出，把各种信息资源有效的分配于各种用途之中，使有限的信息资源生产出更多符合社会需要的服务和产品，达到为用户提供便捷的信息服务和信息资源被合理有效利用的目的。

网络信息资源作为一种经济资源，具有可选择性、有限性和有用性。不仅很有必要对网络信息资源进行合理配置，而且能够在不同的使用方向上选择网络信息资源的不同用途，使合理配置网络信息资源成为可能。具体表现在：

1. 网络信息资源的无序性决定了其在满足特定用户的特定需求时所表现出来的有限性。一方面，这种有限性是指在既定的时间、空间等约束条件下，特定的信息用户受人力、物力和财力等方面因素的限制，能够拥有的网上信息资源量总是有限的。另一方面，在特定时间点上固定不变的信息总效用会因其使用次数的增多和时间的推移而逐渐衰减，当其总效用衰减至零时也并不意味着总效用已全部被使用，而是其中部分效用由于信息时效性使其在自身老化的过程中自然丧失。

2. 信息资源具有使用方向上的可选择性。同一信息资源作用于不同的信息用户可以产生不同的作用和效果，根据这些不同信息用户所产生的不同的作用和效果，可以对信息资源的使用方向进行选择。由于网络信息资源所具有的空前广泛性、多样性和获取信息的代价提高，信息用户往往倾向于选择与其信息需求最相关且获取成本最低的信息资源。

3. 网络信息资源的开发与利用对相关技术和设备的依赖性与日俱增，这势必会导致信息资源向某一局部区域过度富集，进而产生“信息富裕”和“信息贫穷”两极分化现象。这种资源分配模式不可能达到信息资源的效用最大化，只能导致网上信息资源浪费、冗余和利用低效率的后果。目前，网络信息资源在不同地区和不同组织的发展极不平衡，信息资源不能得到合理利用，不利于社会经济福利最大化。

二、网络信息资源配置的类型

网络信息资源的配置形式有多种，具体可分为空间配置、时间配置、数量配置和种类配置等几种类型。网络信息资源在空间、时间、数量和种类等多种形式上相互结合后配置的结果，是形成各种网络信息资源配置结构。

（一）空间配置

网络信息资源的空间配置，是指网络信息资源在不同地区、不同行业和不同部门之间的分布，实质上是在不同使用方向上的分配。目前，网络信息资源的空间分布存在比较严重的不均衡性，各地区、各行业和各部门并不能依靠信息需求和使用方向合理使用网络信息资源，原因是网络信息资源在不同地区、不同行业和不同部门的信息量分布和信息基础结构存在着很大的差距。网络信息资源的空间配置存在的前提，就是资源内容本身的非同质性和区域间经济活动水平的差异性，与其千差万别的用户需求共同作用引起了区域间信息资源的流通，进而导致了区域间网络信息资源结构上的差异。

网络信息资源在空间上有效配置的任务，是要寻求一种最佳组合方式，以使网络信息资源的开发和利用取得最大的效益。按空间配置网络信息资源，必须首先充分认识到国家经济发展在不同地区、不同行业和不同部门的不平衡因素，有重点地配置网络信息资源，运用各种市场的、非市场的手段调节和控制网络信息资源在不同的地区、行业和部门之间的分配关系，目的是追求网络信息资源在配置后能产生最大化的社会经济福利。网络信息资源配置后所产生的经济福利的大小取决于多种因素，如市场成熟程度、信息技术和资源条件、网络发展状况和社会公平，以及用户的消费偏好、受教育程度、职业状况和收入水平等。因此，只有在基础设施和上层建筑等多管齐下，建设出高效的高速信息网络，使网络结构合理化和用户整体水平提高，才能有助于网络信息资源确立最佳的空间配置模式，使网络按用户需求和使用方向合理配置网络信息资源。

（二）时间配置

网络信息资源种类繁多，各类信息自身的特点决定了其时效性差别较大，而不同的用户对信息的时间要求又各有不同。目前，对网上信息的更新周期尚未作出明确规定，更没有完整的体系结构，大部分是由各行其是和自行操作。这就必然带来信息老化和质量不高等众多问题，离网络化之后资源实现有效和即时共享的初衷有较大距离。因此，有必要对网上不同种类的信息资源按不同时间段进行合理的配置，才能保证网络信息资源结构的合理，最大限度地满足用户的需要。

网络信息资源的时间配置，是指网络信息资源在过去、现在、将来三种时态上的配置，从时段上看既有大小之分又有连续与不连续之分。网络信息资源的时间配置就是既要对不同时段的信息进行储存，又要满足用户对不同时段上信息的需求。在不同的时态上对不同种类的网络信息资源进行配置，是保证网络信息资源结构具有合理时效分布的重要指标，也是满足用户需求的前提。由于网络信息资源对时间的灵敏度极强，所以网络信息资源在时间上配置的经济意义是由网络信息资源内容本身的时效性决定的。及时的信息有可能价值连城，使濒临倒闭的企业复苏，而过时或过早的信息有可能一文不值，甚至有可能在使用后会产生极其严重的不良后果。

信息效用的实现程度与时间起始点和时间段大小的选择密切相关，不同网络信息资源的时效性大小和变化情况是不同的，如某些科技信息资源表现为逐渐过时规律，又如股市行情信息资源表现为快速过时规律，还有如某些商务信息资源受各种不定型因子的干扰和影响，表现出波动性和无规律性。因此，以信息时效性为依据进行资源配置，对于时效规律明显的网络信息资源而言，其在时间上的有效配置目标的实现较为容易，难点就在于控制和协调网上无时效规律的信息在时间上的配置。无疑这不仅需要理论上的知识作基础，而且需要有丰富的实际配置经验，还需要配置者多方面的素质相结合。

（三）数量配置

由于高速信息网络开放性极强，任何人都可以在网上自由地发布信息，因而网上的信息数量和种类繁多。这就使用户的选择余地大大增加，但同时也造成信息冗余，形成网上信息污染。如果将这种庞大的信息量堆放在用户面前，只能造成用户的选择困难和极大不便。当这种信息冗余大到用户不能容忍的程度时，这样的网络信息资源将根本无意义。因此，网络信息资源需要在数量上进行合理配置。

网络信息资源的数量配置包括信息的存量配置与增量配置、总量配置与个量配置。具体而言，就是该配置多少信息才能满足用户的全部需求。要满足用户的信息需求，信息资源存储量必须达到一定的规模，同时要根据新信息的巨量增长和信息需求的不断变化，及时组织存储新的信息。信息资源的存量是指一个地区、一个行业和一个部门网络信息资源的拥有量。信息资源的增量是指在一定范围内及一定时间内网络信息资源的增加量。在网络信息资源增量与存量两者之间存在着密切关系，增量是对存量的调整，对网络信息资源存量的再配置要以网络信息资源增量作为支持，以增量的投入带动存量的转移。一般情况下，讨论存量配置和增量配置的更多一些。存量配置是指对已有网络信息资源的分配，是对当前不合理的网络信息资源分布状况的调整问题，主要表现为载体形式的网络信息资源的再配置，它不考虑总体容量的增减，仅就现有网络信息资源在不同地区、行业和部门间进行流动和调剂；增量配置是指新增网络信息资源的配置，主要表现为配置经费的切分和调整，它意味着总体容量有所增加，核心在于如何在不同地区、行业和部门间实现均衡配置。

无论是存量配置还是增量配置，都要保证网络信息资源具有足够多的种类。种类也并非越多越好，而是以满足不同类型信息需求为依据，这需要研究总量和个量的关系。一般来说，网络信息资源无论是实现存量配置还是增量配置，无论是实现总量配置还是个量配置，都具有相当大的难度，因为任何个人或机构都可能既是信息的利用者也是信息的生产者，很容易导致所需要的信息千差万别和无所不包。实现均衡配置并不等同于平均分配，均衡配置是指在兼顾公平和效率的前提下，权衡国家、地区、行业、部门和个人用户的信息需求，有先后、有缓急、有侧重、有倾斜和有计划地配置网络信息资源，而这只有在存量配置和增量配置并举的前提下才能实现。

（四）种类配置

网络信息资源类型多种多样：从媒体类型上看，网络信息综合了文本、图形、声音、图像等，即多媒体信息。从内容类型上看，主要有：①非正式出版信息，如电子邮件、专题讨论小组和论坛、电子布告板新闻等；②正式出版信息，如各种数据库、联机杂志和电子杂志、电子版工具书、报纸等；③“灰色”信息，如通过各种国际组织和政府机构、企业和商业部门等单位的主页或网址，向用户提供一些没有纳入正式出版信息系统中的信息，即“灰色”信息。对于信息资源网来说，各种类型的网络信息资源配置应有合理的比例，而这个比例必须根据信息系统本身的技术条件和信息市场的需求来决定。

网络信息资源在时间、空间和数量上的配置必然要涉及信息资源的种类。目前，信息网络存在着巨大的开放性，任何入网者都可以在网上自由存放信息，也可以很方便地获取网上信息。网上的信息提供者和使用者每时每刻都在不断增多，这必然刺激着大量冗余信息在无“主管”的网络上迅速地膨胀。由于对既定的网络信息资源系统而言，当冗余信息量趋于零时，该系统必定是不同内容的信息的集合，集合中的每一信息都具有独特的性质。因此，网络信息资源系统规模的大小和服务能力的强弱，不能简单地看其信息拷贝数量是否庞大，而应综合性地以网络信息资源品种类型的多寡及其对用户信息需求的满足程度作为主要评判依据。一方面，各异的网络用户信息需求，使网上信息资源的种类几乎在任何情况下都显得有限和难以令用户满意；另一方面，迅速膨胀的信息冗余又在网上形成了新的和巨大的信息干扰，它们或被重复配置，造成网络信息资源品种类型十分丰富的假象，并将真正的有价值的网络信息资源淹没其中，使人们难以识别和利用。由此可见，尽管当前网络信息资源种类之丰富是空前的，但其有效配置的最终实现仍有相当大的难度，这势必要借助于一定的市场或人为手段，从技术、经济和人文角度对网络信息资源实行有效的、综合性的组织管理。

（五）质量配置

如果社会信息需求仅仅表现为追求数量上的满足，那么网络信息资源的有效配置就是提供尽可能多的和丰富的信息产品；如果社会信息需求同时或主要表现为追求信息的质量，那么网络信息资源的有效配置就应当包括信息产品质量的提高，以致把它当做一个最重要的方面。否则，就不能满足社会对信息的质量需要，网络信息资源配置就不可能是合理的、有效的和优化的。

目前，中国信息质量的需求呈增长趋势，而这种增长趋势主要表现为需求质量层次的上升和高质量需求量的增加。因此，在现阶段乃至今后的网络信息资源配置中，包括宏观配置、中观配置和微观配置都要充分注意到信息的质量问题，并将信息质量问题置于重要位置，从而提高信息资源配置的有效度或优化度。网络信息资源数量和质量不是孤立的，两者之间相辅相成，需要相互兼顾。若信息数量和质量的综合结果具有最高的社会效益和一定的经济效益，则网络信息资源就达到了最优配置。

第三节　网络信息资源配置的目标与原则

一、网络信息资源配置的目标

网络信息资源与其他经济资源一样，必须对其进行有效管理，通过一定的手段进行有效配置，使之能够最大限度地发挥作用，并最大限度地为人类谋福利。网络信息资源配置的目标是指引网络信息资源配置实践的具体行动纲领，它的制定需要从网络的实际发展情况出发，并且最终受到国家网络经济发展水平的制约。有专家提出网络信息资源配置的目标就是在一种由多个信息系统相互连接而形成的信息网络中，从网络整体需要出发，进行信息资源布局，通过网络内各信息系统的协调合作，逐步形成一个互通有无、互相补充和方便用户的信息资源结构体系，从而在有限的客观条件下，利用群体优势，以尽可能小的投入发挥尽可能大的网络中各类信息资源的整体效益，并最终达到我国信息资源配置的总体目标，实现信息资源的均衡配置。也就是说，网络信息资源配置的目标就是要实现信息资源的均衡合理配置和实现社会经济福利的最大化。其中，均衡合理配置就是在兼顾公平和效率的前提下，权衡国家、地区、行业、部门和个人用户的信息需求，有先后、有缓急、有侧重、有倾斜、有计划地合理地配置信息资源。网络信息资源配置的目标主要包括以下三个方面的内容：

1. 合理规划网络环境，加强网络信息基础设施的建设和改造，实现网络信息快速有效流通，实现其效益和价值的最大化；

2. 在兼顾公平和效率的前提下，根据用户需求在空间、时间和种类上合理均衡配置，实现网络信息资源配置的低成本和高效益，以提高网络信息资源配置效率；

3. 通过一定的法律手段，合理调节信息资源配置过程中各利益主体的分配关系。

网络信息资源的配置不仅需要国家政策的支持，而且还需要信息技术的配合，只有这样才能更好地实现网络信息资源在全社会范围内的均衡合理配置。

二、网络信息资源配置的原则

目前，网络信息资源分布不均衡，供求矛盾也较为突出，无疑是网络信息资源配置不合理的具体表现。因此，网络信息资源配置必须遵循网络信息资源分布的规律，遵循网络信息资源配置的原则。

（一）效益保证——网络信息资源配置的根本原则

根据帕累托最优理论，要使信息资源配置最为有效，就必然涉及各经济利益主体之间以及网络系统和系统环境之间的经济利益分配关系。判断网络信息资源配置是否有效，不能仅从某一方面或个体出发，而要站在整个社会的高度，以社会效益与经济效益最大化为判断标准。效益保证原则主要包括经济效益保证、社会效益保证和成本效益保证三个方面的内容。

1. 经济效益保证。网络信息资源从生产、传输、分配和消费的全过程是一个复杂的系统工程，其中牵涉众多的经济利益主体，涉及范围广大，而且运作的速度快。在这种网络系统中，每一个经济利益主体与其他经济利益主体既相互联系又保持相对独立。根据“帕累托最优”（Pareto Optimum）或帕累托有效（Pareto Efficiency）原理：在给定资源的条件下，如果没有哪种替代的资源配置方案能在不减少其他人福利的前提下使得一部分人比原有配置得到更高的福利，则原有的资源配置即为帕累托有效配置。有效的网络信息资源配置，必然涉及调整信息网络中各经济利益主体之间以及网络系统和系统环境之间的经济利益分配关系，保证其经济效益是必要的。

2. 社会效益保证。网络信息资源的经济效益不容忽视，但社会效益是评价其配置合理性的根本。帕累托最优理论为信息资源的有效配置提供了理论支持，判断网络信息资源配置是否有效，不能仅单纯从某一方面或某一个体或某些经济利益主体出发。在进行网络信息资源配置时，必须以社会经济福利最大化为判定标准，要站在全社会的高度从全局出发，综合考虑网络系统中各经济利益主体间相互独立而又相互联系的复杂关系，综合协调各个信息主体之间的利益关系，将信息资源的生产、传输、分配和消费等全过程进行有效结合，使其“生产最优、消费最优”，使网络信息资源最大限度地实现其社会经济价值，从而为整个社会创造更多的财富。

3. 成本效益保证。成本效益最大化是企业等经济利益主体追求的目标，但有些事业单位如图书情报部门却很少有人去思索成本与效益的关系，造成了信息资源的很大浪费。由数据费、通讯传输费以及其他相关技术设备费等成本构成的网络信息资源与传统的印刷型文献相比，其成本更为昂贵。因此，在配置网络信息资源时，应进行成本效益分析，把有限的资金用在“刀刃”上，选择价格合理和性能较高的网络信息资源及其配置，使其发挥出最大的社会效益和经济效益。

（二）需求保证——网络信息资源配置的基本原则

网络信息资源不论是在时间和空间矢量上的配置，还是在品种和类型上的配置，最基本的依据就是用户对网络信息资源的需求性。也就是说，网络信息资源配置应以充分有效利用网络信息资源为出发点，以最大满足社会用户需求为目的，即所谓“用户第一”、“ 用户需求第一”。只有最大限度地满足用户的需要，尽可能使用户都满意，才有可能达到社会经济福利最大化。

由于信息用户数量大且受教育的程度、从事的职业、个人的偏好和上网的水平等都各不相同，使其个人在需求的方式、方法、习惯和要求等方面也存在很大的差异。用户不同的个人信息需求及其信息需求的每一变化都会影响到各种资源配置模式和效益，进而影响到配置模式调整和选择的决策。传统资源配置模式中的“次第配置法”是一种典型的按需求导向设计的模式，能够很好地体现需求保证原则的重要意义。因此，网络信息资源配置只有以适应和满足社会发展与建设的需要为最基本的原则时，才有可能做到“物尽其用”，实现网络信息资源的“生产最优、消费最优”。

（三）质量保证——网络信息资源配置的关键原则

网络信息资源配置的质量与信息本身的质量密切相关，质量保证原则强调的就是信息本身的时效性、真实性、可靠性及实用性等因素。在目前的信息市场上，我国信息商品需求呈增长趋势，这种增长趋势主要表现为市场需求层次的上升和质量需求的提高。现阶段乃至今后的信息资源配置，应充分考虑信息商品质量问题，并将信息商品质量问题置于首要位置。在信息产业化条件下，信息市场的竞争表现为质量竞争，市场机制的引导或调节作用反映在信息商品的价格上，而价格又主要取决于信息商品的质量。因此，必须重视网络信息资源配置的质量，高质量的信息资源既可满足不同层次的需求，又可赢得更高的利用率和产生更大的经济效益。

（四）整体保证——网络信息资源配置的主要原则

整体保证原则是指网络信息资源配置应由国家主要管理部门，按照统一规划、分步实施和分工合作的思路和办法，在信息资源布局中立足整体、放眼全局、相互配合和调剂余缺，避免不必要的重复和浪费，从而发挥出整体效益。网络信息资源的整体配置是经济规律的客观要求，它可带来经济学中的一种“集聚效应”，是使每一信息都能发挥最大效益的保证。在传统的文献信息资源建设中，出现的条块分割、各自为政、缺乏协调等所造成的整体资源布局不合理、资源重复浪费等一系列问题值得注意。在进行网络信息资源配置时，中国高等教育文献保障体系（CALIS）提出的“整体规划，合理布局，相对集中，联合保障”值得推崇。目前，我国信息资源宏观配置管理中存在的“信息孤岛”现象不容忽视，例如各类不同配置主体如图书馆、档案馆、新闻与传播部门、经济信息中心和网络服务公司等在参与网络信息资源配置时协调配合甚少，不少信息机构就是典型的“信息孤岛”。美国著名的信息资源管理专家马尔香和克雷斯莱最初提出的“信息孤岛”及其管理战略，主要是针对微观组织内部的信息资源管理而言的，但这种认识对我国宏观层次的信息资源配置管理也具有一定的指导意义。

网络信息资源配置必须放眼全局和进行整体战略思考，使各信息系统进行合理的分工与合作，在充分发挥自身优势的同时，又相互紧密配合和调剂余缺，避免网络信息资源的重复配置以及不必要的浪费，这样既节省人力、物力和财力，又发挥出整体效益。

1. 整体保证原则要求集中与分散相结合。网络信息资源的集中配置是相对的，就中国互联网整体信息资源的布局而言，其不能过分集中在某个网络或网站。要在重点配置的前提下，兼顾到信息资源建设落后的网络或网站，以培养这些网络的新的“生长点”。这样，不仅能够有效地防止出现信息垄断，还可以体现公平的精神，促进整个网络的发展。

2. 整体保证原则要求合理分工与综合发展相结合。在网络信息资源配置中，每一个网络或网站都必须依据自身的服务对象、资源优势和建设目标，建立具有特色的网上信息资源，形成优势和特色的信息富集区，提供独特的信息服务。同时，每一个网络或网站在形成自身特色的基础上建立起来的相互联系的信息群和专业网络或网站之间的合理分工，与网络自身的综合发展并不是相互对立的，而是一个相互联系的有机统一体。

3. 整体保证原则要求协调共享。信息资源共享是网络化信息服务的主要特征，也是网络信息资源开发与利用的有效途径。在中国的信息资源配置中，信息机构仍存在着“大而全”、“小而全”的思想，将信息资源占有量作为评价信息机构工作质量的好坏，致使信息资源难以实现较大范围的共享，影响了信息资源配置的有效性。在市场经济条件下，信息资源借助于市场秩序进行合理流动，向最能产生价值或财富增值的方向流动，并使信息生产者和传递者获得相应的补偿，这无疑是信息资源共享的一种有效形式。

（五）公平保证——网络信息资源配置的首要原则

公平是当前衡量社会效益的一个最重要的尺度，它意味着经济福利在所有相关的地区、部门、组织和个人之间的分配达到均衡状态，这种均衡分配与平均分配有着截然不同的含义。网络信息资源配置中的“公平”不仅意味着机会均等，即各利益主体公平利用网络信息资源的机会和平等发展的机会均等；同时也意味着分配上的公平，没有分配上的公平就不可能实现机会均等。目前，中国网络信息资源的分布失衡，而且不同地区和部门网络信息资源占有和利用水平以及获利程度的差异，可进一步影响其网络信息资源的积累水平和流动能力，造成失衡进一步加剧，同时资源配置模式的不同又对满足用户需求有着很大的影响。针对这种情况，不能采取“一刀切”的方法去平均分配网络信息资源，这只会使投入的网络信息发挥出较低的效益，造成更大的浪费。也就是说，网络信息资源配置要有计划、有重点、有步骤地发展和建设，优先配置基础较好、利用率较高的网站或网络，形成一定规模的“优势”和“特色”产品。同时，有步骤地开发基础较差的网络，采取波浪式推进的“梯度”发展战略。

遵循公平保证原则，就是要客观、公正地对待每一个利益主体和网络用户，合理而均衡地分配资源，真正满足每一位用户的需要，实现社会经济福利最大化。值得注意的是在公平保证原则中，必须考虑效率因素。只有在兼顾效率的前提下，才能在较长的时间内和在较高的水平上实现网络信息资源均衡化。

（六）政府保证——网络信息资源配置的重要原则

政府是有效配置网络信息资源中的一个重要因素，政府保证原则是网络信息资源配置的一个必不可少的重要原则。福利经济学家霍布森（J. Ahobson）认为：为了保证最大社会经济福利，政府必须干预经济生活。尽管市场供求、价格、竞争和风险机制的充分运作，可以有效地调节网络信息资源在生产、传输、分配、开发与利用等过程中的经济利益和经济关系，可以通过市场的驱动提高网络信息资源配置效率。但网络信息市场具有辐射面广、用户多和交易直接等特点，是典型的非对称性市场，其价格时刻反映着市场上的供需变化。

尽管市场是进行资源配置的有效手段，但市场调节作用并不是万能的，过度的竞争容易导致无序化。当网络信息资源不能通过市场有效配置时，就必须发挥政府宏观调控的作用，从而弥补单靠市场配置信息资源的缺陷。美国政府是国家信息基础设施建设最积极的倡导者，其作用和影响使美国网络信息资源的组织和管理居于世界领先地位，其信息资源配置状况和水平也堪称各国楷模。市场是推动网络信息资源配置趋于合理的基本动力，政府则是优化网络信息资源配置的“稳压器”，其作用突出表现在：

1. 政府综合运用政策、税收、法律等手段营造一个健康、有序的市场环境和公正的社会环境，以保护各利益主体和网络用户的合法权益，防止发生侵害行为。

2. 各级政府依据国有资产管理法律法规，对国有企业坚持政企分开，实行所有权和经营权分离，在代表国家履行出资人职责和享有所有者权益的同时，保证企业自主经营，与其他性质的市场参与者公平竞争。

政府部门要建立沟通与磋商机制，协商解决网络信息资源建设过程中的各种问题，利用经济和政策杠杆，并通过制订完善的信息法规和信息政策，保证网络信息有效配置的外部环境良好，从整体上促进我国信息产业的快速发展，从而使其创造出更大的经济效益和社会效益。

第四节 网络信息资源配置的层次与机制

一、网络信息资源配置的层次

网络信息资源配置的层次可分为宏观配置、中观配置和微观配置三个层次。网络信息资源配置的层次不同，其配置方法、配置目标和配置重点等也不同。网络信息资源的宏观配置主要是面向一个国家，强调的是总量配置效果；网络信息资源的中观配置主要是面向一个地区或行业，强调的是分量配置效果；网络信息资源的微观配置主要是面向各个信息企业或信息部门，强调的是个量配置效果。在这三个层次的网络信息资源配置过程中，宏观配置和中观配置是微观配置的前提，微观配置是宏观配置和中观配置的基础。

（一）宏观配置

网络信息资源的宏观配置是一种战略性的信息资源配置，是由国家和政府信息资源管理部门运用经济手段、法律手段和行政手段对网络信息资源加以调节，从而实现网络信息资源优化配置的目标，以达到满足整个社会不断增长和日益深化的信息需求的目的。这种宏观层次上的网络信息资源配置，一般是通过国家和政府有关政策法规、管理条例和发展规划等来实现对网络信息资源的组织、协调和开发利用，使网络信息资源按照国家宏观调控的目标，在不影响国家的信息主权和信息安全的前提下得到最合理的开发和最有效的利用。

一个国家的不同地区、行业和部门之间在利益关系上总是存在着整体利益与局部利益、集体利益与个人利益的矛盾，在经济发展水平上和资源分布上总是存在着不平衡性，因而有必要加强信息资源的宏观配置。从信息产业发展历程考察，对信息活动中的各种资源进行宏观配置，是信息产业发展的客观要求。信息产业产生于规模经济大发展和经济开放度高的时代，它从产生时起就以规模经济为起点，要求市场具有广域性。同时，信息产业是一个技术含量高、产品及生产要素更新快的产业，如果不对信息资源进行宏观配置，一方面必然导致在地方利益约束下的经济封锁，从而阻碍信息资源与信息商品的共享；另一方面也必然导致信息资源的重复配置和低效配置，不能发挥信息产业作为国民经济主导产业的作用。

国家和政府从宏观层次上对网络信息资源进行配置管理，主要通过以下过程来实现：国家和政府信息资源配置计划—→财政拨款—→获得信息资源—→配置于信息活动的过程。这种配置过程虽然较易实现，但它却割断了信息商品生产者与信息市场之间的内在联系，各种信息资源很难通过市场进行选择和重新组合，比较有利于实现网络信息资源的“数量”配置。

网络信息资源的宏观配置应遵循以下几项基本原则：①信息资源是一种重要的经济资源，要从思想上把它提高到战略的高度去认识；②信息资源配置管理体制是一项复杂的社会系统工程，规模巨大和结构复杂，必须实行分级分类配置管理；③国家的信息资源配置主要是确定目标，进行投资决策，并为各级政府业务部门的中观层次的信息资源配置提供条件；④大力推广使用现代信息技术，以提高信息资源的开发水平和利用效果；⑤确定信息资源配置的保密和保存制度，协调与国际间的信息资源交流关系。

从宏观层次上进行网络信息资源的配置，需要着重解决三个方面的问题：①国家信息资源体系的规划和建设，主要是国家信息资源保障体系组成结构的设计和动态平衡发展；②现有信息资源分布状况的调整，主要是不同地区和行业之间，以及不同地区和行业内部的组织之间不合理的信息资源存量的调剂；③新增信息资源的规划，主要是新增信息资源在不同地区和行业之间，以及不同地区和行业内部组织之间的分配及其比例的确定。

总之，宏观层次的网络信息资源配置是保证信息资源开发利用活动顺利进行，以及降低资源开发成本和提高信息资源利用率的最有效的方式。其主要任务是从总量上和结构上组织、协调网络信息资源的开发与利用活动。近年来，随着国际间信息资源开发与利用问题的日益突出，中国宏观层次的信息资源配置将会逐渐同国际信息市场接轨，以便实现国际信息资源的有效配置。

（二）中观配置

网络信息资源的中观配置一般是由各地区和各行业的信息资源配置部门，通过制定地区或行业性政策法规、管理条例和发展规划等，来实现对本地区、本行业内部的信息资源的组织、协调和开发利用活动，以及组织、协调本地区、本行业与其他地区、行业间的信息资源交流，使本地区、本行业的信息资源开发利用活动在总体上与宏观层次的信息资源配置活动相互协调，以便更好地开发利用本地区、本行业的信息资源。

中观层次的网络信息资源配置活动是介于宏观与微观之间的一种网络信息资源配置活动，它具有承上启下的功能。因此，中观层次的网络信息资源配置，原则上既要符合宏观层次的信息资源配置的需要，又要有利于指导和规划微观层次的信息资源活动，两者缺一不可。中观层次的信息资源配置的主要任务是在本地区、本行业范围内组织和协调信息资源的开发利用活动，因而由此引发的一切信息资源配置效果都是针对以本地区、本行业的信息资源开发利用而言的，具有明显的区域或行业性质。

从中观层次上进行网络信息资源的配置，需要着重解决五个方面的问题：①特定组织在其所属地区或行业中的位置及其所决定的信息资源体系的特点；②特定组织在其所属信息网络中的分工及其所决定的信息资源体系的侧重点；③特定组织应该满足组织成员哪些信息需求及其所决定的信息资源体系的结构；④特定组织内部现有信息资源体系的调整；⑤新增信息资源内容和媒体结构的确定。

（三）微观配置

网络信息资源的微观配置是最基层的信息资源配置，是由各个企业或部门等基层信息组织对网络信息资源进行多种形式的组合，从而形成合理的信息资源体系。其主要任务是认清企业或部门等基层组织中各级各类人员对信息资源的真实需求，合理组织和协调信息资源的开发利用活动。

随着社会信息化程度的提高，非信息企业内部开始出现自立的信息服务部门，其主要目的是挖掘内部信息资源，服务于生产、管理和销售等环节。这些部门更清楚自己单位内部蕴涵的信息资源和单位内部各部门和各级各类人员的信息需求，虽然其信息活动与生产、管理密不可分，但作为一个部门或管理系统充当的是信息企业必须完成的信息功能。由于没有成为独立的企业，无论它是企业内的一个部门，还是企业自身建立的信息管理系统，这种对企业内部信息资源的匹配、组织都属于微观信息资源配置。据国外企业大量信息工作实践所作的统计分析表明，企业信息资源有85%蕴藏在企业内部。如何实现这些资源的有效配置，成为企业家的突破口。非信息企业信息资源的配置要以促进本企业的生产、经营和管理为宗旨，以满足企业生产、经营和管理需要为原则。

由于市场的竞争日益激烈，企业越来越重视技术信息、产品开发信息、市场信息和竞争信息等，越来越多国家的企业开始重视这些信息资源的有效配置和合理使用。自20世纪80年代以来，在以美国为首的西方国家中的一些大型企业里相继出现了“首席信息经理（chief information officer，CIO）”这样一个引人注目的高层管理职位（相当于企业的副总经理），其主要职能是全面负责所属企业或其他基层经济实体的信息资源的统一配置及其开发和利用，包括负责开发企业的信息技术、健全企业的信息系统、管理信息人员、实现企业内部的信息资源共享、沟通最高决策者与信息部门之间的联系、协调和组织企业内外的信息交流关系等。CIO的出现，使信息资源配置工作者的行政地位提高到最高决策层次，标志着微观层次信息资源配置工作的地位与作用日趋重要。CIO成为微观信息资源配置的“热点”，成为一种微观有效的资源配置机制或制度。

信息企业或信息部门的网络信息资源配置，是网络信息资源微观配置的重要内容。对信息企业或信息部门而言，网络信息资源配置旨在利用经过配置而形成的合理的信息资源体系，生产出有形和无形的信息产品，以满足社会信息需求而获取利润，或者满足企业或部门自身发展的需要。从投入来看，信息生产设备、通讯设备和信息人才相当于物质商品生产企业投入的机器、劳动力，有用的信息则相当于特质商品生产企业的原材料。原材料的配置以信息商品的市场供求关系和价格所反映的市场信号为导向，兼顾自身的生产能力。生产出的信息商品既可以是最终消费品，也可以是中间产品。前者进入消费领域，而后者进入生产领域，成为其他企业的生产要素。

二、网络信息资源配置的主要机制

网络信息资源配置是网络信息资源在过去、现在和未来等不同时间上，在地区、行业和部门等不同空间上，在存量和增量等不同数量上以及各种不同种类上的分配，网络信息资源的有效分配往往反映为通过各种方式的有效供给保障。网络信息资源的配置机制就是网络信息资源配置的方式和手段，即网络信息资源配置的一套结构化的规则。不同手段之间的科学和合理地选择及其互相间的协调和配合，便形成了网络信息资源配置的方式和方法。也就是说，在有限的信息资源条件下，通过一定的方式把各种网络信息资源分配到适当的位置上，最佳地安排对信息需求者的供给，使网络信息资源得到有效和合理利用，使所有使用者产出的收益总额为最大。网络信息资源配置机制的优劣，可以用其对整个信息系统发展的贡献来衡量，看其是否能激励和促成正面影响并避免和消化负面影响。网络信息资源配置的主要机制包括时空配置机制、政府配置机制、市场配置机制、产权配置机制和自发配置机制等几种。

（一）时空配置机制

对信息资源配置时间和空间机制的研究，基于信息和信息资源的生命周期。信息本身是有生命周期的，而信息资源是由多种信息元素所组成，故信息资源本身也有自己的生命周期。在网络信息资源配置过程中，就必须考虑信息、信息资源的时间和空间效应。生命周期的长短，不仅取决于信息与信息资源的内在质量，而且也取决于信息与信息资源生存发展的生态环境。一方面，从资源管理者主体的角度看，就是要确保正确地应用，即“在正确的时间，以正确的费用，达到正确的服务级别”。另一方面，从资源利用者的角度看，就是要在适当的时间和适当的地点，以最小的成本获得最大信息需求的满足。在这两个方面上实现最佳结合，以解决由于信息不对称所带来的不尽如人意的效果。

信息生命周期是信息从产生、处理与整序、传播利用的整个信息活动过程，信息生命周期管理则是对信息活动周期的管理。如果从效用价值的角度分析，信息生命周期管理就是从信息价值的形成到使用价值的实现，以及信息边际效应最大化的过程管理。可见，网络信息资源配置就要充分考虑如何实现信息效应的最大化问题，而信息效应的最大化首先表现在具体时间和空间的环境中。因此，信息资源的时间和空间机制紧密联系在一起。

1. 网络信息资源的时间配置，就是对网络信息资源要素在时间序列上的科学配备。这种配置从时间序列上看，表现出明确的纵向关系。也就是说，在这种纵向关系上既有过去、现在和未来之分，又有关联和非关联之分。网络信息资源在时间序列上配置的社会与经济效用，在一定程度上是由网络信息资源内容本身的时效性决定的。不同类型的网络信息资源的时效性长短和变化情况不一样，使信息效用的实现程度与起始时间点和时间跨度大小的选择密切相关。一般表现为“渐行”和“即行”，所谓渐行是指信息生命周期比较长，从产生到消亡有一个渐变的过程，如文献信息资源等；所谓即行是指信息生命周期非常之短，瞬时消亡，如股市信息资源等。

2. 网络信息资源的空间配置，就是网络信息资源在不同空间范围内的要素配备。网络信息资源空间配置的前提是不同空间中网络信息资源内容本身的差异性，网络信息资源结构的差异性、经济水平的差异性和信息资源流向的差异性等。因此，网络信息资源的空间配置机制，就是要运用一切市场的和非市场的手段，调节和控制网络信息资源在不同国家之间、不同地区之间、不同行业之间、不同部门之间等不同空间的分配关系。

建立网络信息资源配置的时空机制，就是要实现网络信息资源最大化的经济福利。由于信息资源最大化的经济福利受到诸多方面的影响，诸如市场体制与机制、社会公平、信息资源使用者的消费偏好和信息消费水平等，因而网络信息资源时空配置机制的目的就是要探索对信息资源影响因素的影响权重，并建立新的网络信息资源时空配置的有效方式。

（二）市场配置机制

市场经济理论认为，资源利用的优化配置必须通过市场公平竞争，发挥价值规律的作用主要依靠市场进行，市场配置资源是市场经济的本质。网络信息资源与网络信息产品是社会总财富的一个组成部分，必须符合利润最大化和价值规律进行配置。在社会总分工体系下，生产劳动过程中的网络信息配给，不仅有工作规范、工作量、指标定额等与工资结构之间的约束，实际表明为一种投入劳动、支配生产资料与产出的匹配关系，而信息分配作为一种特殊的生产“工具或原料”所要求的配置，构成了生产成果配置的先决条件。

1. 市场配置过程。市场机制能够通过价格信号自动地以较低的成本合理地配置资源。在经济学理论中，市场制度通过非人格化的价格信息的传递，集中显示了生产者的成本水平和消费偏好，在竞争法则的作用下，资源从低效率的地区行业或部门流向高效率的地区行业或部门。

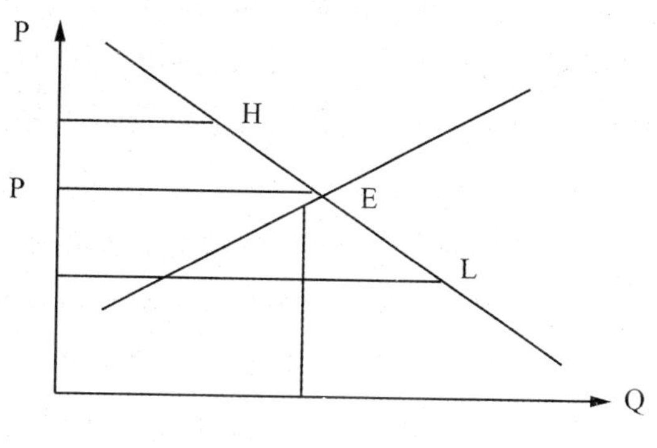

图 18　价格机制

图18显示了一般价格机制的配置资源的功能。对实际价格高于均衡价格P时，市场需求小于供给，竞争迫使价格从H向均衡点E移动，价格下降。反之，当实际价格低于均衡价格P时，市场需求大于供给，竞争迫使价格从L向均衡点E移动，价格上升。

自由市场被认为是迄今人类所发明的最为高效经济配置稀缺资源的制度。一般均衡条件下，个别利润率与平均利润率的差别可以引导市场机制自动实现资源在产业问的优化配置。如果个别行业的利润率短期内高于社会资本平均利润率水平，则表明在该行业资本的价格高于其他行业资本价格。作为一个资本稀缺的信号，将吸引资本从其他行业转入到该行业，平衡资本的供求。资本流动的结果，一方面减少了其他行业的资本供给，另一方面增加了高利润率行业资本的供给。随着生产规模的扩大，商品市场上的价格趋于下降，这样就导致了行业利润率的下降。经过长时间的调整，最后所有的资本就获得社会平均利润率。换句话说，资本市场达到了均衡。资本在任何两个行业之间流动所获得的边际收益都相等。其过程如下：

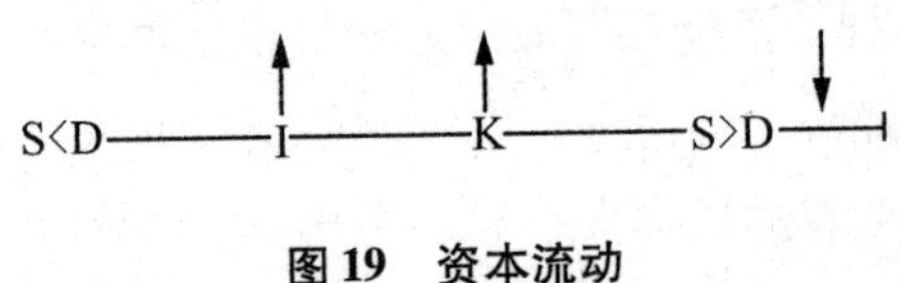

图19　资本流动

从另外一个方面来看，假如一个企业在行业中只能获得低于平均利润率的收益，则企业必然不能长期维持。要么是退出，要么是破产，其实质也是资本流出该行业，或者是转入到该行业其他资本所有者，客观上也是资源的重新配置。

上述情况是对一种理想的完全竞争市场而言，不存在行业进入和退出壁垒。再考虑另外一种情况，即虽然目前行业利润率没有高于社会平均利润率，甚至低于社会平均利润率，但是预期在将来会获得高于社会平均利润率的收益，是否也会促使资源向该行业流动，当然答案是肯定的。这里更为强调的是熊彼特式的“企业家”的创新作用。

新兴行业就呈现出这样的特点，在网络经济中特别明显，风险投资青睐于高新技术产业是一个例证。这样的预期有时候会由于某个企业出于战略发展上的需要，而出现某种程度的变形。由企业战略投资引起的资源配置，不能由完全竞争的模型来解释，在不完全竞争的情况下，资源配置的效率要低于完全竞争情况下的效率。即通常所说的市场失灵，但是市场失灵除了可以由政府来进行补充外，企业的高效率似乎也是弥补市场失灵的一种替代。这样的观点实际上隐含在科斯的企业理论里。

信息资源的市场配置是通过市场机制对信息生产的自组织过程实现的。信息资源市场的价格体现了局部市场的供求状况，利润率将引导资本流入和流出信息生产企业，工资率也将成为劳动力进入和退出信息产业的一种信号。生产要素的不断地流动和重组，就完成了信息、资源的市场配置过程。

2. 市场配置机制的作用。网络信息资源的市场配置是由信息资源供需双方，以市场价格和市场供求关系变化等分散信息为主要依据，进行自由选择。从某种意义上来说，市场就是一种价值规律自行调节的经济体制和经济运作方式，与“计划”或“国家调节”相对应。

网络信息资源的市场配置是基于信息不完全和非对称的市场条件，通过经济信息或市场信号来消除或减少信息市场活动中的不确定性，实现网络信息资源的配置。由于市场信息本身的特性、市场分割、信息传播系统和人类的“有限理性”等因素的限制，市场活动的参与者所需的信息资源并不能全部无偿获得。同时，市场活动的参与者中总有某些人掌握着其他市场参与者不了解但却需要的信息资源，这些信息在某些情况下可能被掌握者所垄断而不能得到传播。但在有些情况下，掌握信息的市场活动的参与者也希望自身掌握的信息能够有效地提供给其他社会成员。然而，掌握信息的人往往不愿无偿地向其他未获得信息的人提供信息，与此相反，在某些情况下提供信息甚至还需要掌握信息的人付出成本。对于供求双方而言，通过市场价格信息可以实现自动调节供求关系，完成信息资源的买卖交易，从而围绕供求机制、价格机制、竞争机制和风险机制等市场机制，以供求信息、价格信息、竞争信息和风险信息等市场机制要素信息的交互作用来实现信息资源的市场配置最优。

所谓网络信息资源的市场配置机制，就是指市场通过价格杠杆自动组织信息的生产和消费的过程，也就是通过市场机制体内的供求、价格、竞争和风险等要素之间互相联系及作用机理来消除或减少信息市场活动中的不确定性，从而实现网络信息资源的优化配置。网络信息资源的市场配置机制主要是运用包括供求机制、价格机制、竞争机制和风险机制等市场机制对网络信息资源进行有效配置。具体地说，其作用主要包括以下几个方面的内容：

（1）供求机制调节网络信息资源的市场均衡。供求机制是调节市场供给与需求矛盾，使之趋于均衡的机制。供求联结着信息资源的生产、交换、分配、消费等环节，是信息资源生产者与消费者经济关系的反映与表现。供求运动是市场内部矛盾运动的核心，价格、竞争、货币流通等其他要素的变化都围绕供求的变化而展开。信息资源供应和企业的成长与发展受到供求机制影响，供求机制可以调节信息商品的价格，调节信息商品的生产与消费的方向和规模。同时，供求结构的变化还能调节信息产品的生产结构和消费结构的变化。

网络信息资源管理的最终目的在于促进网络信息资源的充分共享，提高信息资源的效用价值，最大限度地满足社会不断增长的网络信息需求。这就决定了开发建设网络信息资源的立足点和着眼点在于网络信息需求，而网络信息需求也是市场配置网络信息资源的起点和终点，供需关系促使各类网络信息资源管理主体要关注、了解和调查信息市场的供求变化，根据信息商品数量和价格间的关系来组织信息商品的产销，使信息商品的规模、结构、档次、质量、数量、销售和服务内容以及替代商品等与市场的需求大致平衡，并随市场的变化而变化。同时，为保持竞争优势，管理主体还要具有超前意识，准确预测信息市场的变化趋势，最大限度地引导市场，满足多方面的需求，以获取尽可能高的利润。

（2）价格机制引导网络信息资源配置的方向。市场把信息生产成功与否的裁决权交给了需求者，这既达到了使信息生产服务于需求者的目的，又达到了引导信息生产的目的。需求者需求的变化，常通过市场价格反映出来，而创新开发活动常常在“节省那些价格变得相对昂贵的生产要素”

的方向上进行。

价格机制是网络信息资源配置过程中最灵敏最有效的杠杆，网络信息资源的价格是网络信息资源的产权价格。在信息市场中，网络信息产品的价格上升，可能会降低公众信息消费，供给大于需求，生产者就会降低对网络信息资源的投入，资源配置的速度和数量就会降低，信息资源就会流向其他能够实现其效用的信息产品生产中。可见，价格信号的变动是价格机制对网络信息资源流向及需求量与潜在供给量变动的灵敏反应，是供求机制的作用结果。因此，通过市场价格机制能够有效的引导网络信息资源的供给与需求，网络信息资源在价格体系的作用下往往能够被最能实现其价值的需求者所利用，实现其效益的最大化，可以说价格配置机制是市场经济条件下最有效的资源配置机制。

（3）竞争机制实现信息业最适度的配置。竞争是市场有效配置的原动力，竞争机制主要作用于市场机制的主体之间，竞争关系的展开形成了资源的配置过程，反过来又调节供求关系，使资源在组织内部及组织间进行合理配置。

在网络信息资源的国家宏观调控下，网络信息资源的生产者、投资者通过与政府合作、签约、申请许可证等形式参与网络信息资源的开发和建设，通过瞄准信息市场需求，密切注视竞争对手的市场行为，并随行情变化而调整自己的信息生产经营策略，使得资本、信息和劳动力等要素在生产者内部实现效用的最大化。但就实际运行而言，信息市场的竞争并不完全，政府及其所属的国有企事业部门凭借其身份优势、设备优势和专业优势等可优先获得网络信息资源的市场经营资格乃至垄断经营特许。如果打破这种传统的体制，生产者的创新水平和社会的信息产出水平就会有明显的提高。因此，在市场经济条件下，由于利益的驱使，市场竞争机制使得信息资源生产者最大限度地降低投入与产出的比例，同时满足整个社会最大化的追求，做到“最优配置”与“最优消费”，从而实现信息资源的有效配置。

（4）风险机制提高网络信息资源配置的质量。风险机制是市场运行的约束机制。信息生产的投资是不可逆的，因而信息生产的风险明显存在。

它以竞争可能带来的亏损乃至破产的巨大压力，鞭策市场主体努力改善经营管理，增强市场竞争实力，提高自身对经营风险的调节能力和适应能力。在纯粹的计划体制中，信息生产活动只是按照上级的计划和要求，而不是根据市场需求，企业和个人的经济利益都与开发创新活动的成败无关，因而缺乏有效的激励机制。在这种体制下，发明、创新和信息生产变成了一种任务和义务，变成了德国社会学家韦伯（M. Weber）所说的“惯例性活动”。熊彼特指出，一旦创新变成为一种惯例活动，创新便失去了作为经济增长发动机的意义。因此，在市场体制和市场经营中，任何生产者在从事生产经营中都会面临着盈利、亏损和破产的风险，包括信息资源经营者。运用市场风险机制，可以使信息生产者更加慎重地考虑投资和营销等，从而确保信息资源产品的质量。

实践证明，市场配置机制能根据近期信息资源消费者的需求来开发和分配网络信息资源，通过市场供求信息、市场价格信息、市场竞争信息和市场风险信息等的变化，直接约束网络信息资源的流向和流速，从而有利于缓解网络信息资源的相对稀缺性与用户信息需求的无限性和多样化之间的矛盾，对网络信息资源的短期配置起着良好的引导作用。当然，市场具有信息生产和经营的自组织功能，并不等于说由市场自然引致的信息产出水平能够自动达到社会最优水平。阿罗曾指出，由于信息的公共商品特性，无论是完全竞争还是在垄断市场结构下，其产出水平都将低于社会最优水平。这就提出了一个信息生产的非市场激励问题，必须借助非市场手段以弥补市场机制的缺陷。

3. 信息市场失灵。尽管完全竞争市场能够以最低的成本自动导致资源的有效配置，但在现实中其前提条件却经常不能满足。换言之，完全竞争市场只能是一种“理想”，或者说只是一种高度简化的模型。在实际的社会经济活动中，特别是在市场体系发育还不够完全的发展中国家，市场机制本身还存在着许多缺陷，市场中的资源不能完全自由地流动，而且地区间和行业间存在许多障碍，价格信号通常不能及时和真实地反映资源的稀缺程度，因而市场机制常常无法有效地自动配置资源，从而使得放任的自由市场偏离最佳状态，这在经济学中被称为“市场失灵（Market Fail-

ure)”。信息市场也存在失灵现象，信息作为现代经济发展的主导资源，同样也需要进行合理的配置，以使信息能得到充分利用，产生出最大的效用。然而，由于信息资源的特殊性，如果单纯依赖于市场的调节作用，并不能使信息资源的配置自动达到均衡，实现帕累托效率，这就是“信息市场失灵”。

（1）信息市场失灵的表现。主要包括：

一是信息市场本身并不能保证一个最有利于信息生产的市场结构，也不能自动创造一个良好的外部环境，或制定出与信息活动有关的法律和政策。

二是现实的市场信息并非完全透明，市场信息有已知的“白色信息”，半知的“灰色信息”和未知的“黑色信息”，加上市场体系和市场机制也不可能尽善尽美，信息资源供需双方均只能根据现期价格信息和市场供求信息的状况，对下期行为做出预测和判定，使得市场调节存在事后调节的滞后性，从而决定了市场调节速度的相对缓慢性。另外，市场调节主要是根据市场信息的变化进行的，因而市场调节还易造成市场调节目标偏差和市场调节成本偏高。

三是产权明晰（包括无形产权和有形产权）是信息市场有效性的前提，但市场本身不能界定产权。

（2）信息市场失灵的原因。由于信息产品和信息生产的一些特殊属性和规律，与一般市场相比，信息市场的资源配置功能相对要弱一些，或者说信息市场失灵的问题表现得更加突出。其原因主要有以下几个方面。

一是信息具有外部效应。一部分经济主体的经济活动对与之无关的经济主体造成的有利或不利的影响，使其产生额外的成本或收益，这种现象称为外部效应。在信息资源配置过程中，一部分配置主体的配置活动必然会对另外一部分与之无关的主体产生有利或不利的影响。例如，在配置过程中产生的信息生态问题、信息侵权问题就属于典型的“外部效应”问题。信息商品和信息服务既有正的外部效应，又有负的外部效应。当其具有正的外部效应时，信息生产的边际收益小于边际社会收益，生产者掌握着信息却并不愿意投入信息生产，从而导致信息生产不足，信息资源配置无效；当其具有负的外部效应时，将会把成本强加给市场上并不直接消费信息商品和信息服务的消费者或其他生产者，从而使信息市场偏离均衡，信息资源配置也是无效的。由于外部效应的存在，私人的成本或收益与社会成本或收益出现偏差，有可能导致市场失灵。从最近几年来中国信息资源管理的实践看，伴随信息积累出现了信息超载和信息污染等严重的信息生态问题。一些地区、部门或个人为了组织起自己的虚拟信息馆藏或数字化信息中心，往往大量复制使用各种适用信息，由此产生的信息侵权问题也屡见不鲜。无疑这些问题是很难通过市场来解决的。

二是信息的公共物品属性。公共物品是供公众消费的物品，公共物品的消费具有非竞争性、非排他性和非消耗性。信息资源的公共物品属性，使得信息生产者的成本无法通过市场机制自动地得到有效的补偿，无法将成本与收益落实到每个消费者身上，在其配置中市场机制很难发挥作用，可能导致市场失灵。

三是信息活动的非营利性。教育和基础性研究这类基础性信息活动的开展，并不是出于商业目的，所以市场机制无法对其进行自行调节。

四是信息不完全。完全的信息是生产者或消费者作出正确决策的条件。在信息不完全的情况下，生产者或消费者有可能对商品或服务的价值作出不恰当的判断，使产出不能达到社会效用水平，进而导致市场失灵。

五是信息商品的垄断性。完全竞争是实现帕累托最优的必要条件，而现实中的市场竞争却是不完全的。垄断的存在削弱了市场的竞争性，使价格机制无法有效地产生作用，其结果将直接导致市场失灵。信息商品和信息服务的垄断性表现在两个方面：一是信息商品和信息服务的初始成本很高、边际成本很低、并且边际收益呈现递增的态势，使最先的研制开发者在生产上容易形成垄断。而信息产品的连带消费，会对消费者形成“锁定”效应，这又进一步强化了市场领先者的垄断地位。二是信息的生产大多具有创造性，保护其合法权益需要用法律来排除信息商品的共享性而形成垄断。这个时候就会形成垄断价格，使市场价格高于边际成本，导致信息资源的市场配置无效。

六是信息市场中的信息不对称。价格在市场中的重要功能之一，是传递资源稀缺程度的信号。在信息市场中，由于信息的效用具有不确定性，它在很大程度上取决于消费者对信息的偏好（主观评价）和利用能力，而且在空间上（生产者与消费者之间）和时间上（事前与事后）都存在着严重的信息不对称。因此，价格的这种信号功能被大大地削弱，这就使得信息市场中的交易活动带有很大的随意性和盲目性，妨碍了信息交易的有效性。

无疑网络信息资源的市场配置更适合于短期配置，更容易在市场信息通道非常畅通和信息获取、信息交互成本很低的情况下实现信息资源配置优化。但是，在信息不完全的现实经济环境中，特别是在具有不利选择和败德行为的条件下，市场机制对网络信息资源的配置难以达到最优。

（3）信息市场失灵的矫正。信息市场失灵可导致信息资源配置的无效率，为对信息市场失灵进行矫正，则需要政府的调节，通过政府干预实现信息资源的有效配置。

一是法律途径。法律是市场“游戏规则”，它可以规范经济主体的行为，保障市场的公平竞争和有效运行。政府可以通过法律，间接地干预信息资源的有效配置。

二是行政途径。行政途径是政府实施行政的直接干预手段。政府通过强制手段来规范经济活动主体的行为，以保障社会及公众利益，实现社会整体目标。例如，实行信息、网络市场准入制度，对信息、网络的内容及行为实行管制，国家制定信息产业规划等。

三是市场途径。市场途径不是政府直接干预经济活动主体的行为，而是通过经济手段来改变微观主体的成本与收益结构，进而达到改变其行为的目的。例如，税收和补贴等。

政府调节也有缺陷和不足，如果市场过分依赖政府调节，也可能导致“政府失灵”。因此，在绝大多数情况下，信息资源配置应以市场配置为主，以政府调节为辅。[57]

（三）政府配置机制

经济学家斯蒂格利茨指出：“只要承认信息不完全，那也就应该承认市场不能通过自己的机制实现经济的高效性，一定需要政府干预，这就预示着政府要扮演重要的角色。”信息资源在社会发展中的独特地位及特点，决定了政府必然要在信息资源配置中发挥重要作用。

尽管人们认为市场是迄今为止配置资源最为有效的手段，但是市场经济制度本身存在的一些不可避免的缺陷仅依靠市场是无法解决的，这就需要一个超越于市场的组织——政府来弥补这些缺陷和作为市场机制的必要补充，从而为政府配置资源提供了事实依据。为了实现社会信息资源的有效配置，政府有对社会信息资源配置进行监督、协调、控制的权力和指导、扶持、服务的职责，可以对信息资源从宏观、长期层次上进行方向上的信息资源配置预测和政策指导，以及对信息资源进行多方位多角度的协调与平衡，使其达到优质的组合。但是，政府干预并不意味着比市场更加有效。实践表明，单独依靠政府计划方式配置资源，不仅成本更高，而且经常会导致资源无效配置，中国在这方面的教训是十分深刻的。同样，在信息资源配置方式上，政府干预只能作为一种辅助性手段发挥其作用。

1. 政府配置机制的内容和工具。网络信息资源的政府配置机制是指政府利用政策、法律、税收工具等，或通过直接投资和财政补贴来调整信息产出。由于信息资源是具有一定公共性质的资源，信息产品和信息生产具有外部性、公共物品的属性、垄断性等一些特殊的属性和规律，与一般市场相比，信息市场的资源配置功能相对要弱一些。由于信息资源的这些特殊性导致信息资源的市场配置低效率或无效率，因而就要求政府给予适度的干预，即政府通过促进竞争和控制外部性问题，以及提供公共物品等活动来提高信息资源配置的效率。

网络信息资源的政府配置机制主要包括以下两个方面的内容：

（1）网络信息资源配置的法律手段。运用法律手段对信息资源进行配置，就是各个层次的信息资源配置管理者依靠国家政权的立法，通过经济立法和经济司法机构，运用经济法规来调整信息资源开发利用各机构之间及各环节之间错综复杂的经济关系，处理经济矛盾，解决经济纠纷，惩办经济犯罪，维护信息资源开发利用活动的正常秩序。在现实生活中，信息资源配置的法律规范的具体运用是通过经济立法和经济司法来实现的。信息资源配置的法律手段具有普遍的约束性、严格的强制性、相对的稳定性和明确的规定性等特点。

（2）网络信息资源配置的行政手段。运用行政手段配置信息资源，就是各个层次的信息资源配置管理者凭借政府的权威性，采取命令、指示等形式来直接控制和管理同信息资源配置有关的各种经济活动。

为了能够在宏观上把握、调节整个社会信息资源的合理分配和利用，网络信息资源的政府配置主要依靠以下三种工具：

一是财政工具。通过对教育、科研、信息基础设施建设和信息资源开发的直接投入，推动信息产业的发展，从而带动整个国民经济的增长。

二是税收工具。对技术创新活动和高新技术企业减免税收，以鼓励创新活动。

三是产业政策工具。政府可以通过产业政策引导和促进产业结构升级，刺激和推动知识密集型产业的发展。

2. 政府配置机制的形式。政府配置机制是遵循社会管理系统和社会分工体系从纵向和横向进行配置。

（1）纵向配置。从纵向看，社会管理系统中的层次梯度和社会等级制度，无论它表明的是管理阶层、个人能力差异还是组织机构，均代表一种信息的配置。事实上，有效的指挥与控制的实现，必须依赖一种特殊的信息占有权和优享权。从基层、中层至上层的信息配置，遵循业务信息、常规信息和战略信息顺序。越是关系全面和涉及经营发展战略的信息配置，就越是向高层次管理者手中集中。即使说与经营者担负战略规划角色，管理者与执行者负责常规决策与业务管理的组织分工相适应，信息配置也按这种角色分工实行配给。由下而上，信息配给量是逐级上升，且涉及范围不断扩大。

（2）横向配置。从横向看，社会分工体系随着劳动的日益智能化成为信息生产、分配与利用的体系。社会分工意味着社会中的每一成员对生产劳动的知识与技术了解、掌握及应用的差别。这种信息配置的社会过程，是不断循环和深化的，即循环的结果总是趋向于积累，亦即进一步巩固作为结果生成的条件。横向的信息配置，造成专业化和职业梯度上给劳动者个人提供了发展的余地和发展前景，不仅具有自我保护能力，同时也有自我破坏，以至崩溃解体的能力。

3. 政府配置机制的优势和作用。政府配置网络信息资源有其明显的优势。通过政府的计划配置，信息资源可以达到信息经济宏观制衡、信息产业内部结构协调、保护市场竞争和优化信息经济整体效益等目的。

（1）影响社会信息总供给与社会信息总需求的因素很多，因而要实现信息经济的高速和持续发展，就必须由政府根据信息资源总供求信息、物价信息等方面，采用政府行为，配置信息资源。

（2）信息产业包括通信产业、数据库产业、信息咨询业等，其内部结构是否合理，发展比例是否协调，这都取决于政府的宏观调控，信息资源的政府配置可以实现这种调节。

（3）社会和经济的高速化进程以及高度发达的现代信息技术的支撑，使得信息资源共享的范围越来越广，但信息保密现象、信息壁垒和“数字鸿沟”等也越来越多。在信息化社会中，拥有大量信息资源的企业、机构或部门，往往以某种形式联合起来，形成部门垄断、地区垄断或“自然垄断”。不同的垄断形式，其作用是不同的。例如，有些垄断是一种人为约定，如版权，旨在帮助实现信息商品的价值，从而促进信息商品的生产与供给。某种信息商品的价值若不能实现，其再生产和同类产品的生产必将受到影响，供给会相对不足。又如，有些垄断则是企业为达到自身利益的最大化而刻意造成的，旨在限制信息资源的共享。面对不同形式的垄断信息资源的行为，政府可以采取措施，对有利的垄断进行保护，对不利的垄断加以限制。

（4）经济效益不仅是开发和利用信息资源部门的问题，而应包括整个社会的信息经济效益。政府配置信息资源就可以减少信息资源消费者的非理性行为，避免地区寻求本位主义利益，避免少数经济组织使用信息资源产生外部负效应，从而实现信息经济发展的整体效益最优化。

采用政府配置网络信息资源，一方面，可以克服市场配置信息资源的不足，避免市场配置的滞后性、盲目性，减少信息资源的浪费。另一方面，也是信息产业发展的客观要求，在国民经济中，信息产业是新兴产业和主导产业，主导产业的发展对国民经济的促进作用很大，但其发展的社会经济环境相对较差，需要政府的投入、扶植和引导。对中国而言，采用政府配置资源的意义尤为重大。中国经济发展的起点低，工业化的水平不高，而又要完成工业化和信息化的双重任务。在这种经济发展水平和战略任务下，信息产业的发展面临着较差的社会经济环境，诸如生产力水平低、技术落后和信息观念淡薄等，信息产业超前于我国经济发展的实际水平。因此，政府配置信息资源有利于加快中国信息化步伐，加快国民经济的发展步伐。

一般地说，政府配置网络信息资源的作用主要包括：通过制定法律和法规，保障市场机制的正常运行；通过政策工具调整产业结构，引导资源的流向；利用税收工具对社会财富进行再分配；维护法律秩序，明晰和保护私人产权；对基础设施进行投资；对教育和高新科技研究开发进行投资。但政府也不是万能的，政府也必须是有所为有所不为。在网络信息资源配置中过程中，政府必须有选择地进行干预。因此，政府配置网络信息资源的作用集中体现在以下几个主要目标上：

（1）信息基础设施建设。这是一项耗资巨大的长期基础性工程，依靠私人投资是无力完成的。世界各国的经验表明，政府必须承担这项工作，为信息产业的发展构筑一个操作平台。通过国家的财政预算，政府可以不断提高和完善社会的信息基础设施，从而降低社会事前交易成本，吸引资源流人信息产业或者是从外部促进信息产业的发展。这也是当前中国政府迎接知识经济挑战的重要战略性举措。

（2）公共信息服务。公共信息服务本身的性质决定了它不应作为营利性活动。有效的公共信息服务对于提高民众的文化素质、传播知识信息具有重要的作用。中国公共信息服务系统所要解决的首要问题是减员增效，改进服务质量和服务效率，而不是开展“有偿服务”。公共信息服务的投资应由政府投入，过分强调“创收”目标会将公共信息服务引入歧途。此外，当信息资源不能充分界定其产权时，信息资源便具有了准公共物品的性质。投资于公共物品，一般被认为是政府的职能之一，所以政府可以提供对外开放的公共信息服务，这方面的成本由属于财政支出项目，最后也是以税收的形式得到补偿。

(3) 教育。教育是提高国民素质的根本手段，它决定了一国的科学技术水平，是一个国家社会经济可持续发展的根本保障，因此，任何一个“明智的”政府都应当重视教育。由于教育的公共性，不可能完全是由私人来承担，从政府或社会统治集团的利益出发，在教育方面的投资，一定是要促进社会信息资源的生产按照预定的方向进行。同时，文化教育也是确立社会价值等级的主要方式，政府必须在这方面加大投资。如此，在相反的方向上又创造了信息资源的需求，这种需求应该是符合信息资源生产的方向。

(4) 科学研究。科学技术水平直接决定一国的技术创新能力，从而决定了一国经济的长期增长速度。科学研究，尤其是基础研究的投入是政府的一项重要职能。

(5) 制度建设。制度建设包括规范市场、界定产权和完善法律制度，以及调整信息产业结构和信息产业组织等。制度信息正式界定了人们的交易类型与范围，为社会大众提供了一个稳定的预期环境，从而在制度上保障市场机制的有效性。制度最终体现了国家意志，按照社会合意的方向规范人们的行为。政府的制度建设，亦能够很好地促进信息资源合理有效配置。中国目前的《著作权法》、《商标法》和《计算机软件保护条例》等，都是与信息资源配置有关的法律规范，很好地体现了对信息资源的产权保护。产权界定清晰，在现实生活中，是降低交易成本，提高市场运行效率的有效途径。此外，在市场发育不完善的条件下，政府通过规范市场制度，减少信息资源流动的障碍，客观上形成有利于信息资源重新配置的外部环境。这样，政府虽然不是直接对信息资源进行配置，但是也能够以一种间接的方式，将信息资源配置到有效率的地方。

4. 政府失灵。尽管政府的适度干预能够解决一些市场机制本身无法解决的问题，政府能够依靠各种政策工具优化信息资源配置，但政府配置机制也存在着内在的缺陷，因而“应当认识到既存在着市场失灵，也存在着政府失灵（Government Failure）”。政府在制订计划的时候，本身面临着各种信息问题，如信息的可得性、真实性、有效性和动态性等。即便是政府能够解决以上几个方面的信息问题，同样还有可能导致信息资源配置的无效或低效，如决策的正确性、政策的有效性和连续性、政策失灵等。政府失灵的原因主要在于以下几个方面：

（1）有限信息（Limited Information）。市场的信息不足是造成市场失灵的一个因素，由于现实社会生活相当复杂而难以预计，如果私人难以掌握完全的信息，则政府在配置信息资源时难于做到掌握充分的市场信息。

（2）对私人市场反应控制的有限性。政府采取某种政策后，它对私人市场可能的反应往往无能为力，即所谓“上有政策，下有对策”。例如，政府采取医疗保险或公费医疗政策，却无法控制医疗费用的飞速上升；为了吸引外资或鼓励投资，对外来资本或国内某些地区实行税收优惠政策，却有许多不应享受优惠的投资者也钻了空子；一些国家为了使收入均等化对高收入者征高额累进税，却使这些人带着资产移居到税率低的国家定居，等等。

（3）时滞（Time Lags）因素。主要包括：一是认识时滞（Recognition Lag）。这是指从问题产生到被纳入政府考虑日程的时间。如果是中央政府做出的决策，那么还需要各级政府部门反映和报告问题的时间。二是决策时滞（Decision Lag）。这是指从政府认识到某一问题到最后得出解决方案的时间，其中可能要经过多方征求意见、讨论、争论和修改等步骤。三是执行与生效时滞（Execution & Effecting Lag）。这是指从政府公布某项决策到付诸实施以至引起私人市场反应的时间。

（4）公共决策的局限性。即使政府拥有充分的信息，但在不同的方案之间做出选择仍会遇到很多困难。政府的决策会影响到许多人，但做出决策的只是少数人，不论少数决策者处于怎样的情况之下，在做出配置决策时总容易抹上主观偏好的色彩。若偏好高投资和高速度，可能会相对忽视经济效益、经济稳定和信息产业内部结构；若偏好行政方法，可能会相对忽视经济手段和法律手段；若偏好直接控制，可能会相对忽视间接控制，等等。由于计划调节过程中，可供决策的信息贫乏，决策过程过于繁琐，决策机制不完善，可能造成政府行为迟钝或决策失误，从而影响网络信息资源配置的优化程度。

（四）产权配置机制

所谓产权是指由财产的所有权所引起的一系列权能的总和，其本质是对财产的责、权、利关系。产权制度与信息资源配置的密切关系，是由市场经济中存在的外在性现象与交易费用所引起的。外部性的存在会直接干扰价格信号对信息资源配置的功能，从而产生低效率，因而需要重新界定产权，使外部性由所有相关的人来承担。然而选取哪一种产权制度，这种新的制度能否建立起来，又取决于这种制度本身及其建立过程所付出的交易费用的高低。信息资源配置与产权配置的一般关系，主要表现在两个方面：一是信息资源的属性在一定程度上决定着产权形式的选择；二是明晰的产权界定有助于提高信息资源配置的效率。因此，通过调整和明晰产权，可以提高信息资源产权拥有者的收益，刺激信息资源生产者的积极性，从而增加信息资源供给总量，提高社会整体信息福利水平。

网络信息资源的产权配置机制就是通过调整和明晰产权，优化网络信息资源配置。产权总是客观地具有配置资源的功能，这就使得通过调整产权优化配置功能成为可能。人们可以在一定限度内调整产权和优化产权结构，从而优化其配置功能，提高网络信息资源配置的效率。

产权配置机制主要可以用来解决外部性而导致的市场自动调节机制的失灵。外部性也称为外部效应，是指一个经济行为主体的经济活动对其他经济主体造成的影响，而这种影响并没有被嵌入市场交易的成本和价格中，从而引起资源配置的低效率。外部性分为外部经济和外部不经济两种类型。外部经济是指某个经济单位的生产或消费行为，使其他社会经济单位无需付出代价而得到好处的现象；而外部不经济则指一个经济单位的生产或消费行为，使其他社会经济单位蒙受损失而未给予补偿的现象。

对于外部性这个问题，传统的经济理论认为应当由政府出面进行干预。美国著名产权经济学家科斯（Ronald H. Coase）则提出了相反的观点，认为外部效应从根本上说是因为产权界定不够明确或界定不恰当而造成的，所以政府不必一定要用税收、补贴、管制等方法来试图消除社会收益或成本与私人收益或成本之间的差异，政府只需适当地界定并保护产权，没有政府直接干预的市场也可以解决外部效应问题，随后产生的市场交易能自动达到帕累托最优。

从网络信息资源配置的现状来看，单纯利用政府机制来组织信息资源的生产与流通会造成信息资源的浪费与闲置；单纯利用市场机制的自组织功能也会因为信息资源的外部效应而造成信息资源生产的不足和信息资源配置的低效率。所以，依据科斯定理，对网络信息资源的配置必须引入产权机制，即通过确立网络信息资源产权制度以弥补信息市场配置机制的不足。

（五）自发配置机制

从某种意义上讲，国家机关、科研单位和高等院校作为各种网络信息中心并不亚于经济实体，甚至可能更优于它们。就个人的网络信息资源配置与占有而言，财富拥有者可能恰恰是网络信息的贫瘠者，非权力部门的卓越人物如核心科学家、企业顶级人物和能量大活动能力强的人，时常成为网络信息汇集的中心，成为主要的人际网络信息的交换站和枢纽点。这都表明支配网络信息资源配置还有一种自发流转的机制。它不以组织机构、地位和权力的规定为依据对网络信息资源实施分配，而是依据网络信息加工自身的要求和网络信息加工者的能力而配置网络信息资源，它表现为一种自发的网络信息资源配置机制。其中研究能力、活动能力、交际能力、人际关系、友情和乡情等，成为调节信息配置的重要因素。它充分体现社会网络信息资源的自发配置，实际配置上并不刻板地遵循职务链表示的网络信息配给层次。

在市场经济条件下，网络信息资源配置和名义占有量，从可能性上说不仅仅只取决于职务和职业，而且依赖于个人的收入配置和社会对每个人的时间配置。因为，在其他条件相同的情况下，谁的收入高谁就拥有更多信息的购买权和享用权，谁的时间充裕谁就有更多的搜寻、加工和占有网络信息资源的机会和可能。

自发配置机制的网络信息资源配置渠道，常常是非正式组织机制作用的结果。这种配置渠道的作用，就是把人类的爱、憎、友情、亲情等社会心理习惯的东西，纳入到网络信息传递与配置机制之中，因而是极其重要的。至于人的能力、精力和个性差异等所带来的个人间的网络信息资源配置的极大差别，总的说来既有天分又有后天的原因，就如同人的一般劳动能力的天赋与后天的差异一样。这种计划与自发双重的网络信息资源配置机制，对于社会和组织的发展来说，在短期内既保证了以非自发网络信息资源配置完成正式组织分配的强化，又同时使网络信息资源配置能直接造成正式组织结构的维持，在长期以非正式网络信息资源配置所导致的创新与否定，推动着组织的改革，以使组织的发展经过一定阶段就能由量变转为质变。这就从网络信息资源配置调节机制上，保证了组织甚至于社会发展的连续性和跳跃性的统一。

从深层机理来看，社会网络信息资源的自发配置，代表着网络信息要素作为一种特殊的生产力要素自身发展的要求。这种活跃的要素在其遵循固有的规律发展中，总是不断试图冲破固有的生产关系的限制。它表明尽管计划管理机制总是试图把网络信息资源配置纳入社会之财富、地位和名誉等社会等级体系之中，但自发配置原则却依照效率原则趋向于杰出人物和网络信息加工中心，而不管其职位高低和是否属于正式网络信息系统。正是由于网络信息资源的这种内部矛盾，决定了双重调节的重大的社会意义和经济意义。

（六）效率配置机制

效率配置机制即以效率为导向的网络信息资源配置新机制。有一些学者研究认为，可以通过行业协会或民间商会等新机制来配置信息资源。这些观点可概括归纳如下：

1. 行业协会机制。这是一种介于市场与政府之间的行业协会机制。市场机制和政府配置机制等都存在着“失灵”现象，因而可以设想一种更好的机制来弥补它们的不足，即建立介于市场和政府之间的行业协会机制。

（1）信息集纳机制。信息集纳机制就是建立信息资源生产行业协会，由行业协会建立“中央信息库”，实行传统的“呈缴本”制度，由信息生产商向“中央信息库”呈缴其信息产品，再由“中央信息库”进行二次分配，这样可以协调各信息生产商之间的利益，有效防止重复建设，使信息生产商都能够真正实现信息资源的共享，达到共同赢利的目的。

（2）信息优化机制。要达到资源配置的高效率，就要实行信息优化机制，也就是要控制信息资源配置的质量。建立信息资源生产行业协会“中央信息库”后，虽然免去了信息搜集之苦和使信息来源有了可靠的保障，但如果没有有效的信息质量控制机制，面对纷纷呈缴而来的、质量参差不齐的和形式五花八门的信息，中央信息库的信息加工任务仍将十分繁重。因此，建立一个省力而有效的信息质量控制与优化机制，自动实现库存信息在内容和形式上的最优化，就成为中央信息库能否有效运转的一个重要条件。

2. 社会资本投入机制。这是一种广泛的社会资本投入机制。建立“社会资本广泛参与投资”的新机制是借鉴美国硅谷发展的经验，拓宽投和融资渠道，由国家积极引导企业，合理吸收社会闲散资金参与信息资源配置重点项目，达到优化信息资源配置的理想目标。在吸引广泛的社会资本投入的同时，应建立赢利机制、动力机制和个体发展机制，调动一切可调动的积极因素，实现知识资本化，既吸引资金又吸引技术，实现“双赢”的目标，实现信息资源配置的合理化与高效率。

第五节　网络信息资源配置的政策法规调控

一、信息政策法规的特点

（一）补充性特点

信息政策法规的补充性，就是运用政策法规把市场无法管理的网络信息资源配置领域管起来。例如，在信息政策法规设计中，制定开放的信息贸易政策、技术许可证制度和合理有效的知识产权保护制度等对获得我国经济发展所急需的信息资源，扩大和改善中国网络信息资源存量结构已经并将继续发挥积极作用。由于网络信息资源的公共物品性质，决定了相当多的网络信息资源没有使用上的排他性。在信息政策与法规的设计中，若不能“人为”地造成网络信息资源特别是核心资源的“使用排他性”，网信息资源的商品性就难以得到保证。而各类主体进行独创性核心信息资源生产的重要经济动机就在于取得信息垄断利益。因此，从这一意义上看，只有建立并完善知识产权保护制度，才能建立与健全信息市场结构，才能发挥市场机制在网络信息资源优化配置中的作用。

（二）超前性特点

所谓超前性，就是指不等待市场机制的自发调节，而是主动和强有力地引导信息资源的配置。这种超前性立足于对网络信息资源配置规律、用户利用规律和信息资源分布状况的把握。信息政策法规的一个重要任务，就是要超前对网络信息资源配置中各种相关因素的动态变化做出反应，并运用超前的政策法规指向，通过一定时期内的网络信息资源倾斜配置，最终实现网络信息资源均衡配置的理想目标。网络信息资源的倾斜配置是指为了实现均衡配置目标，把网络信息资源整体在配置上做出轻、重、缓、急的区分。例如，在市场机制存在“失灵”现象的信息基础设施建设领域，就需要强有力的政策导向，而政府作为一种经济主体要直接参与这类信息资源的配置。同时，为了体现网络信息资源配置的社会公平，政府也要制定相关政策，充分利用通讯和计算机网络技术等在网络信息资源配置上有显著外溢效益和社会边际成本较低的特点，强化在通讯和网络应用上的投入，为网络信息资源贫困地区提供更为方便的通讯系统。

二、信息政策法规调控的作用

网络信息资源优化配置的政策法规调控，是指在有利于国家经济社会发展的原则下，通过制订可操作的信息政策法规以及各种相应措施，对网络信息资源配置予以导向和调控的过程。网络信息资源优化配置的政策法规调控虽然也有经济性原因与动机的一面，但其主要考虑的是非经济性原因与动机的一面。对我国网络信息资源配置中涉及的一些重大的、全局性的和长远性的问题，必须依靠国家信息政策与法规的干预和指导加以解决。例如，考虑国家政治、经济、统一和国防安全，考虑社会平等、民族团结和缩小地区差距，考虑科技进步的信息资源保障和国家信息战略实施，考虑区域信息资源配置分工和跨区域的信息资源配置协作等，这都需要依赖于信息政策法规的调控作用。

（一）管理作用

网络信息资源配置是一个连续的动态过程，在这一庞大管理系统工程的组织实施中，信息政策法规对与网络信息资源配置相关的各种因素将产生组织管理作用。突出表现在以下几个方面：

1. 制定合理的网络信息资源配置规划。合理的网络信息资源配置规划是实现网络信息资源合理化配置的基本保证之一。为了保证网络信息资源配置规划的科学合理，政府部门往往通过其自下而上的严密的纵向信息机制，掌握信息资源分布、经济发展、科研活动和信息利用水平等方面的现状，并在网络信息资源配置规划中较好地设定其目标函数，使政府的具体配置目标能够反映出整个社会的基本价值取向和信息需求趋势。

2. 调整网络信息资源配置的具体过程。由于网络信息资源配置是一个连续和动态的过程，而且我国各地区、各行业、各部门的信息资源条件、经济发展水平、科研任务要求和管理行为偏好都处在变化之中，因而网络信息资源配置的具体策略也要根据上述情况的变化进行动态性调整。针对各种变化所采取的应对策略，一般要求在信息政策法规的相关内容设计中原则性地体现出来。

3. 确认网络信息资源配置主体的身份和职责。网络信息资源配置主要分为三个不同的层面，即社会、组织和个人，其中又以社会和组织层面的信息资源配置更能产生社会意义。社会层面的网络信息资源配置属于宏观配置，组织层面的网络信息资源配置属于微观配置，组织层面的微观配置又是宏观配置的基础。无论是微观配置还是宏观配置，它们的具体配置活动或多或少都会受到政府意志的指导、监督、检查和认可。一般而言，政府作为宏观层面的信息资源配置组织者，担负着对网络信息资源配置活动具体组织实施的任务，是组织实施网络信息资源配置的具体决策机构，其要根据自下而上的信息流动，制定各类信息资源发展计划及配置的具体方案，并自上而下地传达有关配置指令或指导性信息，通过上级对下级行为的限制以及其他行政手段或经济杠杆的作用，促使有关信息资源配置计划得以实施。各类科技信息管理部门、文化管理部门和档案行政管理部门等配置主体是政府权威的具体代表，它们可以在政府授权的职责范围内开展各类配置管理活动，这种身份应通过相关信息政策法规得以明确。此外，作为信息资源配置活动实际执行者的公共图书馆、国家档案馆、文物部门等事业性机构，其功能、地位和性质等一系列相关问题也应在信息政策法规中得到进一步明确，在这一点上中国已有很好的基础；作为自主经营和自负盈亏的企业性质信息资源配置主体，其经营资格和经营范围等也要通过信息政策法规进行确认。虽然这些政策法规设计是针对微观组织而言，但其政策法规效应也将波及国家宏观层次的信息资源配置管理。

4. 规定网络信息资源所有权的性质。网络信息资源所有权与我国《民法通则》规定的国家、集体和个人财产所有权相对应，也表现为国家、集体和个人三种所有权性质。但较为特殊的是，由于广义网络信息资源的构成要素多样，因而网络信息资源所有权既表现为一种物质权利，同时又表现为一种精神权利。从中国现有的法律体系来看，信息资源所有权已受到法律的多重保护。这种保护虽然是多重的，但却是相对零乱和不成系统，特别是对网络信息资源的知识产权保护仍然显得相对薄弱，且在复制权、发行权、隐私权的认定与保护方式上还存在较大争议。网络信息资源所有权问题的解决，是信息政策法规对资源配置发挥管理作用的重要表现之一。

5. 规定网络信息资源交流、流通、保密及其开发利用的具体方法。为了保证网络信息资源配置这一动态过程的规范有序，调整在网络信息资源配置过程中可能产生的复杂社会关系，国家通常是利用相关政策法规对网络信息资源管理、开发、交流和利用的原则、方法等做出具体而可行的规定，并对违反相关规定的行为设立各种具体的惩罚措施。

（二）导向作用

信息政策法规的导向作用，是指政策法规对网络信息资源配置方向、空间布局和流向变动上的一种制约。由于政策法规在社会结构的上层建筑中处于核心地位，使它对上层建筑的其他部分、社会的经济基础和社会生活的各个方面，形成了一种既有制约性又有指导性的功能——导向或制导功能。具体而言，在网络信息资源配置中，信息政策法规的导向作用主要体现在以下几个方面：

1. 规定网络信息资源配置的总体目标。中国网络信息资源配置的总体目标是实现网络信息资源的均衡配置。所谓均衡配置，是指在信息资源配置中根据国家、地区、行业、部门、组织和个体用户的信息需求，有先后、有侧重和有计划地配置信息资源，实现配置效益的优先与社会公平的兼顾。"均衡"配置不是平均配置，人们的网络信息资源需求可分为战略性需求和一般性需求，从效益优先的要求看，战略性网络信息资源需求理应优先得到相应的信息资源配置，战略性信息资源需求满足后所产生的经济与社会效益，更有利于国家和地区的进步并符合大多数用户的利益；从兼顾公平的要求看，网络信息资源配置应向信息贫乏的老、少、边、穷地区倾斜，避免网络信息资源分配上的区际失衡，以保证这些地区用户与信息资源富集地区用户一样有同等的网络信息资源利用权力。虽然这种配置的效益不够理想，但它有助于避免网络信息资源配置中的马太效应，有利于网络信息资源的长远相对均衡配置。从理论上看，信息政策法规对我国网络信息资源配置总体目标的设定，有利于将我国由各类不同主体展开的网络信息资源配置活动由复杂的、多向的和相互冲突的潮流，纳入到一个明晰的、单向的还统一的轨道上有序地发展。

2. 引导信息资源的社会化与网络化配置。长期以来，中国信息资源建设的行业、部门与地区界限和壁垒十分明显，在核心信息资源建设上这一问题更加突出，学术界曾形象地将其称作为信息资源建设上的"大而全"与"小而全"。从国家信息资源系统建设的整体来看，这种"大而全"与"小而全"的建设思路不仅降低了国家信息资源保障程度，而且也付出了沉重的效益代价。而社会化、网络化的信息资源配置是使信息资源在建设利用上能构成一个无内耗的、各类资源要素相互匹配的资源大系统。社会化与网络化信息资源配置的实现依赖于多方面因素的共同作用，其中信息政策法规对组织性网络与技术性网络的形成和管理都具有具体指导作用。

3. 规定中国网络信息资源配置的基本原则。为了加快中国信息化建设的步伐，使各种信息得以迅速、准确地处理和交换，最大限度地实现信息共享并使其得到充分利用，国务院信息化领导小组提出了中国信息化建设的基本指导方针，即“统筹规划，国家主导；统一标准，联合建设；互联互通，资源共享。”这一指导方针虽然是针对中国信息化建设目标提出的，但由于信息资源宏观配置管理是国家信息化战略的重要组成部分，因而也同样是指导中国网络信息资源宏观配置管理的基本原则。

4. 保障网络信息资源的代际分配。网络信息资源配置不仅要以保证当代人对网络信息资源的公平利用为目标，而且也要保证子孙后代平等和持续利用信息资源的权利。因此，作为网络信息资源配置基本形式之一的资源积累，就成为信息政策法规应当予以特别关注的政策内容。从长远上看，信息政策法规对引导社会进行有效的信息资源积累将发挥积极作用，对我国总体信息能力、国际竞争力和社会文明程度的提高也将产生积极影响。中国已有的信息政策法规已对信息资源的代际分配问题已经给予了一定重视。但从现有信息政策法规对信息资源代际分配所产生的政策效应来看，政策法规对信息资源代际分配的制导作用仍需进一步强化。

5. 保证网络信息资源配置的方向。网络信息资源配置方向主要相涉于两个关键要素，一是国家信息资源体系组成结构的设计与动态平衡发展，二是网络信息资源在空间分布上的选择及其分配依据。为了保证网络信息资源配置方向的正确，就有必要掌握当前信息资源分布的现状，建立可行的信息资源定期申报与评审制度，分析不同时期不同地区与部门经济发展状况和科研活动特点，研究人口分布及其信息资源利用情况等。这些活动的开展要有信息政策法规作为保障，才能保证网络信息资源在配置方向选择上的科学和正确。

（三）协调作用

网络信息资源配置过程不是一个盲目的和自发的过程，而是循着一定的规律不断协调发展的动态过程。信息政策法规在这一动态配置过程中，具有协调网络信息资源配置主体利益的作用，保证网络信息资源配置过程向均衡配置的理想目标不断迈进。具体而言，信息政策法规的协调作用主要表现在：

1. 协调网络信息资源配置过程中所产生的各种利益冲突。在网络信息资源配置中，各种利益冲突是大量存在的。在网络信息资源十分有限的条件下，某些用户利益的实现可能会影响到其他用户利益的实现，虽然核心信息资源具有共享性特点，但在信息流通与传播过程中，一定的时间间隔总是存在的，这就很难保证所有用户的需求都能在信息有效性时限内得到满足。特别是目前中国处于社会主义初级阶段，还没有足够的物力和财力满足所有用户的全部信息资源需求。因此，在兼顾社会公平的条件下，网络信息资源配置也要考虑首先满足哪些用户的需要，才能创造较高的效益。通过信息政策法规的协调，可以将公平与效益的配置原则很好地结合起来。同时，由于有关配置主体在重新与连续配置信息资源的过程中，将有较大的自由度对自己的利益、定位、配置重点与特色、配置策略等进行选择，这就可能会出现彼此间在利益分配、权力分配和作用分配上的冲突。此外，由网络信息资源配置所引发的信息大量复制与信息主权保护、信息所有权与信息使用权的转移等问题也需要利用政策法规进行有效协调。

2. 协调网络信息资源配置过程中因信息环境变化而引起的各种矛盾。人类生存环境变化，不仅包括自然环境与生态环境变化，而且也面临着信息环境的变化。人类在现在和未来可能出现的信息环境问题主要是信息污染、信息犯罪、信息障碍、信息失衡、信息黑洞等。这些信息环境问题与人类所追求的网络信息资源合理化配置目标是不相容的，它们已经而且将继续对网络信息资源配置活动产生消极影响。这些问题的解决除了依赖于道德自律和信息伦理的强化以外，主要应依靠信息政策法规的协调和制约。

第六节 网络信息资源配置的问题与对策

一、网络信息资源配置存在的问题

中国网络信息资源及其配置经过数年的发展，取得了有目共睹的成效，但从以下几个方面来看还存在着较大的问题。

（一）网络信息资源的分布问题

目前，中国网络信息资源在不同地区、不同行业、不同部门之间的分布不尽合理。虽然信息网络的建立使得信息可以无阻隔传递，克服了传统方式在地理区域上配置信息资源的种种困难，为信息资源共享带来了方便。但由于网络信息资源存在严重的不均衡性，使其在各部门、各行业、各地区的信息量分布和网络技术水平上存在着很大的差异，不能通过网络按用户需求和使用方向合理配置信息资源。总的来说，分布在社会机构中的信息资源多于分布在自然界和个人手中的信息资源，分布在城市的信息资源多于分布在乡村的信息资源，分布在东部沿海发达地区的信息资源多于分布在内陆地区的信息资源，分布在政府部门及其科研部门的信息资源多于分布在商业经济等领域的信息资源。

1. 从地区分布看，沿海地区信息资源远比内陆地区富裕和密集，而农村地区信息资源远比城市贫乏，甚至有些边远地区还处于半封闭状态。以数据库为例，据《中国数据库大全》统计，在中国现有的1038个大型数据库中，东部地区716个占总数的68.98%，中部地区157个占总数的15.11%，西部地区165个占总数的15.91%。

2. 从行业分布看，除了企业网站以外，目前中国政府及其科研系统掌握着80%有价值的信息资源，其中大部分列入保密范围，仅供内部使用，对外开放服务的信息仅占14%左右。长期以来，商业领域的信息资源较为缺乏，不能满足市场需要。同时，由于信息挖掘深度不够，大多为原始性信息或二次信息，如主要集中在新闻、电子邮件、聊天、信息查询等。产品数据库如粮油、医药、机械产品等数据库，在所有拥有在线数据库的网站中占近60% ，信息产品种类单一，难以满足多种类型的用户需求。

3. 从部门分布看，在纸质文献一统天下的时代，中国信息资源的分布相对集中，主要分布在图书馆、情报所和档案馆等信息部门，信息资源的组织与利用也相对简单。在现代的网络环境下，信息资源分布分散，管理与控制松散，网络信息资源的组织与利用处于较为混乱的状态。

信息资源建设中最重要的是数据库的建设，然而中国迄今没有一个严密统一的数据库信息资源发展规划，数据库信息资源开发利用活动仍沿袭着计划经济体制下“小而全、大而全”的封闭式自我生产和自我服务的“小作坊”式发展模式。打破条块和地区界限，面向市场，具有规模经济和统一规划与协调特征的数据库信息资源开发利用体系尚未形成。在网络信息资源的建设中，信息配置主体之间各自为政和缺乏合作与协调，致使网络信息资源的配置缺乏统一的规划，网络信息资源的组织没有专门的机构来调控，各网络信息资源之间缺乏协调，网络数据库建设分散无序，网络数据库主题覆盖范围存在着严重的局限性和重复性，而且不同数据库之间的数据交流困难和信息难以整合，这严重地影响了网络信息资源的配置效率。[105]。同时，数据商与图书、情报等信息部门也缺乏统一和协调的管理思想，内容交叉重复，影响用户对信息的选择与获取，造成了数字资源的重复建设。国内有一些大型的同类数据库，各种数据库都有各自的特点，但同类数据库中某些数据库之间收录的内容存在着重复现象，造成数字信息资源重复建设。因此，要真正有效地配置网络信息资源，应在充分掌握我国网络信息资源分布和利用规律的基础上，加强信息资源的整体化建设，并建立全国性或区域性的信息资源管理网络。通过横向联合，充分发挥整体优势，实现信息资源共享，减少不必要的内耗，从而提高配置效率。

（二）网络信息资源配置的数量和质量问题

由于互联网的自由性和开放性，网络信息资源的范围和数量庞大，任何个人、组织都可成为网络信息的生产者和使用者，网上信息千差万别且呈无限性。同时，网络信息资源在一定条件下相对于人们的特定需求来说又是有限的，人们对信息资源的需求越来越大，要求信息内容的综合性越来越高，而且针对性越来越强。虽然网络检索工具和检索方法越来越多，但多数人仍会对检索结果感到不满意，特别是要求较高的用户更会对检索结果感到失望。

目前，中国共有网页数约1亿6千万个，各种大小在线数据库总数为45598个。尽管互联网信息增长速度快且信息量很大，但就每一个网站而言，其信息量尤其是精品信息甚少，拥有数据库的网站33354个约占14%。这就使信息资源呈极度分散状况，用户需要浏览许多网站才能查到相关信息，而浩繁复杂、变化频繁和质量悬殊网络信息更是延长了用户查找信息的时间。据统计，在互联网上输入和输出的信息流量中，中国仅占0.1%和0.05%。虽然以信息输人和输出量作为衡量网上信息总量的指标可能不是十分准确，但0.1%和0.05%的数据却足以说明中国网上信息的贫乏程度。中国现有的五大网络中，CERNET和CSTNET的成员单位都有着丰富的文献资源，在网络信息的开发上具有得天独厚的优势，但却几乎没有一家真正体现出这一优势。如在复旦大学、上海交通大学、同济大学的网站上，只有关于校园建设状况、院系和知名教授简介、一些公共论坛和外部资源的链接，而没有具有很高学术价值的学科专业信息。CERNET和CSTNET应该成为我国互联网体系中学术信息的集散地，而不应该如现在这样仅仅是大学简介。

此外，一些商业网站的信息建设同样停留在低水平上，除提供一些关于网络使用的介绍性信息外，大量的是从报刊和其他网站转载的信息，而且这些信息大都未经过仔细的加工和组织，只是简单地堆积在一起。这种简单和低层次的重复，浪费了在网络系统建设中软件和硬件上的投入，根本谈不上实现网络建设所期望的收益，从而形成信息建设的负反馈。而且在信息资源的采集、传递到组织发布过程中，由于各网站没有采取有效的质量管理措施，仅注重网站内容的全面化、多样性，而忽略信息资源本身质量，配置中没有相关的质量控制技术把关，使网络信息资源最终表现为高质量的信息少，无法满足用户旺盛的网络信息需求。

（三）网络信息资源配置的管理效率问题

中国以往网络信息资源的开发主要依靠政府财政的支持，缺乏自身“造血”能力，其结果是在依靠国家的投入建立了基础框架后，维护和更新等管理工作得不到保证，造成信息陈旧和利用价值下降，这种低效率的投入造成了很大浪费，而且其影响至今尚未消除。

1. 从政府网站来看，政府上网工程启动后，极大地丰富了中文网络信息资源。但还在一定程度上缺乏效益观念，只是把一些“日常”信息放到网页上，而没有从“使经济信息、管理信息发挥资源效益和促进生产力发展”的角度来有效组织和管理网络信息资源。

2. 从信息机构来看，部门垄断的现象突出，各部门之间存在较大的利益冲突，由于缺乏政策协调相互之间的利益，导致有些部门把利用价值高的信息资源“自我控制”，使信息资源难以共享交流，造成了信息资源的闲置与短缺两个极端并存。同时，一些信息服务机构管理工作效率低，信息资源无法实现在空间上的迅速传递，使网络信息资源配置的效率大大降低，影响其信息资源效益的实现。

3. 从大多数网站来看，其动态信息比较多，但过多的动态信息会使信息组织显得没有规律、没有逻辑性和没有层次。同时，各网站多利用自己手头现有的信息，或者仅限于互相“复制”信息，收集信息采取“不费力”方法，从而导致互联网上各个结点信息的重复率高。[105]而且，网上信息资源存在严重的不对称性，使得信息的内容和更新周期没有一个完善的体系结构和机制，各种类型节点信息更新周期不太合理，有的节点更新周期严重滞后。

4. 从软件管理来看，目前所看到的一些软件，除了名字不同外，其功能和应用对象等基本相似，很难看出各自的特色。

此外，在数据库的建设中，许多都是自建自用，无统一的技术标准和规范，各种数据库软件的兼容性差，导致数据库的应用受到限制，其共享程度低，造成资源浪费。

（四）网络信息资源配置的政策法规调控问题

网络信息产品在生产和交流的过程中产生了许多新的矛盾和冲突，如信息安全、信息保密、信息污染、信息经济利益等问题。这些问题不能只凭借技术手段解决，必须辅之以政策的管理和法规的约束。通过政策法规的调控，共同营造一个开发和利用网络信息资源的良好环境。美国政府建立了比较完备的信息政策法规，如《电信法》、《信息自由法》、《电子化信息自由强化法案》、《知识产权与国家信息基础设施：白皮书》、《美国个人隐私与国家信息基础设施：白皮书》等等。

目前，中国现有的信息政策与法规带有比较明显的部门利益痕迹，对一些部门的作用力度显得相当薄弱。从政策来看，由于长期条块分割的管理体制，各地区、各行业和各部门原先制定的政策，不可避免地带有部门利益的色彩。特别在网络通信资费、通信平台建设、计算机信息服务业管理等方面，某些政策已给信息产业的健康发展形成了障碍。从法规来看，信息侵权法律责任绝大多数只属于民事责任，依据信息法律的制裁也大多只是民事制裁，对侵权人的刑事制裁的法律规定较少。而且，中国法律、法规和规范性文件中能直接适用于调整信息法律关系的不超过三分之一，在目前我国颁布的《专利法》、《广告法》、《档案法》等40余部法律中，在调整与信息产业发展有关的“外围”法律关系时往往显得捉襟见肘。我国信息产业发展的政策和法规环境也不是很理想，如在信贷和税收方面尚没有明确的优惠扶持和政策倾斜的具体措施，在信息技术的标准化和规范化方面也跟不上行业发展的需要，信息市场竞争环境的建立、信息市场交易秩序的维护、信息市场调节与监督活动的实施、信息资源的管理、信息安全和保密等还都无法可依，缺乏网上信息开发的激励和保护机制，影响了网络信息资源的配置。

二、网络信息资源优化配置的对策

优化网络信息资源配置，必须根据网络信息资源及其配置发展的实际，在国家宏观控制和微观搞活的政策指导下，遵循网络信息资源配置的原则，并从以下几个方面来考虑。

（一）明确网络信息资源配置的目标和原则

网络信息资源配置的目标是要实现信息资源的均衡合理配置和实现社会经济福利的最大化。其中，均衡合理配置就是在兼顾公平和效率的前提下，权衡国家、地区、行业、部门和个人用户的信息需求，有先后、有缓急、有侧重、有倾斜、有计划地合理地配置信息资源。网络信息资源配置的目标主要包括以下三个方面的内容：

1. 合理规划网络环境，加强网络信息基础设施的建设和改造，实现网络信息快速有效流通，实现其效益和价值的最大化；

2. 在兼顾公平和效率的前提下，根据用户需求在空间、时间和种类上合理均衡配置，实现网络信息资源配置的低成本和高效益；

3. 通过一定的法律手段，合理调节信息资源配置过程中各利益主体的分配关系。

网络信息资源的配置不仅需要国家政策的支持，而且还需要信息技术的配合。在明确网络信息资源配置目标的同时，还必须遵循网络信息资源配置的原则：①网络信息资源配置的效益保证原则；②网络信息资源配置的需求保证原则；③网络信息资源配置的质量保证原则；④网络信息资源配置的整体保证原则；⑤网络信息资源配置的公平保证原则；⑥网络信息资源配置的政府保证原则。只有明确了网络信息资源配置的目标和原则，才能更好地实现网络信息资源在全社会范围内的均衡合理配置。

（二）完善网络信息资源配置的统一管理机制

统一管理是优化网络信息资源配置的前提条件，完善网络信息资源配置的统一管理机制应从其宏观管理、中观管理和微观管理三个方面来考虑。

1. 在宏观管理上，就是国家信息资源管理部门要通过国家的有关政策、法规和管理条例等在宏观层次上组织与配置网络信息资源，使网络信息资源在不影响国家信息主权和信息安全的前提下得到最有效的开发和最合理的利用。其主要任务是从总量上和结构上组织和协调网络信息资源的开发利用活动，而且引发的一切管理效果都带有总量和全局性质。这是保证信息开发利用活动顺利地进行，以及降低资源开发成本和提高资源利用率的最有效的方式。

2. 在中观管理上，主要是由地区和行业的信息资源管理部门在宏观管理的基础上，根据本地区和行业的特点，制定地区和行业性政策法规与管理条例，用以组织与配置本地区和行业内部的网络信息资源，使本地区和本行业的信息资源开发利用活动在总体上与宏观层次的信息资源组织与配置不相冲突的同时，能更好地符合本地区和本行业的客观实际，并体现本地区和本行业的利益。中观管理具有承上启下的作用，主要任务是在本地区和本行业范围内组织与配置信息资源，因而由此引发的一切管理效果都是针对本地区和本行业的，具有明显的地域性和行业性质。

3. 在微观管理上，主要由各级政府、信息机构和企业等基层组织负责实施，主要任务是认清组织内各级各类人员对信息资源的真正需求，合理组织和配置信息资源。其中，企业是以利润最大化为目标的经济组织，这决定了企业信息资源的组织与配置有别于政府部门和学术机构等非营利组织的信息资源组织与配置，更具有特殊性和复杂性。

（三）加强网络信息资源配置的基础设施建设

为加快我国信息化建设的步伐，国务院信息化领导小组提出了我国信息化建设的基本指导方针，即“统筹规划，国家领导；统一标准，联合建设；互联互通，资源共享。”这同样也是指导我国网络信息资源配置的基本原则。先进的信息基础结构是信息在空间上优化网络信息资源配置的基本条件，它使信息资源可以不受地理位置的约束，方便和快捷地实现流动，减少传递时间，使信息资源的合理配置成为可能，为信息资源合理配置提供技术保障，因而我国必须加大对电信系统和计算机网络等信息设施的建设。

目前，我国网络信息资源分布的现状不理想，信息资源在不同地区、不同行业和不同组织中分布很不平衡，用户的数量和知识水平及需求也有很大差异，要充分认识国家经济发展在不同区域、不同行业和不同部门的不平衡因素，有重点和有层次地配置网络信息资源。同时，要进行统一规划、协调和管理，清除管理体制和经营机制方面的障碍，搞好各信息网络和数据库之间的连接，有计划地开发各种信息，建设各种专业用途的数据库，使网络的规模越来越大。从经济发达地区来看，由于其市场环境和市场基础较好，市场投资回报率较高，国家重点在于引导市场资金的流向，合理规划基础设施建设的布局以及与国内其他区域和国际的互联互通的优化。资金解决应以市场融资为主，鼓励民营企业和合资企业参与网络信息基础设施的投资，以地方和国家财政投入为辅建设全国协调的网络信息资源通道。从中西部欠发达地区来看，由于信息服务市场容量较小，在信息化基础设施建设方面不容易吸引外部投资，国家可以通过税收减免、投资抵扣等途径引导社会投资主体增加在信息基础设施方面的投入。同时，加强发达地区对落后地区的援助，把网络基础设施建设作为公共设施来对待，使网络“平民化”。

此外，在微观层面上，应坚持“效率优先”的原则，引导人们不断提高效率，把网络信息资源配置在市场基础好、拥有有支付能力用户群的区域经济中心，使网络信息市场迅速发展起来。在宏观层面上，进行再分配时，应多考虑公平原则，有意识地在经济欠发达和条件较落后的区域配置信息资源，使信息资源分配的结果趋于公平合理。

（四）强化网络信息资源配置的信息环境保障

良好信息环境是网络信息资源有效配置的重要保障，要强化网络信息资源配置的信息环境保障，就必须从以下两个方面来考虑：

1. 制订与完善信息法规和信息政策是网络信息资源有效配置的法律保障。正如布坎南所说：没有合适的法律和制度，市场就不会产生体现任何价值最大化意义上的“效率”……。经济政策杠杆是指导和支配市场主体行为的有力工具，网络信息市场机制的建立必须依托于法律的保障，信息法规和信息政策是政府机构和信息开发部门行为的准则。根据网络经济下信息产业发展的特点，修改和完善已有的法律法规，将知识产权保护法的范围延伸到信息和网络等领域，维护信息产品所有者的权益，确保信息产品生产者、经营者和消费者的利益，防止信息产业内部的垄断行为，以保障信息市场能够公平竞争和有效运行。首先，要明确规定网络信息配置管理机构的权威性、工作程序、权责和从业组织的行为规范，形成具有可操作性的法律条文；要明确不同系统间网络信息资源开发利用和共享方法，以及鼓励措施和反垄断措施。其次，要制定信息组织的技术规范和完善信息流通法，确保信息生产者的合法权益，保障信息开发经营部门的利益，规范信息的生产、发布和利用方式。同时，要制订信息人才法，对信息管理人员、经纪人和专业技术人员等各类信息人才的教育培训办法、资格认定标准、定期考核制度、聘任方法及兼职管理等方面作出明确的法律规定，明确其权利与义务，保证信息从业者的专业素质和业务水平的提高。

2. 建立和完善现代市场经济体制是信息资源有效配置的体制保障。实践证明，现代市场经济体制比传统的计划经济体制更有利于促进信息资源的开发和利用。在市场经济条件下，信息资源商品化和信息单位企业化，随着市场机制和竞争机制的引入并发挥作用，通过信息市场的发育和日趋完备，以及与其他非信息市场的结合，共同调节信息资源的供求关系，同时由于政府宏观经济调控水平的逐步提高，信息资源合理配置必然会更有效益，达到最优化的经济效果。

（五）加强网络信息资源配置的信息质量管理

网络信息资源的组织与配置必须从用户的信息需求出发，有助于用户对信息资源的利用。有效配置信息资源就是要使网络信息资源合理流向最适宜的用户手中，加强信息质量管理就是强化这一过程。如理顺资源配置系统内部信息流与工作流的关系，采取有效的控制方法，制定资源配置的质量要求，有效地解决质量提高成本与效率的问题，帮助企业管理者分配有限的资源等等，都是网络信息资源配置质量管理的内容。加强网络信息资源配置的质量管理可从以下几个方面来考虑：

1. 建立一个质量管理的专门机构，对网络资源配置进行计划、协调、控制和监督。首要问题就是要了解网络信息资源配置的质量现状，对资源配置全过程进行抽样调查，对信息资源的采集、加工和组织等过程中遇到的质量问题进行跟踪，分析已有的质量问题。

2. 确定网络信息资源配置的质量管理目标。这个质量管理目标既要切合实际的人力、物力和财力情况，又要分出轻重缓急。对于易于控制的质量问题予以优先考虑解决，对于关系到企业声誉及其成本较大的质量问题要重点考虑。

3. 调控质量管理配置活动。按照质量管理目标，明确各级人员的职责和权限，对于涉及多个部门的质量问题进行有效地协调，以确保各部门间的合作。在具体操作过程中，注意实际执行效果，随时根据具体情况进行调整，及时追踪目标的完成情况，以确保目标系统实现过程的正常运行。

（六）引入网络信息资源配置的市场竞争机制

网络信息资源配置实现帕累托最佳效益是在价格和市场的作用下形成的。网络信息资源具有很强的时效性，这就要求它的生产者、使用者和经营者具有很强的信息意识，同时引进竞争机制，培育高效的信息市场，加快网络信息资源的收集、开发和整理，使不同类型的信息及时准确地传递给不同的信息需求者。也可利用优惠政策扶植和创建一批具有全国乃至国际影响的大型信息企业，激活信息资源生产者的潜力，根据市场需求和投入产出确定开发内容和形式，通过竞争实现最大限度地对网络信息资源的有效配置和优化配置。

实践证明，完全依靠政府的不断投入来开发网络信息资源是行不通的。美国等一些发达国家一般是由政府提出计划和投入部分资金，起到推动者和引导者的作用，通过政策和经济杠杆吸引企业公司的投入。如美国的NII工程总投资约4000亿美元，政府大概只能提供300亿美元的资金投入，其余的3700亿美元将全靠私营机构和民间企业投资解决。政府是实施宏观调控的主体，可以采取多元化策略，打破这种垄断性的和单一的模式，以满足用户个性化和多样性需求，避免因垄断性的行为模式带来的网络信息资源的低效率配置，同时政府部门应引入竞争机制，在保障竞争主体的经济利益的同时，还应采取适当的法律、经济和行政等手段，避免公众利益受损，造成不公平现象。

实现投资多元化策略，鼓励商业性出版社、书商、广播电视部门、报社和杂志社、科研院所、高等院校、图书情报机构和信息企业等参与数据库产业的建设和网络信息资源的开发，鼓励公共部门与信息企业合作开发公共信息资源。同时，进行强强联合，建立规模优势，造就品牌企业，参与网络信息资源领域的国内和国际竞争。

（七）紧抓网络信息资源配置的人员素质教育

要很好地解决网络信息资源配置问题，不仅需要掌握信息技术的专业技术人员，还需要具有较高管理水平的新型管理人才，同时也需要具有一定信息意识和利用能力的广大用户，也就是说必须加强全社会人员的信息素质教育与培养。

1. 从专业技术人员和管理人员方面来说，一方面可以根据实际需要制定人才引进计划，把引进的人才配置到合适的岗位，使之优化组合。另一方面可制定相应政策，对现有人员加强培训，使人员的继续教育规范化和制度化。不断提高专业技术人员和管理人员的专业水平、管理水平和文化素养，使之能够进入学科领域内充当信息咨询员和管理员，促进网络信息资源的充分利用。特别是在中西部地区，应该营造尊重知识和尊重人才的社会氛围，为人才的成长和创业提供良好的工作环境与生活环境。实施灵活有效的人才激励机制，尊重他们的发明创造，保护他们的知识产权。通过东、中西部的企业合作和国家政策扶持，实现人才的区域间流动，以事业吸引人才，以情感留住人才。

2. 从广大用户方面来说，可通过提高网络信息用户的素质，积累检索技巧，提高检索效率。通过提高网络信息用户的素质，也可以提高信息识别能力和减少网络信息污染，净化网络环境，有助于缓解网络资源无限性与稀缺性的矛盾。首先，围绕面向新经济的人才培养目标，着力抓好中小学计算机知识的普及教育，参照欧美等发达国家信息素养标准制定我国中小学信息素养标准，努力提高中小学生信息素养，使网络信息资源观念深入人心。其次，针对地方经济需求，大力发展信息科学技术高等教育，努力培养复合型网络信息技术人才来服务社会。同时，在政府、企事业单位和各组织机构中积极开展各种形式的在职信息技术教育和培训，使所有在职人员熟练掌握必备信息技术和技能。还要加强计算机技术和技能的培训与普及，使普通公民都能有效地使用计算机网络获取和处理所需的信息。

主要参考文献

[1] 李后卿:《我国网络信息资源区域配置中的数字鸿沟研究》，中南大学2009年版。

[2] 梁平、陈红勤:《网络信息资源问题研究》，光明日报出版社2009年版。

[3] 陈光祚：《因特网信息资源深层开发与利用研究》，武汉大学出版社2002年版。

[4] 申彦舒:《中国大陆区域网络信息资源配置现状与发展策略研究》，中南大学2006年版。

[5] 金婕：《湖北省科技信息资源优化配置与管理研究》，湖北工业大学出版社2008年版。

[6] 梁平等:《图书情报工作研究》，吉林大学出版社2005年版。

[7] 乔冬梅:《e印本文库建设与应用（e-print archive）——开放存取运动典型策略研究》，北京图书馆出版社2006年版。

[8] 梁平:《网络参考信息源特点与类型》，载《现代情报》，2005年第8期。

[9] 靖继鹏等:《信息经济学》，科学出版社2007年版。

[10] 黄长著等:《中国图书情报网络化研究》，北京图书馆出版社2002年版。

[11] 夏义堃:《公共信息资源的多元化管理》，武汉大学出版社2008年版。

[12] 王翠萍:《我国网络信息资源分布》，载《情报科学》，2002年第7期。

[13] 张凯:《信息资源管理》，清华大学出版社2007年版。

[14] 邱铁、梁平、徐祥谦:《图书情报工作概论》，吉林文史出版社2010年版。

[15] 吴志强等:《从隐蔽网络到国际互联网信息资源控制计划》，载《图书馆理论与实践》，2004年第4期。

[16] Chris Sherman, Gary Price. The Invisible Web: Uncovering Sources Search Engines Can't See [J]. Library Trends, 2003 (2): 282－298

[17] Dirk Lewandowski, Philipp Mayr. Exploring the academic invisible web [J]. Library Hi Tech; Volume: 24. Issue: 4. 2006. pp529 - 539

[18] 陈红勤:《隐形网络的搜索利用》,载《现代情报》,2005 年第 7 期。

[19] 谢莉:《从隐形网络到企业网站的搜索引擎优化》,载《中国信息导报》,2007 年第 2 期。

[20] Jane Devine, Francine Egger-Sider. Beyond Google: The Invisible Web in the Academic Library [J]. The H. W. Wilson Company, 2004, 265 - 269.

[21] 陈红勤:《学术隐蔽网络和学术搜索引擎》,载《现代情报》,2008 年第 7 期。

[22] 黄晓冬:《Invisible web 研究综述》,载《情报科学》,2004 年第 9 期。

[23] Michael. K. Bergman. The Deep Web: Surfacing Hidden Value [J]. http://www.press.umich.edu/jep/07 - 01/bergman.html

[24] 刘宏军、李胜:《信息导航系统中隐蔽网络资源的采集与整合》,载《现代情报》,2007 年第 4 期。

[25] 陈红勤:《隐蔽网络及其应对策略》,载《情报理论与实践》,2008 年第 6 期。

[26] 曾伟忠:《美国深网实践工作研究》,载《新世纪图书馆》,2006 年第 2 期。

[27] 马费成等:《"看不见"的网站与学科信息门户的比较分》,载《情报理论与实践》,2004 年第 3 期。

[28] 焦玉英等:《信息检索》,武汉大学出版社 2001 年版。

[29] 陈红勤:《我国隐蔽网络研究文献计量学分析》,载《情报杂志》,2008 年第 5 期。

[30] Jiawei Han, Micheline Kamber. Data Mining: Concepts and Techniques [M]. Copyright, by Morgan Kaufmann Publisher: Sine, 2001

[31] 程飞:《科技系统电子政务网站评价模型与方法研究》,合肥工业大学出版社 2007 年版。

[32] 梁平、陈红勤:《网络参考信息源评价原则、方法及注意问题》,载《现代情报》,2007 年第 4 期。

[33] 詹向阳:《网络资源库可用性指标设定及其评价方法》,载《电化教育研究》,2007 年第 5 期。

[34] 金越:《网络信息资源的评价指标研究》,载《情报杂志》,2004 年第 1 期。

[35] 陆宝益:《论网络参考信息源及其挖掘与利用》,载《情报科学》,2002 年第

12 期。

[36] 梁平等：《网络参考信息源评价主体研究》，载《情报理论与实践》，2008 年第 5 期。

[37] 赵俊玲等：《国外网络信息资源评价研究综述》，载《图书馆工作与研究》，2004 年第 3 期。

[38] 杨亚品：《国内网络信息资源评价研究进展》，载《现代情报》，2006 年第 3 期。

[39] 王玮：《网络信息资源评价研究的现状、问题与发展趋势》，载《四川图书馆学报》，2003 年第 6 期。

[40] 孙瑾：《网络信息资源评价研究综述》，载《大学图书馆学报》，2005 年第 1 期。

[41] 吴启琳：《网络信息资源评价研究进展》，载《河南图书馆学刊》，2006 年第 2 期。

[42] 梁平：《网络参考信息源评价问题研究》，载《情报科学》，2005 年第 8 期。

[43] 张咏：《网络信息资源评价方法》，载《图书情报工作》，2002 年第 10 期。

[44] 任全娥：《网络信息评价指标的实现与元数据和 CORC 系统的应用》，载《图书馆建设》，2004 年第 5 期。

[45] 白献阳：《网络信息资源评价研究进展》，载《图书馆学研究》，2005 年第 3 期。

[46] 赵炜霞：《网络信息资源评价中的 AHP 方法》，载《图书馆杂志》，2003 年第 7 期。

[47] 蒋玲：《浅议对因特网信息资源的评价》，载《科技情报开发与经济》，2006 年第 1 期。

[48] 梁平等：《网络参考信息源评价指标体系的构建》，载《现代情报》，2009 年第 3 期。

[49] 梁平：《网络参考信息源评价指标体系与问题》，载《现代情报》，2007 年第 7 期。

[50] 白献阳：《学科信息门户评价指标体系研究》，载《情报理论与实践》，2006 年第 1 期。

[51] 孙瑾：《网络信息资源的评价研究》，载《现代情报》，2005 年第 9 期。

[52] 宋一梅：《网络信息资源的评价指标》，载《情报检索》，2006 年第 1 期。

[53] 李爽：《网评的意义与类型》，载《图书馆》，2002 年第 3 期。

[54] 孙兰等:《试论网络信息资源评价》，载《图书馆建设》，1999 年第 4 期。

[55] 胡正银等:《学科信息门户核心资源评价研究》，载《情报杂志》，2006 年第 2 期。

[56] 朱庆华等:《国内外政府网站评价研究综述》，载《电子政务》，2007 年第 7 期。

[57] 刘丹:《网络信息资源的评价》，载《河南科技学院学报》，2007 年第 4 期。

[58] 应峻等:《网络全文数据库资源评价》，载《现代图书情报技术》，2005 年第 3 期。

[59] 索传军等:《国内外网络信息资源评价研究进展》，载《现代图书情报技术》，2006 年第 8 期。

[60] 郑睿:《网络参考信息源的划分与评价》，载《图书馆杂志》，2001 年第 6 期。

[61] 黄如花:《学科信息门户信息组织的评价》，载《武汉大学学报（社会科学版）》，2003 年第 5 期。

[62] 李长玲等:《我国网络计量学研究的文献计量分析》，载《图书情报工作》，2006 年第 9 期。

[63] 梁平:《中国数字图书馆建设问题研究》，载《图书与情报》，2003 年第 5 期。

[64] 梁平:《网络医学信息检索研究》，吉林文史出版社 2006 年版。

[65] 陈红勤、梁平:《Web 信息海洋淘金—网络信息资源的有效获取》，载《咸宁学院学报》，2008 年第 1 期。

[66] 潘卫:《InternetWWW 网络信息检索策略初探》，载《情报学报》，1999 年 3 月增刊。

[67] 陈建芳:《中文搜索引擎的应用技巧》，载《情报探索》，2000 年第 2 期。

[68] 沈艺:《用 e-mail 访问 Internet 信息资源》，载《情报探索》，2000 年第 2 期。

[69] 李健英等:《Internet 网络信息资源检索实践与探索》，载《情报学报》，1998 年 6 月增刊。

[70] 崔旭等:《网络信息资源检索策略与方法》，载《图书馆学研究》，2004 年第 6 期。

[71] 陈红勤:《Internet 信息资源的检索策略》，载《图书馆学研究》，2005 年第 1 期。

[72] Anna Feldman. Multimedia Training Kit: Searching the Internet Handout [J] . ht-

tp：//www. itrainonline. org/itrainonline/mmtk/searching. shtml

［73］李志义：《关于科技文献检索课程教学的探讨》，载《图书馆杂志》，2000 年第 4 期。

［74］陈红勤等：《Web2. 0 时代基于建构主义的信息检索教学平台的构建》，载《现代情报》，2008 年第 12 期。

［75］Harlow，S. D. & LaMont Johnson，D. （1998）. "An epistemology of technolog y". Educational Technology Review ［EB/OL］［J］. 9（2－3），15－18. （1998-12-30）http：//www. tact. fse. ulaval. ca/ang/html/review98. html

［76］韩耀等：《用知识管理构建电子商务实验教学体系》，载《太原师范学院学报》，2003 年第 2 期。

［77］张屹等：《建构主义理论指导下的信息化教育》，载《电化教育研究》，2002 年第 1 期。

［78］G. Marchionini. "From Information Retrieval to Information Interaction"［J］［C/OL］，Keynote at European Conference on Information Retrieval，（2004，April）. http：//ils. unc. edu/%7Enarch/ECIR. pdf［last checked 5/9/2005］.

［79］李小林：《建构主义教学模式的分析》，http：//www. nmtlwz. com/mbonews-okokok. asp? id＝187（访问时间：2006 年 11 月 29 日）。

［80］Netskills. e-Learning and Inspection ［EB/OL］［J］. （2006-5）. http：//www. netskills. ac. uk/content/sectors/fe/inspection. html

［81］Online Resources to Support BIG6TM INFORMATION SKILLS. ［J］http：//nb. wsd. wednet. edu/big6/big6_ resources. htm. （2008-4-10）

［82］Elliot Soloway，etc. "Learning Theory in Practice：Case Studies of Learner Centered Design". ［EB/OL］［J］. （2008-5-12）http：//www. sigchi. org/chi96/proceedings/papers/Soloway/es_ txt. htm

［83］黄慧薇：《Blog（博客）技术在信息检索课网上教学中的应用》，载，现代情报》，2006 年第 10 期。

［84］［德］斐迪南·滕尼斯著：《共同体与社会》，林荣远译，商务印书馆 1999 年版。

［85］Jaime D. L. Caro，e-Learning and Virtual Communities ［DB］. Proceedings of the Philippine Computing Science Congress（PCSC）2000

［86］Youcheng Wang，Quaehee Yu，Daniel R. Fesenmaier. Defining the virtual tourist community：implications for tourism marketing ［DB］. Tourism Management 23（2002）：407－417

［87］陈禹：《信息社会与“知识社区”》，载《中国教育网络》，2005 年第 8 期。

［88］Cheryl Hodgkinson-Williams，Hannah Slay and Ingrid Siebörger. Developing communities of practice within and outside higher education institutions ［J］. British Journal of Educational Technology. 2008（3）：433 - 442

［89］丁义浩：《虚拟社区及虚拟社区交往初探》，载《武汉市经济管理干部学院学报》，2004 年第 3 期。

［90］周德民、吕耀怀：《虚拟社区：传统社区概念的拓展》，载《湖湘论坛》，2003 年第 1 期。

［91］甘永成：《虚拟学习社区中的知识建构和集体智慧研究——以知识管理与 e-learning 相结合的视角》，华东师范大学博士学位论文，2004 年 4 月。

［92］黄如花：《数字图书馆用户信息空间的建立》，载《上海交通大学学报》，2003 年增刊。

［93］王娜：《基于用户在线协作的知识创新服务研究》，武汉大学博士论文，2008 年 4 月。

［94］［美］Amy Jo Kim：《网络社区建设—设计策略揭秘》，北京大学出版社 2001 年版。

［95］裘伟庭著：《虚拟学习社会研究》，中国社会科学出版社 2006 年版。

［96］柳夕浪：《社会情景与社会智能》，载《教育研究》，1998 年第 10 期。

［97］赵光忠：《企业文化与学习型组织策划》，中国经济出版社 2003 年版。

［98］郑葳：《学习共同体——文化生态学习环境的理想架构》，教育科学出版社 2007 年版。

［99］Gilbert Probst，Stefano Borzillo. Why communities of practice succeed and why they fail ［J］. European magement Journal（2008）26，335 - 347

［100］弗朗西斯·赫瑞比：《管理知识员工》，机械工业出版社 2000 年版。

［101］王雨燕：《网络知识社区的个性化发展研究》，华中师范大学硕士学位论文，2008 年 5 月。

［102］周明建、陶俊才：《知识管理系统中的知识推送》，载《计算机辅助设计与图形学学报》，2006 年第 8 期。

［103］［美］埃蒂纳·温格、理查德·麦克德马、威廉姆 M. 施奈德著：《实践社团：学习型组织知识管理指南》，边婧译，机械工业出版社 2003 年版。

［104］裘伟庭著：《虚拟学习社会研究》，中国社会科学出版社 2006 年版。

［105］畅榕：《虚拟品牌社区研究》，中国传媒大学出版社 2007 年版。

[106] 孙居好:《社区成员视角的虚拟社区评价指标体系研究》,浙江大学硕士学位论文,2005 年 12 月。

[107] 雷雪、焦玉英、陆泉、成全:《基于社会认知论的 Wiki 社区知识共享行为研究》,载《现代图书情报技术》,2008 年第 2 期。

[108] J. Preece. Sociability and usability in online communities: determining and measuring success [J]. Behaviour&Information Technology. vol. 20. pp. 347 - 356. 2001

[109] Mei-Tai Chu, Joseph Shyu, Gwo-Hshiung Tzeng, Rajiv Khosla. Comparison among three analytical methods for knowledge communities group-decision analysis [J]. Expert Systems with Applications 33 (2007) 1011 - 1024

[110] 周波、管立国:《我国信息资源均衡配置研究》,载《图书情报工作》,2003 年第 10 期。

[111] 查先进:《论我国信息资源的有效配置》,载《情报科学》,1994 年第 2 期。

[112] Adam Smith. An Inquiry into the Nature and Causes of the Wealth on Nations. New York: Oxford University Press, 1776. 11

[113] L. Walras. Elements of Pure Economics. London: Allen and Unwin Press, 1954: 525

[114] Yew-Kwang Ng. Welfare Economics: Towards a More Complete Analysis. New York: Palgrave Macmillan, 2004: 416

[115] W. J. M. McKenzie. On Equilibrium in Graham's Model of World Trade and other Competitive System. Econometrica, 1954 (2): 147 - 153

[116] Kenneth J. Arrow, Gerard Debreu. Existence of an Equilibrium for a Competitive Economy. Econometrica, 1954 (3): 265 - 273

[117] 查先进等:《信息资源配置与共享》,武汉大学出版社 2008 年版。

[118] Boje, Carmen, Dragulanescu, et al. "Digital divide" in Eastern European countries and its social impact. ASEE Annual Conference Proceedings, 2003 ASEE Annual Conference and Exposition: Staying in Tune with Engineering Education, 2003: 9047 - 9060

[119] Carveth. R. Policy options to combat the digital divide in Western Europe. Informing Science, 2002, 5 (3): 115 - 123

[120] Conradie, Pieter, Jacobs. Bridging the digital divide. Engineering Management Journal, 2003, 1 3 (1): 30 - 33

[121] Johari R, Mannor S, Tsitsiklis J N. Efficiency loss in a network resource allocation game: the case of elastic supply. IEEE Transac tions on Automatic Control, 2005, 50

(11): 1721 - 1724

[122] Ramesh Johari, John N. Tsitsiklis. A Scalable Network Resource Allocation Mechanism with Bounded Efficiency Loss. IEEE Journal on Selected Areas in Communications, 2006, 24 (5): 992 - 999

[123] Moore. J. C. Resource allocation among multiple agents: a comparison of three information gmhefing strategies. Critical Technology: Proceedings of the Third World Congress on Expert Systems, 1996, 2 (2): 807 - 814

[124] Rodriguez. V. Resource management for scalably encoded information: the case of image transmission over wireless networks. Proceedings 2003 International Conference on Multimedia and Expo (Cat. No. 03TH8698), 2003 (1): 813 - 816

[125] Lorcan Dempsy. A Distributed National Electronic Resource? Models workshop report, 5 - 6 February 1998, The Electronic Library, 1998, 16 (4): 231 - 236

[126] [美] 卡尔·夏皮罗、哈尔·瓦里安:《信息规则——网络经济的策略指导》,中国人民大学出版社2000年版。

[127] Muir. A, Oppenheim. C. National Information Policy developments worldwide II: universal access addressing the digital divide. Journal of Information Science, 2002. 28 (4): 263 - 273

[128] Nichoison. D. Network decompensation and regional imbalances in rate reform processes: a case study in South America. Telecommunications Policy, 2000, 24 (8): 669 - 698

[129] David A. Burke, Towards a Game Theory Model of Information Warfare. Storming Media, 1999: 116

[130] Ramesh Johari, Shie Mannor, John Tsitsiklis. Efficiency Loss in a Network Resource Allocation Game: The Case of Elastic Supply. IEEE Transactions on Automatic Control, 2005, 50 (11)

[131] 查先进:《面向高速信息网络的信息资源有效配置》,载《情报学报》,1999年第3期。

[132] 周毅:《论信息资源配置的理想状态及其控制》,载《图书情报工作》,2003年第11期。

[133] 张晓丹、王守宁:《我国网络信息资源的配置》,载《图书馆学研究》,2005年第7期。

[134] 胡昌平等:《信息资源管理研究进展》,武汉大学出版社2008年版。

[135] 李纲:《信息资源配置的理论问题探讨》,载《情报学报》,1999年第4期。

[136] 吴永臻:《信息资源有效配置中帕累托最优理论的适用性问题》，载《中国图书馆学报》，2002 年第 5 期。

[137] 周寄中、胡志坚、周勇:《在国家创新系统内优化配置科技资源》，载《管理科学学报》，2002 年第 3 期。

[138] 杨承训、承谕:《信息资源配置—经济决策的平台》，载《决策探索》，2002 年第 10 期。

[139] 彭鸿广、陈建华:《现代企业信息资源优化配霞模式与组织管理创新》，载《工业技术经济》，2004 年第 4 期。

[140] 程仲鸣、王海兵:《DES 模型在会计信息资源配置中的应用初探》，载《咸宁学院学报》，2003 年第 6 期。

[141] 孙美丽:《从以资源为中心到以用户为中心的网络信息资源管理模式》，载《图书馆杂志》，2004 年第 3 期。

[142] 郭东强:《基于有效性、功效性和公平性均衡的企业信息资源分配模型》，载《厦门大学学报》，2001 年第 6 期。

[143] 乌家培等:《信息经济学》，高等教育出版社 2002 年版。

[144] 查先进:《论信息市场失灵与政府干预》，载《中国图书馆学报》，2000 年第 4 期。

[145] 贾君枝:《市场环境中网络信息资源配置的影响因素》，载《中国图书馆学报》，2003 年第 2 期。

[146] 周丽霞:《网络信息资源配置的技术影响研究》，载《图书馆学研究》，2006 年第 11 期。

[147] 蔡宇宏:《试论网络信息资源控制的立法保障》，载《情报科学》，2004 年第 7 期。

[148] 裴成发:《信息资源管理》，科学出版社 2008 年版。

[149] 淘长琪:《信息经济学》，经济科学出版社 2009 年版。

[150] 游丽华:《图书馆信息资源建设》，中国社会科学出版社 2008 年版。

[151] 周毅:《信息资源宏观配置管理研究》，中国档案出版社 2002 年版。

[152] 王慧博:《试析网络环境下信息资源的有效配置》，载《情报杂志》，2004 年第 1 期。

[153] 徐彬荣: 《网络信息资源有效配置》，载《图书情报工作》，2007 年第 11 期。

[154] 王志国:《网络信息资源配置方式对比分析》，载《科技情报开发与经济》，

2007 年第 35 期。

［155］梁平、陈红勤：《网络信息资源配置的意义与原则》，载《现代情报》，2008 年第 10 期。

［156］李金秀：《试论我国网络信息资源的配置》，载《科技情报开发与经济》，2009 年第 8 期。

［157］李澜楠、徐恩元：《我国网络信息资源配置内容与原则探究》，载《科技情报开发与经济》，2007 年第 29 期。

［158］邱均平：《网络信息资源的经济管理研究》，载《情报学报》，2001 年第 4 期。

［159］桂学文、娄策群：《信息经济学》，科学出版社 2006 年版。

［160］骆正山：《信息经济学》，机械工业出版社 2007 年版。

［161］包和平等：《民族地区经济信息资源论》，民族出版社 2007 年版。

［162］Joseph A. Schumpeter. Capitalism，Socialism and Democracy. New York：Haper & Row，1975

［163］王健．信息经济学［M］．北京：中国农业出版社，2008：354

［164］K. J. Arrow. Economic Welfare and the Allocation of Resources for Invention In：Reading in the Economics of Industrial Organization. New York：Holt，Rinehart & Winston. 1970

［165］王雅丽：《网络信息资源管理》，经济管理出版社 2008 年版。

［166］马费成：《信息资源开发与管理》，电子工业出版社 2009 年版。

［167］周丽霞：《网络信息资源配置机制效率分析》，载《情报理论与实践》，2006 年第 5 期。

［168］马海群、周丽霞：《网络信息资源建设与配置的调控手段及其效率问题研究》，载《图书情报知识》，2006 年第 5 期。

［169］贾君枝：《网络信息资源配置中的质量管理》，载《图书情报工作》，2004 年第 4 期。

［170］黎春兰、邓仲华：《基于我国互联网络发展状况的网络信息资源优化配置策略研究》，载《现代情报》，2009 年第 5 期。

［171］徐彬荣：《网络信息资源有效配置》，载《图书情报工作》，2007 年第 11 期。

［172］段宇锋等：《网络信息资源配置主体刍议》，载《图书情报知识》，2007 年第 6 期。

[173] 黄丽霞:《以效率为导向的我国网络信息资源配置宏观调控模式研究》,载《图书情报知识》,2006 年第 3 期。

[174] 高丹:《试析网络信息资源优化配置的战略问题》,载《河南图书馆学刊》,2001 年第 5 期。

[175] 张白瑜:《高校图书馆网络信息资源的优化配置》,载《情报探索》,2001 年第 4 期。

[176] 孔庆杰等:《网络信息资源优化配置若干问题研究》,载《图书馆学研究》,2006 年第 11 期。

[177] 贾君枝:《市场环境网络信息资源配置的影响因素》,载《中国图书馆学报》,2003 年第 2 期。

[178] 贾君枝:《网络信息资源配置中的质量管理》,载《图书情报工作》,2004 年第 4 期。

[179] 马海群等:《网络信息资源建设与配置的调控手段及其效率问题研究》,载《图书情报知识》,2006 年第 3 期。

[180] 胡昌平等:《论网络信息资源组织与配置》,载《情报杂志》,2003 年第 3 期。

[181] 邱均平等:《网络信息资源的经济管理研究 (II)》,载《情报学报》,2001 年第 4 期。

[182] 梁平:《影响我国图书馆文献资源共享的因素》,载《情报理论与实践》,2004 年第 2 期。

[183] 陈红勤:《图书馆知识社区研究》,中国书籍出版社 2010 年版。

[184] 梁平、陈红勤:《网络信息资源优化配置的影响因素及其策略》,载《科技广场》,2011 年第 6 期。

[185] 梁平、陈红勤:《网络信息资源配置研究现状分析》,载《图书馆学研究》,2011 年第 10 期。

[186] 王慧博:《试析网络环境下信息资源的有效配置》,载《情报杂志》,2004 年第 1 期。

[187] 周丽霞:《网络信息资源配置的技术影响研究》,载《图书馆学研究》,2006 年第 11 期。

[188] 张晓丹:《我国网络信息资源的配置》,载《图书馆学研究》,2005 年第 7 期。

[189] 陈春燕:《我国网络信息资源配置的现状分析及其有效配置》,载《现代情

报》, 2009 年第 1 期。

[190] 梁平:《网络信息资源配置的发展对策》, 载《图书情报工作网刊》, 2009 年第 1 期。

[191] 段宇锋:《我国网络信息资源调控策略研究》, 载《图书情报知识》, 2009 年第 3 期。

[192] 梁平:《网络信息资源配置的问题与对策》, 载《现代情报》, 2009 年第 11 期。

《中国书籍文库》部分书目

一、政治与哲学

1	马克思主义大众化——基于国际金融危机视野下的研究	2	马克思主义哲学前沿理论研究
3	社会关系与和谐社会——马克思社会关系视域中的“和谐社会”解读	4	孙中山民生社会主义思想研究
5	保守主义：一种审慎的政治哲学	6	复杂性科学研究
7	九鬼周造的哲学——漂泊之魂	8	论黑格尔哲学

二、历史与文化

9	《老子》与现代人生	10	二十五史梦文化解读
11	桂海越裔文化钩沉	12	历史文化村镇景观保护与开发利用
13	民俗信仰与双向认知	14	透视大众文化
15	文化观与翻译观——鲁迅、林语堂文化翻译对比研究	16	行政法视野下非物质文化遗产保护研究
17	中国动漫文化：本体与心理论	18	中国货币文化简史

19	《四书》微揽	20	边疆民族史探究
21	东亚坐标中的跨国人物研究	22	东亚坐标中的遣隋唐使研究
23	东亚坐标中的书籍之路研究	24	两汉之际社会与文学
25	训诂通论与实践	26	雅典海上帝国研究

三、文学与艺术

27	《尤利西斯》的小说艺术	28	历代中国画技法之美
29	美术教育质的研究案例	30	美术考古文存
31	商周青铜器与青铜器雕塑艺术	32	舞蹈创作思维
33	歌谣的多学科研究	34	美学理论视野中的文学翻译研究
35	《红楼梦》研究新论	36	谁为情种——《红楼梦》精神生态论

四、法律与社会

37	城乡一体化之现代农业形态	38	当代都市报研究
39	当代中国科技进步与低碳社会构建	40	地方治理创新视角下的地方政府债务危机防范研究
41	电子政府与服务型政府	42	犯罪空间分析与治安系统优化
43	服务行政与服务型政府	44	公共安全管理研究
45	公共选择理论探索	46	农村劳动者素质与现代化

47	生态价值取向研究	48	现代性批判的技术与方法
49	中国和平发展战略实施的国际环境	50	公益诉讼——基于经济法视野下的研究
51	经济法基础理论与实务问题研究	52	侵权责任法案解
53	物流法律制度研究		

五、经济与管理

54	信息资源获取与应用	55	资本论的方法研究
56	数据挖掘模式下的审计风险预警系统研究	57	公平与效率不可兼得吗——美国、瑞典模式的比较与借鉴
58	网络信息资源理论与实践研究	59	比较：制度经济和产权理论
60	资源型城市产业兴衰与转化之规律	61	现代人力资源开发与 E 时代
62	市场经济与区域发展	63	经济全球化与社会主义经济体制
64	北京发展连锁经营理论及对策研究	65	中国教育经济与管理研究
66	教学档案的管理与信息化建设	67	人力资源：高校无形资产管理危机的核心要素研究
68	绩效导向型公共预算管理研究	69	精细化管理
70	银行风险管理研究——以民营商业为例	71	政府海洋产业管理研究

六、教育与语言

72	超文本写作论	73	对应阅读心理的表达意识
74	教师校本培训项目制	75	教师在校本教研中成长
76	高等学校管理新视野——基于师资队伍建设与教学质量管理研究	77	教育伦理探微
78	培养学生创新精神和实践能力的支持系统研究	79	多维大学校园文化研究
80	高校数字图书馆建设评估研究	81	图书馆核心价值及其实现策略
82	图书馆科学发展的理念与实践	83	现代图书馆及数字资源利用
84	汉语方言地理学——入门与实践	85	汉语交际中的得体性
86	现代汉语指人名词研究	87	言语交际新思维
88	语言问题八讲	89	语言与逻辑
90	语用学研究与运用		

七、其他

91	技术认识范畴研究	92	数字信息检索与创新
93	运动性心理疲劳研究	94	现代旅游业应用型人才培养研究
95	创新整合论——科技创新与文化创新的整合机制	96	竞技体育与科技前沿
97	钱谦益年谱